EWALD KININGER

Die Realität der Rechtsnorm

Schriftenreihe zur
Rechtssoziologie und Rechtstatsachenforschung

Herausgegeben von Ernst E. Hirsch und Manfred Rehbinder

Band 24

Die Realität der Rechtsnorm

Eine empirische Studie

Von

Dr. Ewald Kininger

DUNCKER & HUMBLOT / BERLIN

Gedruckt 1971 bei Alb. Sayffaerth, Berlin 61
Printed in Germany

ISBN 3 428 02571 7

Vorwort des Herausgebers

Schon allein der Umstand, daß ein Fachsoziologe wie *Emerich K. Francis,* Inhaber des Lehrstuhls für Soziologie an der Universität München, einen in voller Berufspraxis „mit der Lebendigkeit des Rechts konfrontierten“ (S. 25) Rechtsanwalt dazu anregt, *die Rechtsnorm und ihre Wirklichkeit* zum Gegenstand einer rechtssoziologischen Untersuchung zu machen, ist Grund genug, der aus dieser empirischen Untersuchung erwachsenen Studie besondere Aufmerksamkeit zu schenken. Scheitert doch der Versuch eines wissenschaftlich fruchtbaren Gesprächs zwischen Soziologen und Juristen sehr oft an der wechselseitigen Verständnislosigkeit gegenüber der Fachproblematik des anderen Gesprächspartners, ganz abgesehen von den meist mangelnden oder mangelhaften Rechtskenntnissen des Soziologen und den meist mangelnden oder mangelhaften gesellschaftswissenschaftlichen Kenntnissen des Juristen. Da zudem das Problem der *Norm* sowohl für den Soziologen als auch für den Juristen — wenn auch jeweils unter verschiedenen Gesichtspunkten — eines der Kernprobleme ihres Faches bildet, erweist sich die Behandlung des Spannungs- oder Schwebezustands, der zwischen der Rechtsnorm und ihrer Verwirklichung besteht, als besonders fruchtbar, wenn ein soziologisch ausgebildeter Jurist auf Grund empirischer Daten die Wirklichkeit der sprachlich formulierten Rechtsnorm („Wortnorm“ oder „Buchstabennorm“) daran mißt, inwieweit eine letztinstanzliche Entscheidung des Rechtsstabs normadäquat oder norminadäquat ist.

Ob eine derartige Entscheidung in einer Rechtssache „gerecht“ oder „ungerecht“ im Sinne der Rechtsethik, „richtig“ oder „falsch“ im Sinne der Rechtsdogmatik, „sachgemäß“ oder „unsachgemäß“ im Sinne der

Rechtspolitik ist: diese Fragen sind vom Gesichtspunkt eines Soziologen insofern gleichgültig, als er lediglich untersuchen will, inwieweit der Wortnorm in der Wirklichkeit des Rechtslebens Genüge geschieht und welche Faktoren hierbei kausal notwendig und erheblich sind oder sein können.

Die Studie ist keine „Gesetzbuchbetrachtung" (S. 88), demnach auch keine zur Rechtsvergleichung einladende Darstellung eines Teilgebiets des heute geltenden österreichischen Rechts, obwohl der Verfasser in einer didaktisch hervorragenden Auswahl und Zusammenstellung 14 praktische Fälle (davon 5 aus dem Zivilrecht, 5 aus dem Strafrecht, 4 aus dem Verwaltungsrecht) auf der Grundlage seines heimischen, eben des österreichischen Rechts nach ihrem faktischen Ablauf durch die verschiedenen Instanzen verfolgt und analysiert. Für zwei Fälle wird im Anhang sogar der gesamte Akteninhalt reproduziert, um dem juristisch unerfahrenen Leser die Gelegenheit zur unmittelbaren Anschauung dafür zu geben, wie es im Rechtsgang schließlich zu einer konkreten letztinstanzlichen Entscheidung kommt. Der im deutschen Recht heimische Jurist stoße sich nicht an der von der deutschen abweichenden Rechtsterminologie und einigen vom deutschen Prozeßrecht verschiedenen Bestimmungen! Die ermittelten Ergebnisse der soziologischen Analyse wären unter Zugrundelegung des deutschen Rechts keine anderen.

Nicht nur um dieser Ergebnisse willen, sondern vor allem auch wegen des methodischen Wegs zu ihnen und wegen der Begründungen und Folgerungen sei diese rechtssoziologische Studie nicht nur Juristen und Soziologen, sondern auch allen denen zur Lektüre empfohlen, welche den Rechtsgang für einen mehr oder weniger gut arbeitenden Automaten mit annähernder Voraussehbarkeit des Ergebnisses, für einen allein vom „falschen" Bewußtsein gesteuerten und nur durch Ideologie verbrämten Unterdrückungsapparat zu Gunsten des „Establishment" oder für eine mehr oder weniger sichere Verbürgung von Gerechtigkeit oder Rechtssicherheit halten. Der Abschnitt über „Transparenz“, d. h. über das „im vorhinein“-Erkennen *aller* für den Ausgang eines Rechtsstreits relevanten Momente (S. 180 ff.), ist in seiner nüchternen Klarheit auch für theoretisierende Soziologen und Juristen eine Warnung.

Ernst E. Hirsch

Inhaltsverzeichnis

Abkürzungen

Gesetze

ABGB	=	Allgemeines Bürgerliches Gesetzbuch
AVG	=	Allgemeines Verwaltungsverfahrensgesetz
EKHG	=	Eisenbahn- und Kraftfahrzeughaftpflichtgesetz
GewO	=	Gewerbeordnung
MietG	=	Mietengesetz
StG	=	Strafgesetz
StPO	=	Strafprozeßordnung
StVO	=	Straßenverkehrsordnung
WWG	=	Wohnhauswiederaufbaugesetz
ZPO	=	Zivilprozeßordnung

Gerichte

BG	=	Bezirksgericht
LG	=	Landesgericht
OLG	=	Oberlandesgericht
OGH	=	Oberster Gerichtshof

Laws will not enforce themselves.
Roscoe Pound[1]

§ 1 Soziologie und Recht

Die Soziologie ist eine junge Wissenschaft, deren Anfang in der ersten Hälfte des vorigen Jahrhunderts liegt[2]. Gleichwohl übt sie bereits jetzt einen großen Einfluß auf andere Wissensgebiete aus. Ihre Bedeutung nimmt immer mehr zu. Ihre Fragestellungen greifen tief in andere Wissenszweige ein und zeigen Probleme auf, die bisher nicht erkannt waren.

Auch die Rechtswissenschaft wurde mit der Soziologie konfrontiert. Der Aufprall soziologischen Denkens auf diese konservativste Wissenschaft war besonders hart. Ist doch Soziologie aus rechtsfeindlicher Haltung entstanden[3] und war das Verhältnis zwischen Soziologie und Rechtswissenschaft vor allem in der ersten Zeit ein denkbar ungünstiges.

Von einer Rechtssoziologie kann man erst seit der Jahrhundertwende sprechen. Es handelt sich um eine neue, vielfach selbst unter Juristen noch unbekannte, zumindest kaum bekannte Spezialwissenschaft.

Das Wirken der Soziologen auf rechtlichem Gebiet ist bei Juristen auf Widerstand gestoßen. Insbesondere wegen der unzureichenden

---

[1] *Roscoe Pound*, Social Control through Law, 1968, S. 61.

[2] Als die Begründer der Soziologie werden *Henri de Saint-Simon* und *Auguste Comte* angesehen (z. B. von *Emerich K. Francis*, Soziologie, in Staatslexikon, Recht-Wirtschaft-Gesellschaft, 1962, S. 415, und *Henri Levy-Bruhl*, Sociologie du Droit, 1967, S. 93).

Theodor Geiger sieht den Beginn der Soziologie als Erfahrungswissenschaft im vorigen Jahrhundert (Theodor Geiger, Arbeiten zur Soziologie, Methode — Moderne Großgesellschaft — Rechtssoziologie, Ideologiekritik, 1962, S. 49; ähnlich *René König*, Geschichts- und Sozialphilosophie, in *René König*, Soziologie, 1967, S. 100), während *Helmut Schelsky* als Entstehungsmoment die „Fachautonomisierung" hervorhebt (Ortsbestimmung der deutschen Soziologie, 1967, S. 14). Auch nach *Talcott Parsons* könne vor dem 19. Jahrhundert nicht von einer eigentlichen Soziologie gesprochen werden; vorher sei das soziologische Element in einer allgemeinen Theorie des Verhaltens in der Erscheinung des Utilitarismus verschmolzen gewesen (*Talcott Parsons*, An Outline of the Social System, in Parsons/Shils/Naegele/Pitts, Theories of Society, 1965, S. 35). Näheres über die Entstehung der Soziologie siehe *Heinz Maus*, Geschichte der Soziologie, in Ziegenfuß, Handbuch der Soziologie, 1956, S. 1—120.

[3] *Nicholas S. Timasheff*, An Introduction to the Sociology of Law, 1939, S. 309.

Rechtskenntnisse der Soziologen haben die juristischen Theoretiker und Praktiker diese Arbeiten negativ beurteilt und zurückgewiesen.

So sagt der führende deutsche Rechtssoziologe, *Ernst E. Hirsch,* es sei „dem Juristen mit soziologischen Modellanalysen nicht gedient, in denen ‚das Rechtliche' mit der Formel ‚ceteris paribus' aus dem Modell ausgeklammert wird. Die Ursachen dieser Einstellung dürften darin zu suchen sein, daß viele Soziologen mangels juristischer Grundkenntnisse sich weigern, das Normative als Faktizität anzuerkennen"[4].

Es ist bedenklich, wenn sich Soziologen im Bereich des Rechts berufen fühlen, das Entscheidende zu sagen. „Es wird (nämlich) der spezifische Einstieg des Soziologen durch eine *Distanz* zum Recht, um nicht zu sagen durch seine Rechtsfremdheit bestimmt. Er sieht das Recht von außen, ohne den Nöten der Rechtspraxis ausgesetzt zu sein[5]." So ist es für die soziologische Forschung sowie für die Rechtswissenschaft vorteilhaft, wenn in einem soziologischen Nachschlagewerk die rechtlichen Themen von Rechtssoziologen verfaßt werden, wie es fast zur Gänze in dem von Bernsdorf herausgegebenen „Wörterbuch der Soziologie"[6] der Fall ist.

1. Die Bedeutung des Normativen in der Soziologie

Das Normative spielt in der Soziologie eine bedeutende Rolle. Ich will vor allem auf zwei bekannte amerikanische Soziologen hinweisen, in deren Sozialsystemen die Norm als wesentliches Element eingebaut wurde.

George C. Homans sieht in der Norm neben der Aktivität, der Interaktion und der Empfindung eine analytische Komponente des Gruppenverhaltens[7]. Das Problem Normeinhaltung (Konformität) und

[4] *Ernst E. Hirsch,* Rechtssoziologie heute, in Hirsch/Rehbinder, Studien und Materialien zur Rechtssoziologie, 1967, S. 21.

[5] Ebd., S. 29 f. Zu *Ralf Dahrendorfs* Bemerkungen zur sozialen Herkunft und Stellung der Richter an Oberlandesgerichten — Ein Beitrag zur Soziologie der deutschen Oberschicht (in Heinz Dietrich Ortlieb, Hamburger Jahrbuch für Wirtschafts- und Gesellschaftspolitik, 1960, S. 160—275) sagt *Hirsch* (ebd. S. 23): „Bei diesen Arbeiten handelt es sich im Grunde genommen um berufssoziologische Fragestellungen ..., während die rechtssoziologisch wesentliche Fragestellung ... nur am Rande gestreift und mangels ausreichender Kenntnis der Fakten des Rechtswesens wissenschaftlich unergiebig behandelt wird." So bemerkenswert die vom Maihofer-Schüler *Peter Frey* verfaßte Schrift „Der Rechtsbegriff in der neueren Soziologie" (Saarbrücken, 1962) ist, muß doch bemängelt werden, daß Frey in dieser *Dahrendorf* einen Rechtssoziologen nennt (S. 53), ihm auf dem Gebiet der Rechtssoziologie eine zentrale Bedeutung beimißt und auf dessen Ausführungen seine rechtssoziologischen Auffassungen aufbaut.

[6] *Wilhelm Bernsdorf,* Wörterbuch der Soziologie, 1969.

[7] *George Caspar Homans,* Theorie der sozialen Gruppe, 1968, S. 294.

Normverletzung (Nonkonformität)[8] durchzieht das Werk *Homans* wie ein roter Faden. Er nennt den „Prozeß, durch den das Verhalten eines Menschen, der von seinem bestehenden Ausmaß einer Norm abweicht, wieder auf dieses Maß zurückgebracht wird", soziale Kontrolle[9]. Die Situation, in der die Kontrolle wirksam ist, ist der Zustand des Gleichgewichts[10]. „Der Bruch einer Norm setzt Kontrollen in Gang, die — wenn sich die Gruppe im Gleichgewicht befindet — nicht nur die Tendenz haben, den Verletzer zur Einhaltung der Norm zurückzubringen, sondern auch im Bewußtsein der anderen Gruppenangehörigen die Norm lebendig zu erhalten. Der Verletzer wird gezüchtigt und die Norm behauptet. Soweit Normen ein Element des Gruppengleichgewichts sind, wie wir es geltend gemacht haben, tendiert die soziale Kontrolle auf diese weitere Weise, die Gruppe zu dem Punkt zurückzubringen, von welchem sie die Normübertretung entfernt hat... Einige kleine Abweichungen von den Gruppennormen der Erhaltung eines gegebenen Gleichgewichtes mehr nützen als schaden. Vergehen — allerdings nicht zu viele — sind erforderlich, um die Kontrollen im guten Arbeitszustand zu halten. Denn eine Kontrolle ist unwirksam, wenn sie nicht auf die Probe gestellt wird[11, 12]."

Das für die Soziologie bahnbrechende Werk von *Homans* ist zweifellos für den Juristen interessant und anregend. So großartig auch ihm die von *Homans* entworfene Schau erscheinen mag, muß der Jurist doch ernstliche Bedenken einwenden. Die Norm, mit der sich *Homans* befaßt, ist in erster Linie die Regel, die das Verhalten des einzelnen in der kleinen Gruppe ordnet und vor allem auf das informelle Verhalten einwirkt[13]. Zwar befaßt sich *Homans* ebenso mit der erweiterten, auch das Recht umfassenden Norm, insbesondere wenn er das formelle Verhalten untersucht und wenn er die Ergebnisse, die er bei den Untersuchungen der Kleingruppe gewonnen hat, auf die Gesellschaft übertragen will. Dazu wäre aber eine klare Abgrenzung zwischen recht-

---

[8] Über Konformität und Nonkonformität siehe insbesondere ebd., S. 271 bis 298, sowie *George C. Homans*, Elementarformen sozialen Verhaltens, 1968, 288—308, 322—326.

[9] *Homans*, (Anm. 7), S. 286; siehe auch S. 271 und 288.

[10] Siehe ebd., S. 287 ff., 297.

[11] Ebd., S. 295 f.

[12] Da wir uns im folgenden mit dem Werk *Talcott Parsons*, dem Hauptvertreter der strukturell-funktionalen Theorie, auseinandersetzen, ist es angebracht zu bemerken, daß *Homans* die Eigenständigkeit gegenüber dieser Schule betonte (siehe *Homans*, Soziales Verhalten als Austausch in *Heinz Hartmann*, Moderne amerikanische Soziologie, 1967, S. 178). In den neueren Arbeiten *Homans'* tritt die Möglichkeit kalkülhafter Selbststeuerung und bewußter Ausbildung zweckhafter Normen wieder mehr in den Vordergrund (siehe *Heinz Hartmann*, ebd., S. 172).

[13] *Homans* wählt hierfür die Ausdrücke „elementares soziales Verhalten" oder „subinstitutionelles Verhalten" (*Homans*, Elementarformen sozialen Verhaltens, S. 5).

licher und außerrechtlicher Norm notwendig. Eine solche hält *Homans* jedoch für überflüssig: „... wir werden uns hier nicht mit den verschiedenen Graden der festgestellten[14] Bestimmtheit oder der Bedeutsamkeit von Normen befassen. Für den Augenblick steht für uns ein Gesetz gegen Fälschungen und eine Konvention, gemäß der man seinem Vater Achtung erweisen soll, auf gleicher Stufe.“ Begründung: „Legale Organisationen treten nur in großen Gesellschaften auf, und wir untersuchen hier kleine Gruppen. Wir machen daher zwischen einem Gesetz und einem Brauch[14] keinen Unterschied, denn beides sind für uns Normen, deren Verletzung mit Strafe geahndet wird[15].“ Wenn aber *Homans* die Untersuchungsergebnisse aus der Kleingruppe für die großen Gruppen verwenden will, muß er die wesentlichen Situationsunterschiede berücksichtigen und die notwendigen Differenzierungen vornehmen, soll er zu brauchbaren Aussagen kommen.

Aber schon die Definitionen der Norm lassen Exaktheit und Bestimmtheit vermissen. In seinen beiden Hauptwerken gibt es mindestens zehn Definitionen beziehungsweise Umschreibungen über den Begriff der Norm. Diese sind nicht immer gleichlautende, ja oft voneinander abweichend. Vorwiegend erblickt *Homans* in der Norm „Aussagen über das, was sein sollte, und nichts anderes“[16]. Somit sieht *Homans* in der Norm einmal nur das *Sollen*, als das Gebot, in einer bestimmten Weise zu handeln, und klammert das Sein, die tatsächliche Verwirklichung der Norm, aus seinem Begriff aus. In anderen Definitionen mengt er Elemente ein, die nicht wesentliche Bestandteile einer Sollnorm sein können. Ich führe einige Beispiele an: „Eine Norm ist eine Idee in den Köpfen der Gruppenmitglieder, eine Idee, die in der Form einer Aussage darüber gebracht werden kann, was andere Menschen tun sollten und müßten, was man unter gewissen Umständen von ihnen erwartet[17].“ „Eine Norm sagt aus, welches Tun von einer Person unter bestimmten Umständen erwartet wird, wobei sich diese dabei gewöhnlich in einer solchen Lage befindet, daß sie das von ihr Erwartete selbst zu tun wünscht[18].“ „... eine Norm besteht in der Fixierung einer spezifischen Qualität oder Quantität des Verhaltens durch Mitglieder einer Gruppe, einer Fixierung von der sie wünschen, daß sie als *Richtschnur* sowohl für ihr *eigenes* wirkliches Verhalten wie für das *bestimmter* anderer Personen diene. Wichtig dabei ist nicht,

---

[14] Wegen Fehler mußte von der benutzten Übersetzung abgewichen werden.

[15] *Homans* (Anm. 7), S. 273.

[16] Ebd., S. 138. Siehe auch a.a.O., S. 386, und *Homans* (Anm. 8/2), S. 40 und 326.

[17] *Homans* (Anm. 7), S. 136. Hervorhebung von mir, desgleichen die Hervorhebungen in den FN 18—20.

[18] Ebd., S. 258.

daß konformes Verhalten geübt, sondern daß es für *wertvoll erachtet* wird[19]." „... eine Norm eine Aussage über einen Imperativ des Verhaltens darstellt, dem zu genügen zumindest einigen Gruppenmitgliedern *wertvoll dünkt*, und zwar im Hinblick sowohl auf ihr *eigenes* tatsächliches Verhalten wie auf das anderer Mitglieder ... bei einer Norm davon ausgegangen wird, daß eine relativ große Zahl von Mitgliedern sich in bestimmter Hinsicht *ähnlich* verhalten ...[20]." Diese Definitionen der Norm im weiteren Sinne, die auch die rechtliche Norm einschließen soll, sind unrichtig. Die Erwartungen Dritter, Richtschnur für eigenes und Verhalten der anderen, „Wertvollerachten" können keine Elemente der Norm sein. Das Erwartungselement mag *neben* und in Bezug auf die Norm bedeutungsvoll sein — allerdings sind auch hier der Umfang sowie die Meßbarkeit der Erwartungen in Hinblick insbesondere auf die mangelnde Voraussehbarkeit der Erfüllung der Norm problematisch. Niemals aber sind die Erwartungen Dritter selbst *Teil* der Norm. Dasselbe gilt für die Richtschnur des Verhaltens. Das ist zwar eine beabsichtigte und anzustrebende Folge, aber nicht die Norm selbst. Und was das „Wertvollerachten" anbelangt, muß gesagt werden, daß es bei der Frage der Norm nicht um die Wertung, sondern um die Geltung geht. Die Wertung liegt außerhalb der Norm und kann von ihr die Anwendung der Norm nicht abhängig gemacht werden. Wertung und Norm liegen auf verschiedenen Ebenen und können nicht einfach miteinander verquickt werden; sie sind vielmehr scharf zu trennen. Man kann also in der Norm nur eine verpflichtende Regel sehen, deren Nichtbefolgung Sanktionen nach sich zieht[21].

Talcott Parsons sieht in seinem bedeutenden Frühwerk „The Structure of Social Action" im Normativen (norms) neben Zweck (end), Mittel (means) und Bedingungen (conditions) das vierte Element in der Aktionseinheit[22]. „Eine Norm ist eine Beschreibung mit Worten von dem konkreten Verlauf der Handlung, wie er als wünschenswert angesehen wird, verbunden mit dem Gebot, bestimmte zukünftige Handlungen mit diesem Verlauf in Einklang zu bringen[23]." In seiner „theory of action" sieht *Parsons* das Begriffschema für die Analysen des

---

[19] *Homans* (Anm. 8/2), S. 98.

[20] Ebd., S. 322.

[21] In der Flut der Definitionen über die Norm wird von *Homans* in zwei Fällen das Strafelement der Norm berücksichtigt (s. *Homans*, Anm. 7, S. 136, 273).

[22] *Talcott Parsons*, The Structure of Social Action — A Study in Social Theory with special reference to a group of recent European writers, 1968, S. 44, 734, 737. So groß auch die Änderungen im Werk *Parsons* sind, so hat er sich von seinen ursprünglichen Grundansichten nie völlig losgesagt (siehe Parsons/Shils (Anm. 24), 1967, S. 53, und *Talcott Parsons* (Anm. 25), S. 81, sowie *Heinz Hartmann*, Anm. 12, S. 11).

[23] *Parsons*, (Anm. 22), S. 75, Übersetzung, wie bei allen folgenden fremdsprachigen Quellen, von mir, soweit nichts anderes angegeben.

menschlichen Verhaltens. Dieses Verhalten ist *normativ* geregelt[24], aber auch *normativ* orientiert[25].

Wie sehr im Werke *Parsons* das Normative eine zentrale Bedeutung einnimmt geht daraus hervor, daß er die vier analytisch-strukturellen Bestandteile seines Systems mit der Norm innigst verquickt. So versteht er unter *Rolle,* „die durch *Normen* geregelte Mitwirkung (participation) einer Person in einem konkreten Prozeß sozialer Interaktion mit spezifisch konkreten Rollenpartnern." Eine „Kollektivität" (collectivity) ist „das System solcher Interaktion einer Mehrheit von Rolleninhabern, sofern es *normativ* durch allgemeine Werte oder durch *Normen,* sanktioniert durch diese allgemeinen Werte, geregelt ist." Als drittes Element seines Sozialsystems sieht *Parsons* die *Norm* selbst und als vierte Komponente schließlich die *Werte,* worunter er die *„normativen* Muster", „Muster, die der *normativen* Kultur angehören", versteht[26].

Spricht *Parsons* in der 1951 erstmals veröffentlichten Schrift „The Social System" nur einmal, und zwar bei Aufzeigen des Gegensatzes zwischen „formalen" und „informalen" Sanktionen, von einem „normativen System"[27], erhebt er zehn Jahre später das „normative System" zu einem „primary social subsystem", das wiederum unter den primären Subsystemen im Sozialsystem eine hervorragende Stellung einnimmt[28].

Die innige Verknüpfung mit dem Normativen ist auch in *Parsons'* Auffassung von der Integration gegeben. Darunter versteht er „einen Beziehungsmodus zwischen den Einheiten eines Systems, vermöge dessen diese Einheiten so zusammenwirken, daß der Zerfall des Systems und der Verlust der Möglichkeit zur Erhaltung seiner Stabilität verhindert und sein Funktionieren als Einheit gefördert wird"[29]. Vor allem geht es also um die Erhaltung des Gleichgewichts[30] und die Verhinderung eines abweichenden Verhaltens[31]. Die soziale Integration hängt von „internalisierten Normen" und von „expliziten präskriptiven oder prohibitorischen Rollenerwartungen (z. B. Gesetze)" ab[32]. „In einer hochdifferenzierten Gesellschaft liegt der Hauptbrennpunkt der Integrationsfunktion in einem System von gesetzlichen Normen und dem

[24] *Parsons/Shils,* Values, Motives and Systems of Action, in Parsons/Shils, Toward a General Theory of Action, 1967, S. 53.
[25] *Parsons,* The Social System, 1964, S. 75.
[26] *Parsons* (Anm. 2), S. 42.
[27] *Parsons* (Anm. 25), S. 135.
[28] *Parsons* (Anm. 2), S. 61.
[29] *Parsons,* Beiträge zur soziologischen Theorie, 1968, S. 182.
[30] *Parsons* (Anm. 25), S. 250.
[31] *Parsons* (Anm. 29), S. 58.
[32] *Parsons* (Anm. 24), S. 203.

mit seiner Durchführung betrauten Stab, vor allem dem Gerichtshof und dem juristischen Berufsstand[33]."

Man kann also ohne Übertreibung sagen, das Sozialsystem *Parsons'* ist ein normatives System[34]. Es ist ein System, das weit in die Rechtssphäre hineinreicht. Ist es aber ein System, das *in dieser Form* auch vom Juristen akzeptiert werden kann? Die Frage muß mit Nein beantwortet werden. Unter Norm versteht *Parsons* sowohl die rechtliche wie die außerrechtliche, insbesondere die wertmäßige Norm. Oft wird zwischen den beiden Normarten kein Unterschied gemacht. Wird ein solcher gemacht, ist er ungenügend. Sowohl in den Normen wie in den Werten sieht *Parsons* analytisch-strukturelle Komponente seines Sozialsystems, wobei die Werte über den Normen rangieren[35]. „Das Wertsystem nimmt die höchste normative (!) Stufe (highest normative level) ein[36]. Die Normen selbst sind legitimiert, und deshalb in einem normativen (!) Sinne durch die in der Gesellschaft institutionalisierten Werte kontrolliert[37, 38]."

Nach dem Gesagten überrascht es nicht, daß *Parsons* sich auf das rein rechtliche Gebiet begibt. Ich denke hier an seinen im Jahre 1962 veröffentlichten Artikel „The Law and Social Control"[39]. In dieser Schrift befaßt sich *Parsons* zu einem großen Teil mit der Stellung des Anwaltes, seinem Verhältnis zum Klienten und überhaupt mit dem „Mechanismus sozialer Kontrollen" dieses Berufes. Wenn es *Parsons* auch nicht ausdrücklich ausspricht, besteht doch ein deutlicher Zusammenhang zwischen dieser Darstellung des juristischen Berufes mit den Ausführungen über den Arztberuf in dem „praktischen Teil" seines Werkes „The Social System"[40]. In dieser bekannten Schrift ging es *Parsons* darum, dem Leser die „empirische Beziehung seiner abstrakten Analysen" aufzuzeigen[41]. Aber insbesondere die Ausführungen über

---

[33] *Parsons* (Anm. 29), S. 40.

[34] Die Betonung des Normativen im Werke *Parsons* wird von *Renate Mayntz* (Soziales System in Bernsdorf, Wörterbuch der Soziologie, 1969, S. 1020 ff.) hervorgehoben, wobei sie noch nicht die im Jahre 1961 das erste Mal veröffentlichte Schrift „An Outline of the Social System" (Anm. 2, S. 30—79), mit der das Normative im Werk *Parsons'* einen Höhepunkt erreicht, berücksichtigt.

[35] *Parsons* (Anm. 29), S. 41.

[36] Ebd., S. 60.

[37] Ebd., S. 44.

[38] Insbesondere auf *Parsons* und *Homans* aufbauend entwirft *Charles P. Loomis* in seinem Werk „Social Systems — Essays on their Persistence and Change", 1960, eine Sozialtheorie, in der das Normative besonders stark hervorgehoben wird.

[39] Recht und soziale Kontrolle, in Hirsch/Rehbinder, Studien und Materialien zur Rechtssoziologie, 1967, S. 121—134.

[40] Es handelt sich um das Kapitel X mit dem Titel „Sozialstruktur und dynamischer Prozeß: Der Fall der modernen medizinischen Praxis".

[41] *Parsons* (Anm. 25), S. 428. Allerdings hat Parsons selbst einbekannt, daß

das Verhältnis Arzt—Patient erfolgen nicht auf Grund konkreter Untersuchungen; zumindest wurden nicht Ergebnisse spezieller Forschungsarbeiten mit Angabe genauer Daten zur Grundlage der Aussagen gemacht. Und dasselbe gilt von der Darstellung der Beziehung Anwalt—Klient in dem Artikel „The Law and Social Control". *Parsons* schreibt hier z. B. von der „Tatsache, daß — wie beim Arztberuf — die Bezahlung der Dienste des Anwalts nicht auf einer gewöhnlichen ‚kommerziellen' Basis erfolgt, sondern auf Grund einer ‚gleitenden Skala'. Dies beruht auf der Annahme, daß ein Anwalt bereit ist, seinem Klienten zu helfen, und zwar relativ unabhängig davon, ob es sich für ihn in dem speziellen Fall lohnt oder nicht"[42]. Kann dem Rechtswissenschaftler oder dem Soziologen mit „statements" auf Grund von Annahmen gedient sein? Übrigens hätte sich *Parsons*, ehe er zu obiger Feststellung gelangte, mit einem wesentlichen Unterschied zwischen Arzt und Anwalt auseinandersetzen müssen: Der Arzt ist in dringenden Fällen verpflichtet, anderen zu helfen; der Anwalt ist grundsätzlich berechtigt, die Vertretung einer Partei ohne Angabe von Gründen abzulehnen[43].

Parsons sagt weiter: „Das richtige Verfahren stellt eine der Grundkonzeptionen in unserem angelsächsischen Recht dar. Das kann natürlich so weit gehen, daß die Frage der substantiellen Gerechtigkeit keinen Streitpunkt mehr bildet und es gegen Ungerechtigkeit kein Rechtsmittel gibt, sofern das korrekte formelle Verfahren eingehalten worden ist[44]." Bietet hier *Parsons* etwas Neues den Juristen, die im täglichen Berufskampf die Folgen des Formalismus erfahren und ernstlich bemüht sein müssen, die damit verbundenen Nachteile zu verhindern bzw. zu beseitigen, z. B. durch Anträge auf Fristerstreckung, Wiedereinsetzung, Wiederaufnahme u. ä.? Ist es für Juristen ein Gewinn, wenn sie über sich lesen dürfen, „sie haben oft keine allzu hohe Meinung von komplizierten rechtlichen Verfahren"? *Geoffrey Sawer* bestreitet überhaupt die Brauchbarkeit dieses Artikels. Wörtlich sagt hierzu der Rechtsanwalt und Rechtssoziologe aus Canberra: „Was ist der wissenschaftliche Wert solcher Feststellungen? Sie mögen betrachtet werden als bloße hypothetische Theorien zu möglichen sozialen Funktionen, die durch Beobachtung zu prüfen sind. Aber sie sind als

---

es ihm dabei gar nicht um eine „systematische Kodifikation einer gültigen *empirischen* Wissenschaft" gegangen ist (ebd., S. 536).

[42] *Parsons* (Anm. 39), S. 131.

[43] Siehe § 6 Ärztegesetz und § 10 (1) Rechtsanwaltsordnung. Zu der Stellung des Anwaltes vergleiche den ausgezeichneten Aufsatz „Die dreifache Freiheit der Advokatur" von *Ernst Jahoda* (Österreichische Juristenzeitung, 1968, S. 645—652). Nach *Jahoda* müssen für ein höheres Berufsethos des Anwaltes — ein solches schwebt *Parsons* schon als gegeben vor — erst die Voraussetzungen geschaffen werden.

[44] *Parsons* (Anm. 39), S. 133.

bloße hypothetische Vermutungen gar nicht in einer so bestimmten Form gefaßt ..., um überhaupt später überprüft werden zu können. Solche Feststellungen implizieren gewöhnlich, daß das behauptete Verhalten, die behauptete Eigenschaft oder die behauptete Qualität tatsächlich beobachtet wurde und ein häufiger, üblicher und unveränderlicher Grundzug einer sich stets wiederholenden oder andauernden Situation sei[45]." Wird man bei der Beurteilung dieses vielleicht größten lebenden Soziologen nicht an das sowohl von *Simmel* als auch von *Pareto* markant aufgezeigte Phänomen erinnert, daß eine Koryphäe auf einem bestimmten Gebiete es nicht auch schon auf einem anderen ist[46]?

2. Die rechtssoziologische Betrachtungsweise

Es genügt nicht eine vage, ungefähre Vorstellung vom Recht. Es genügt nicht ein flüchtiger Blick von außen, der das Recht bloß in groben Umrissen erkennen läßt. *Eine rechtssoziologische Betrachtung des Rechts muß auf die Rechtsnorm bezogen sein.*

Damit sind drei Forderungen verbunden:

Die rechtssoziologische Betrachtung des Rechts hat von der Rechtsnorm auszugehen.

„Eine realistische Rechtsbetrachtung", schreibt *Theodor Geiger*, „kann nicht am Normsatz vorübergehen, ohne die Realordnung ... in der Luft schweben zu lassen"[47]. Er nennt die Norm eine Realität[48]. Schließlich sagt der Rechtssoziologe *Manfred Rehbinder* in Abwandlung der bekannten Worte von *Georg Jellinek*[49], daß das Faktische eine normative Kraft habe: „Heute wissen wir, daß Normativität und Faktizität zwei verschiedene Ebenen sind, die beide zum Rechtsbegriff gehören. Es gibt nicht nur eine normative Kraft des Faktischen, sondern auch eine *faktische Kraft des* Normativen[50]."

---

[45] *Geoffrey Sawer*, Law in Society, 1965, S. 8.

[46] *Georg Simmel*, Soziologie — Untersuchungen über die Formen der Vergesellschaftung, 1968, S. 163; *Vilfredo Pareto*, Trattato di Sociologia Generale, 1964, § 1436 (1). Man könnte einen Begriff aus der Psychologie entnehmen und in diesem Zusammenhang vor einem „Halo-Effekt" warnen. (Vgl. *Homanns* [Anm. 8/2], S. 136).

[47] *Theodor Geiger*, Vorstudien zu einer Soziologie des Rechts, 1964, S. 86.

[48] Ebd., S. 84.

[49] Siehe *Georg Jellinek*, Allgemeine Staatslehre, 1905, S. 329 ff.

[50] *Manfred Rehbinder*, Die Begründung der Rechtssoziologie durch Eugen Ehrlich, 1967, S. 114 f. Hervorhebung von mir. Der Ausdruck „faktische Kraft des Normativen" war bereits vor 1962 von *Ernst E. Hirsch* in seinem Aufsatz „Macht und Recht" verwendet worden (*Ernst E. Hirsch*, Das Recht im sozialen Ordnungsgefüge — Beiträge zur Rechtssoziologie, 1966, S. 255).

Die Rechtsnorm muß den Mittelpunkt der Forschung einnehmen und es kann sich diese nicht etwa von der Rechtsdogmatik vollkommen befreien: „Für den Rechtssoziologen", schreibt *Ernst E. Hirsch,* „bildet die rechtliche Ordnung den Mittelpunkt, auf den sich alle wissenschaftlichen Untersuchungen beziehen müssen[51]." Auf dem Ersten deutschen Soziologentag im Jahre 1910 in Frankfurt am Main forderte *Hermann Kantorowicz,* daß sich die Rechtssoziologie nicht von der Rechtsdogmatik emanzipiere[52] und rief in diesem Zusammenhang den Satz aus: „Soziologie ohne Dogmatik ist blind[53]." Diese Normverbundenheit sowie Beziehung zum Dogmatischen und somit die Besonderheit der Rechtssoziologie gegenüber der allgemeinen Soziologie wird von *Philipp Heck,* dem Hauptvertreter der Interessenjurisprudenz zustimmend beurteilt. *Heck* bemerkt hierzu: „Die Rechtswissenschaft verfolgt normative Endziele und nur der Jurist kann das für sein Endziel Wesentliche aus der Fülle der Wirklichkeit aussondern[54]." Sehr deutlich spricht es der Rechtssoziologe *Hermann Eichler* aus: „Der Rechtssoziologie steht es nicht frei, sich nach Belieben von der Rechtsdogmatik loszulösen und ein eigenständiges Dasein zu führen, da die rechtsdogmatischen Begriffe den Ausgangspunkt darstellen, von denen aus die Rechtssoziologie ihre Untersuchungen ansetzt[55]." Auch für die Rechtstatsachenforschung fordert *Arthur Nußbaum,* daß „die Normen stets Mittel- und Zielpunkt sein müssen". „Die Rücksicht auf die besonderen Bedürfnisse des Juristen muß für die Auswahl des Stoffes maßgebend bleiben[56]." Auch *Nußbaum* erachtet die Systematik und die Dogmatik des Rechts für notwendig: „Jede Rechtsdarstellung sich auf der Systematik aufbauen muß, die durch die logischen Grundverhältnisse der Rechtsordnung gegeben ist ...[57]." „Auch der systematische Rechtsunterricht (im Sinne der Rechtstatsachenforschung) kann nicht anders als wesentlich dogmatischer Art sein[58]."

Somit wird die Rechtsnorm als Ausgangspunkt der wissenschaftlichen Arbeit nicht nur von der Rechtssoziologie, sondern auch von der

---

[51] *Ernst E. Hirsch* (Anm. 4), S. 21.

[52] *Hermann Kantorowicz,* Rechtswissenschaft und Soziologie — Ausgewählte Schriften zur Wissenschaftslehre, hg. von Thomas Würtenberger, 1962, S. 137.

[53] Ebd., S. 139.

[54] *Philipp Heck,* Das Problem der Rechtsgewinnung — Gesetzesauslegung und Interessenjurisprudenz — Begriffsbildung und Interessenjurisprudenz, 1968, S. 40[32].

[55] *Hermann Eichler,* Recht, in Ziegenfuß, Handbuch der Soziologie, 1956, S. 931.

[56] *Arthur Nußbaum,* Die Rechtstatsachenforschung — Ihre Bedeutung für Wissenschaft und Unterricht, 1914, S. 24.

[57] Ebd., S. 25.

[58] Ebd., S. 29.

Interessenjurisprudenz und von der Rechtstatsachenforschung gefordert.

Wenn nun von Rechtsnorm die Rede ist, ist die Wortnorm gemeint. Ich verstehe darunter den mit Worten umschriebenen Inhalt der Norm. Die Wortnorm kann mitunter „leeres Gerede ohne Kraft und Bedeutung“ sein[59]. Dennoch ist das Befassen mit der Wortnorm — auch außer den gerade behandelten Gründen — von entscheidender Wichtigkeit. Es ist nämlich zu untersuchen, ob die Wortnorm mit der Realnorm im Einklang steht oder aber von ihr abweicht.

Die rechtssoziologische Betrachtung des Rechts setzt Rechtskenntnis voraus.

Ist die Rechtsnorm Ausgangspunkt der Betrachtungsweise, setzt dies die Kenntnis der Rechtsnorm voraus, und zwar in deren verschiedenen Erscheinungsformen. Es muß also die Norm insbesondere des Zivil-, des Straf-, des Verwaltungs- und des Verfassungsrechtes erfaßt werden. Es genügt nicht, daß Gesetzbücher gelesen und noch einige Lehrbücher dazu, es müssen die Zusammenhänge der verschiedenen Rechtsgebiete begriffen und das gesamte Recht in seinen Grundzügen überblickt werden.

Die rechtssoziologische Betrachtung des Rechts ist Aufgabe des Fachjuristen.

Soll die Rechtsnorm tatsächlich Ausgangspunkt sein und die dafür notwendige Rechtskenntnis vorliegen, muß die rechtssoziologische Betrachtung durch den Fachjuristen geschehen. Die Rechtssoziologie könne, sagt *Kantorowicz,* nur von „Fachmännern der Jurisprudenz“ fruchtbringend betrieben werden[60]. Nur ein solcher Fachmann vermag sich auf den verschiedenen Rechtsgebieten zu orientieren und das Recht in seiner Gesamtheit zu erfassen.

Somit kann die für die rechtssoziologische Betrachtung notwendige Normbezogenheit nur erreicht werden, wenn die Rechtsnorm den Ausgangspunkt bildet, was wiederum Rechtskenntnis eines Fachjuristen voraussetzt. Diese Bezogenheit auf die Rechtsnorm führt zu einer Abgrenzung der Rechtssoziologie gegenüber der allgemeinen Soziologie. Es müssen aber schon jetzt einige Unterscheidungsmerkmale der Rechtssoziologie gegenüber der Rechtswissenschaft aufgezeigt werden.

Die Rechtsnorm und die Rechtsdogmatik sind Ausgangspunkt, wohl auch Mittelpunkt, entscheidender Bezugspunkt der rechtssoziologischen Betrachtungsweise. Sie sind aber nicht Ziel- und Endpunkt; die Rechts-

---

[59] *Theodor Geiger* (Anm. 47), S. 85.

[60] *Hermann Kantorowicz* (Anm. 52), S. 119.

soziologie muß *über sie hinausgehen.* Wenn sich auch die Rechtssoziologie von der Rechtsdogmatik nicht loslösen kann, sagt *Eichler* übereinstimmend mit *Kantorowicz*[61], „braucht sie aber nicht etwa die Systematik der Rechtsdogmatik zu übernehmen." *Eichler* fährt fort: „Eine derartige Übernahme der Systematik der Rechtsdogmatik wäre vielmehr für die Rechtssoziologie verhängnisvoll, weil sie an Wirklichkeitsbezogenheit verlöre. Gerade diese Lebensnähe aber und die darin enthaltene Möglichkeit, alle Rechtsgebiete mehr in ihrem Nebeneinander zu betrachten, machen das Wesen der Rechtssoziologie aus, die sich so *über die Rechtsdogmatik hinaushebt*[62]." Ein Hinausgehen über die Rechtssystematik wird auch von *Arthur Nußbaum* gefordert: „... die systematische Gliederung nur ein Mittel zum Zweck übersichtlicher Darstellung ist, und nicht zur Fessel für den Stoff selbst werden darf ... Je mehr eine Darstellung darauf ausgeht, das Rechtsleben in seiner Wirklichkeit zu erfassen, um so mehr wird sie genötigt sein, aus sachlichen und didaktischen Rücksichten *über rein formal-systematische Gesichtspunkte hinwegzugehen*[63]." Auch *Hirsch* gibt sich mit der Systematik des Rechts nicht zufrieden und lehnt den Nur-Juristen, der lediglich die Paragraphen beachtet, ab: „Es ist notwendig, von der Gesinnung des *Nur*-Juristen loszukommen, der ein soziales Problem für erledigt ansieht, wenn das Parlament ein Gesetz beschlossen, der Landrat eine Verfügung erlassen, der Richter ein Urteil gesprochen hat. Das Recht ist nicht in der Logik des Rechtssystems, sondern im Strom des sozialen Lebens zu finden[64]." *Kantorowicz* spricht von dem „Schrei" aus der lebensfremden Enge des Dogmatischen nach dem „lebenden Recht"[65]. Es soll, wie es *Geiger* ausdrückt, der Rechtswissenschaft ihr „gesellschaftsmorphologischer Hintergrund" gegeben werden[66].

Der Vorstoß zum „lebenden Recht" wird aber dem bloßen theoretischen Juristen gar nicht gelingen. Der Jurist wird mit der *Praxis* verbunden sein müssen. Er wird ein Jurist sein müssen, der, wie es *Hirsch* fordert, „Bescheid weiß, was unter ‚Recht' verstanden wird, *und* mit der *praktischen* Handhabung und Anwendung ‚des' Rechts vertraut ist ... er muß zunächst einmal wissen, in welcher Weise das Phänomen ‚Recht' *praktisch* in der Gesellschaft in Erscheinung tritt"[67].

---

[61] Ebd., S. 137.

[62] *Hermann Eichler* (Anm. 55), S. 931 f. Hervorhebung von mir.

[63] *Arthur Nußbaum* (Anm. 56), S. 25. Hervorhebung von mir.

[64] *Ernst E. Hirsch,* Die Rechtswissenschaft und das neue Weltbild, in *Ernst E. Hirsch* (Anm. 50/2), S. 87.

[65] *Hermann Kantorowicz* (Anm. 52), S. 164.

[66] *Theodor Geiger* (Anm. 47), S. 126.

[67] *Ernst E. Hirsch,* Rechtssoziologie, in Gottfried Eisermann, Die Lehre von der Gesellschaft — Ein Lehrbuch der Soziologie, 1969, S. 160 f. Erste

Das wird nicht der Fall sein, wenn er lediglich die Gerichtsberichte in der Tageszeitung liest und sich gelegentlich einen sensationellen Strafprozeß vor dem Landesgericht, der Gegenstand des Stadtgespräches ist, ansieht. Die Beziehung zum wirklichen Recht muß eine innige sein. Der Jurist muß Gelegenheit haben, das Recht in seiner *Fülle* und *Vielgestaltigkeit,* in seiner wahren *Lebendigkeit* also, zu sehen. Geeignet sind daher besonders ehemalige Richter, wie z. B. *Roscoe Pound* und *Ernst E. Hirsch,* um zwei markante Beispiele aus der Rechtssoziologie zu nennen. Noch mehr mit der Lebendigkeit des Rechtes konfrontiert ist der Anwalt. Er ist nicht wie der Richter längere Zeit nur auf einem bestimmten Rechtsgebiet, z. B. im Strafrecht, und hier wiederum in einer speziellen Abteilung, beispielsweise für Verkehrsdelikte oder Jugendstrafsachen, tätig, sondern er hat sich oft am gleichen Tag mit Straf-, Zivil- und Verwaltungsangelegenheiten zu befassen. Das Recht bietet sich ihm viel bunter, vielseitiger und abwechslungsreicher dar. Der Anwalt sieht das Recht von allen Rechtsanwendern wohl am lebendigsten. Daher ist es nicht überraschend, wenn eine große Anzahl von Rechtssoziologen aus dem Anwaltsstand kommen. Ich nenne hier vor allem *Arthur Nußbaum, Hugo Sinzersheimer, Ignaz Kornfeld, Ernst Fuchs, Julius Stone, Geoffrey Sawer, Maurice Rosenberg, Michael J. Sovern, Michelangelo Vaccaro*[68]. Und wenn es vor allem um die Feststellung geht, ob die Wortnorm auch mit der Realnorm übereinstimmt, muß neben der Kenntnis der Wortnorm auch das Wissen und die Erfahrung über die rechtliche Wirklichkeit gegeben sein. Diese können aber nur von dem Jurist der Praxis erwartet werden.

Aber die Forderungen der Rechtssoziologie können auch zu weit gehen und nicht unberechtigte Kritik der Rechtswissenschaft hervorrufen. So kommt es vor, daß selbst verdienstvolle Rechtssoziologen in ihrem aufrichtigen Bemühen, gegen erstarrte Rechtsvorstellungen und totes Rechtsdenken anzukämpfen, mitunter zu extreme Standpunkte einnehmen und sich in Übertreibungen und Überheblichkeiten hineinsteigern, die den Zugang zu bahnbrechenden und für die Rechtswissenschaft und Rechtspraxis bedeutungsvollen Forschungsergebnissen verstellen können. So läßt *Eugen Ehrlich* nur mehr die Rechtssoziologie als Rechtswissenschaft gelten: „Da das Recht eine gesellschaftliche Erscheinung ist, so gehört jede Art der Jurisprudenz der Gesellschaftswissenschaften an, aber die *eigentliche Rechtswissenschaft ist ein Teil* der theoretischen Gesellschaftswissenschaft, der *Soziologie. Die Sozio-*

Hervorhebung von mir. Vgl. hierzu *Arthur Nußbaum* (Anm. 56, S. 37), der ein „sachliches Können" fordert, das „durch bloßes Bücher- und Vorlesungsstudium nicht erworben werden kann".

[68] Kurze Zeit waren auch *Max Weber, Eugen Ehrlich* und *Karl N. Llewellyn* Anwälte.

logie des Rechts ist die wissenschaftliche Lehre vom Recht[69]." Wenn der Jurist schon auf den ersten Seiten der „Grundlegung der Soziologie des Rechts" diese Worte liest, die er als Forderung, die Rechtswissenschaft solle ihre Selbständigkeit aufgeben und in der Soziologie aufgehen, auffassen muß, wird er seine Wissenschaft angegriffen und herabgesetzt sehen. Ohnedies skeptisch und mißtrauisch gegenüber Neuerungen, wird sich der Jurist schon früh von der Rechtssoziologie entrüstet abwenden.

Von *Georges Gurvitch* sind die viel zitierten Worte[70]: „Der Jurist kann jetzt keinen einzigen Schritt mehr tun, ohne zugleich die Arbeit des Soziologen zu leisten, ohne die Rechtssoziologie zur Hilfe zu rufen[71]." *Gurvitch* räumt dem Juristen zwar die Ehre ein, daß hie und da aus seiner Arbeit spontan die Rechtssoziologie geboren wird[72], aber ohne Rechtssoziologie wäre er nicht mehr in der Lage, auch nur einen einzigen Schritt in seinem Beruf zu tun. Das würde heißen, daß bisher — die Rechtssoziologie wurde ja erst kürzlich aus der Taufe

---

[69] *Eugen Ehrlich*, Grundlegung der Soziologie des Rechts, 1967, S. 19. Hervorhebungen von mir.

Manfred Rehbinder (Anm. 50, S. 71 ff.) versucht *Ehrlichs* Übertreibungen zu mildern und spricht von einem Mißverständnis in der Beurteilung des Werkes. Fest steht jedoch, daß *Ehrlich* bei seiner Unterteilung der Jurisprudenz in eine theoretische und eine praktische Rechtswissenschaft die praktische Jurisprudenz abwertet, hingegen die theoretische Rechtswissenschaft zur Rechtswissenschaft schlechthin erhebt und der Rechtssoziologie gleichsetzt (*Ehrlich*, ebd., S. 19). Indem er die theoretische Rechtswissenschaft der Rechtssoziologie gleichsetzt, verbindet er Verschiedenartiges, was sich nicht verbinden läßt. Das Widerspruchsvolle kommt in der Erklärung zum Ausdruck, was *Ehrlich* unter der „eigentlichen Rechtswissenschaft" versteht: Er umschreibt diese als eine Wissenschaft, die nicht praktischen Zwecken dienen will, sondern der reinen Erkenntnis, die nicht *von Worten handelt*, sondern von *„Tatsachen"* (*Eugen Ehrlich*, Soziologie des Rechts, in Die Geisteswissenschaften, 1913/14, S. 234, Hervorhebung von mir). Diese Definition ist unhaltbar; sie kann weder für die Rechtswissenschaft noch für die Rechtssoziologie gelten. Die Rechtswissenschaft ist nämlich auf die *Erkenntnis* des *Normhaften* (also von „Worten", um bei *Ehrlichs* Bezeichnung zu bleiben) zu beziehen, die Rechtssoziologie hingegen auf das *Erklären* von *Tatsachen*. Und wenn *Ehrlich* sagt, die Rechtssoziologie habe der praktischen Jurisprudenz als Grundlage zu dienen (*Ehrlich*, Grundlegung der Soziologie des Rechtes, S. 273), ist das unrichtig. Es ist vielmehr die Rechtswissenschaft, die als normative Wissenschaft mit ihrer Systematik und Dogmatik die Grundlage bzw. Ausgangspunkt für die Rechtssoziologie bildet, wobei allerdings die Rechtssoziologie ergänzend, oft korrigierend, auch ändernd auf die Rechtswissenschaft *einzuwirken* hat. Immer haben aber beide Disziplinen ihre Eigenart zu bewahren und können nicht ineinander aufgehen.

[70] *Hirsch* zitiert allein in seinen mir bekannten Schriften diesen Satz von *Gurvitch* fünfmal (Anm. 50), S. 37, 51, 321; Anm. 67, S. 155 und Rechtssoziologie, in Bernsdorf, Wörterbuch der Soziologie, 1969, S. 878.

[71] *Georges Gurvitch*, Rechtssoziologie, in Gottfried Eisermann, Die Lehre von der Gesellschaft — ein Lehrbuch der Soziologie, 1958. S. 184.

[72] Ebd.

gehoben und ist erst einem kleinen Kreise bekannt — die Juristen ihre Arbeit *überhaupt nicht* bewältigen konnten. *Gurvitch* übersieht, daß es einen größeren Rechtsraum gibt, in dem die Rechtssoziologie nicht, auch nicht wirksam zu werden braucht, da sie hier keine Aufgabe erfüllen könnte. So sind es sehr viele Schritte, die der Jurist auch in Zukunft ohne Rechtssoziologie tun kann: Der Jurist, der eine Pfandauflassungsurkunde errichtet, braucht hierzu nicht die Hilfe der Rechtssoziologie, auch dann nicht, wenn er den Antrag auf Löschung der Hypothek im Grundbuch verfaßt. Der Jurist, der zwecks Erwirkung der Kraftloserklärung eines in Verlust geratenen Wechsels die Einleitung des Aufgebotsverfahrens beantragt und schließlich der Jurist, der nach Beendigung des Verfahrens den Beschluß über die Kraftloserklärung des Wertpapiers verfaßt, braucht hierzu keine Anleihe bei der Rechtssoziologie. Der Richter, der die Zwangsversteigerungstagsatzung und nach einigen Monaten die Meistverteilungstagsatzung leitet, kommt ohne die neue Disziplin aus, desgleichen alle Anwälte, die bei diesen Verhandlungen einschreiten. Der Strafsenat des Oberlandesgerichtes, der das von einem ausländischen Staat gestellte Auslieferungsbegehren ablehnt, faßt den Beschluß ohne Berufung auf rechtssoziologische Schriften, ohne die Rechtssoziologie zu Rate zu ziehen. Der Polizeirichter, der infolge Einspruchs gegen eine Strafverfügung im ordentlichen Verfahren darüber entscheidet, ob der Beschuldigte trotz Verbot mit seinem Personenkraftwagen ein anderes Fahrzeug überholte, ob er seinen Pkw innerhalb 15 Metern nach einer Haltestelle der Straßenbahn geparkt hatte, oder über andere Ordnungsdelikte, kann dies, „ohne die Rechtssoziologie zur Hilfe zu rufen". Der Verwaltungsjurist, der nach Ablauf der Verjährungszeit dem Finder das Eigentum an der gefundenen Sache mit Bescheid zuspricht, braucht in der Rechtssoziologie keine Stütze. Aber auch da, wo die Rechtssoziologie zur Anwendung kommt, hat sie nur *ergänzend* und *korrigierend* auf die rechtliche Tätigkeit einzuwirken. Durch sie soll das Wirken der Juristen *verbessert* und *gefördert* werden. Es wäre aber eine Übertreibung, wenn man sich erwartet, daß mit der Anwendung der Rechtssoziologie auch schon *alle* Probleme des modernen Rechtes gelöst sind.

Auch geht meiner Meinung nach *Hirsch* mit der Formulierung zu weit, daß „*nur* eine soziologische Betrachtungsweise die letztlich allein objektive und sichere Grundlage für Sinn und Tragweite eines Rechtssatzes bietet"[73]. Man kann dies schon gar nicht sagen, wenn man bedenkt, daß es eine Rechtssoziologie erst einige Jahrzehnte gibt, sie nur an wenigen juridischen Fakultäten gelehrt wird und fast gänzlich unbekannt ist. Aber auch mit einer derartigen Zielsetzung geht *Hirsch*

---

[73] *Ernst E. Hirsch* (Anm. 50), S. 53.

zu weit. Sicherlich hat *Hirsch* recht, wenn er das tote Begriffsdenken[74] in der heutigen Jurisprudenz bekämpft und eine „bloß normative Theorie des Rechts"[75] für ungenügend ansieht. Er darf aber andererseits nicht einen extrem entgegengesetzten Standpunkt einnehmen. Ich glaube daher, daß obiger Satz lauten müßte: „*Auch* eine soziologische Betrachtungsweise ist für die Erfassung des Inhaltes und des Umfanges des Rechtssatzes unerläßlich."

Als Rechtssoziologe fordert *Hirsch* ein umfassendes Wissen der Juristen, ein Wissen, das sich nicht allein auf Rechtskenntnisse beschränkt[76]. Insbesondere sollte der Jurist mit wirtschaftlichen Fragen vertraut sein[77]. Ist aber mit diesen an den Juristen gestellten Forderungen viel gewonnen? Sicher wäre es ideal, wenn der Jurist ein möglichst umfangreiches Wissen hätte. Aber das könnte der Soziologe genauso für den Arzt, den Techniker, den Wirtschaftswissenschaftler, den Lehrer fordern. Das ist nicht eine speziell den Juristen treffende Frage, sondern eine Frage der Allgemeinbildung überhaupt. Und niemand wird bestreiten, daß Wirtschaftskenntnisse für den Juristen vorteilhaft sind. Es wäre ein Idealzustand, wenn jeder Jurist mit wirtschaftlichen Fragen vertraut wäre. Dieses Ideal läßt sich aber nicht realisieren. Es würde eine intensivere Befassung mit volkswirtschaftlichen Fächern, als es heute der Fall ist, erfordern. Dies würde — unter Umständen zu Lasten der rein juridischen Ausbildung — zu einer Vermehrung des Wissensstoffes führen. Ist aber damit schon eine Gewähr gegeben, daß der Jurist den praktischen wirtschaftlichen Fragen gewachsen ist? Würde nun darüber hinaus eine Wirtschaftspraxis verlangt werden, könnte diese nur zeitlich begrenzt sein. Hat dann der Jurist, der z. B. ein Jahr bei einer Versicherungsanstalt praktiziert hat, wirklich schon die sichere Beurteilungsmöglichkeit in betriebs- oder gar gesamtwirtschaftlichen Fragen? Nun ist es in der juristischen Praxis so, daß der Richter, der in einer wirtschaftsrechtlichen Abteilung z. B. mit handelsrechtlichen Sachen oder mit Konkurs- und Ausgleichshandlungen betraut ist, durch seine Tätigkeit sich seine Spezialkenntnisse genau so aneignet wie z. B. der Verkehrsrichter, die verkehrstechnischen, der

[74] Ebd., S. 76.

[75] *Ernst E. Hirsch* (Anm. 4), S. 26.

[76] Ebd.

[77] *Ernst E. Hirsch* (Anm. 50), S. 192: „... den zur Anwendung des Gesetzes berufenen Juristen, das sind die Rechtsberater, die Verwaltungsjuristen und die Richter, oft die Fähigkeit mangelt, die Eigenart wirtschaftlicher Strukturen und wirtschaftlicher Vorgänge zu erkennen und richtig zu deuten. Sie begnügen sich meistens mit überkommenen Formeln und Typen, die ihrerseits schon von Anfang an unrichtig waren oder es im Laufe der Zeit geworden sind. Die hieraus zu ziehende Folgerung kann nur lauten, daß niemand sich als Jurist sollte ausgeben und an verantwortlicher Stelle sollte betätigen dürfen, der nicht gelernt hat, wirtschaftliche Strukturen und Vorgänge zu erkennen und sachgemäß zu deuten."

Richter, dem vorwiegend Schadensersatzklagen aus Unfällen zugewiesen werden, die medizinischen, oder der Richter, der über Bauprozesse zu entscheiden hat, die bautechnischen Fachkenntnisse erwirbt. Es sind sehr viele Gebiete, in denen der Jurist durch Vertiefung in der Sachmaterie und Aneignung der nötigen Fachkenntnisse sich zurechtfinden muß. Und je nach Talent, geistiger Anpassung, Fleiß, Ausdauer, Gründlichkeit wird er auf wirtschaftlichem Gebiet sowie auf anderen Gebieten seine Aufgabe erfüllen. Mit einer Spezialausbildung auf einem Gebiet wäre noch gar nicht so viel getan; der Jurist muß ja auf vielen Spezialgebieten tätig werden. Allerdings ist es richtig, daß er seinen Aufgaben nicht immer restlos gewachsen ist. Auf welchem Gebiet aber werden Aufgaben hundertprozentig erfüllt? Dies kann auch nicht vom Juristen gefordert werden. *Hirsch* begnügt sich nicht mit einer fachgemäßen Ausbildung des Juristen. Er will sie mit der Forderung nach einer hohen sittlichen Grundhaltung verbinden: „Die Gesellschaft ... hat einen legitimen Anspruch darauf, daß die junge Juristengeneration eine sachgemäße, d. h. wissenschaftlich sachbezogene Schulung durchmacht und mit einem entsprechenden Ethos, d. h. mit einem sittlichen Verantwortungsgefühl gegenüber der Gesellschaft und gegenüber jedem einzelnen Menschen, den Juristenberuf auszuüben bereit und in der Lage ist[78]." Ethische Forderungen an den Menschen oder auch nur an einen Berufsstand zu stellen, ist nicht Aufgabe der Soziologie im allgemeinen und kann es auch nicht der Rechtssoziologie im besonderen sein. Das Gebiet der Soziologie ist die soziale Wirklichkeit. Ihre Aufgabe ist die empirische und analytische Untersuchung gesellschaftlicher Realitäten. Die Soziologie ist aber weder wertend noch Werte fordernd.

Jean Carbonnier schließlich fordert die „Geringschätzung des Rechts". Von ihm ist der Satz: „Das Recht ist ein winziges Häutchen auf der Oberfläche der sozialen und zwischenmenschlichen Beziehungen[78a]." Es mag sein, daß die außerrechtliche soziale Ordnung sehr bedeutungsvoll ist. Es entspricht aber nicht der sozialen Wirklichkeit, daß man das Rechtliche bis zur Nebensächlichkeit dezimiert. Wie will man mit solchen Aussprüchen die Leute der juristischen Praxis überzeugen, denen jeden Tag lebendig vor Augen geführt wird, wie weit das Rechtliche in alle Lebensbereiche hineinreicht und in großem Ausmaß alles Menschliche erfaßt, wenn es auch nicht allen bewußt wird, selbst denen nicht, die davon betroffen werden.

3. Was ist Recht?

Ehe man sich dem Wesen und der Aufgabe der Rechtssoziologie zuwendet, ist es nötig, sich mit der Frage zu beschäftigen, was Recht ist.

[78] *Ernst E. Hirsch* (Anm. 4), S. 27.

Immanuel Kant hatte den Satz ausgesprochen: „Noch suchen die Juristen eine Definition zu ihrem Begriff vom Recht[78b].“ Heute gibt es noch nicht diese Definition vom Recht, zumindest nicht eine allgemein anerkannte. „Es sind wohl zahllose Definitionen über das Recht vorhanden“, sagt *Hirsch,* doch „bis jetzt hat noch niemand eine auch nur halbwegs allgemein überzeugende Begriffsbestimmung dessen, was ‚Recht‘ ist, geben können[79].“ Es fehlt nicht an Stimmen, die eine Definition des Rechts überhaupt für zwecklos halten und ausdrücklich ablehnen[80].

Auffallend ist, daß die rechtssoziologische Auffassung vom Recht sich immer mehr vom Gerechtigkeitsgedanken loslöst. *Gurvitch* baut zwar die „Idee der Gerechtigkeit“ in seine Rechtsdefinition ein, betont aber die „Variabilität der Aspekte der Gerechtigkeit“[81], nachdem er „viele Aspekte der Gerechtigkeit“ annimmt[82]. Er sieht also in der Gerechtigkeit nichts Absolutes, sie ist seiner Auffassung nach immer relativ, bezogen auf bestimmte gesellschaftliche Gegebenheiten[83].

Wenn von Gerechtigkeit die Rede ist, wird sie in Verbindung gebracht mit Gruppen. Die Gruppe sieht auf Grund ihrer Zielrichtungen und Bestrebungen etwas als gerecht oder ungerecht an. Es sei Aufgabe des Rechtes, den Interessenkampf zu „kanalisieren“[84], also einen Interessenausgleich herbeizuführen. Diese durch die Rechtsordnung ermöglichte „Harmonisierung der Interessen“ wird wiederum als Gerechtigkeit aufgefaßt[85].

Oft wird aber die Gerechtigkeit als ethische Forderung aus der rechtssoziologischen Betrachtung ausgeklammert. So sieht z. B. *Max Weber* in der Gerechtigkeit ein „pathetisch sittliches Postulat“[86]. Ähn-

---

[78a] *Jean Carbonnier,* Die großen Hypothesen der theoretischen Rechtssoziologie, in Hirsch/Rehbinder, Studien und Materialien zur Rechtssoziologie, 1967, S. 149.

[78b] *Immanuel Kant,* Kritik der reinen Vernunft, 1908, S. 262.

[79] *Ernst E. Hirsch* (Anm. 50), S. 67.

[80] Z. B. *Karl N. Llewellyn,* Eine realistische Rechtswissenschaft — Der nächste Schritt, in Hirsch/Rehbinder, Studien und Materialien zur Rechtssoziologie, 1967, S. 55.

[81] *Georges Gurvitch* (Anm. 71), S. 186.

[82] *Georges Gurvitch,* Grundzüge der Soziologie des Rechts, 1960, S. 220.

[83] Ansätze einer relativen Gerechtigkeitsauffassung findet man bei *Georg Simmel* (Anm. 46, S. 80): „... der Kläger die ihm günstige (Entscheidung) für die gerechte hält ...“ Vgl. *Eugen Ehrlich* (Anm. 69, S. 195): „Von den zwei Parteien im Prozeß sind regelmäßig beide von der Gerechtigkeit ihrer Sache überzeugt, dürfen es wohl auch sein, denn sie rufen eben beide verschiedene Gerechtigkeiten an.“

[84] *Ernst E. Hirsch* (Anm. 67), S. 208 f. und S. 202.

[85] So z. B. von *Johan Valkhoff,* Mensch und Gesellschaft im Vermögensrecht, in Hirsch/Rehbinder, Studien und Materialien zur Rechtssoziologie, 1967, S. 226.

[86] *Max Weber,* Rechtssoziologie, hrsg. von Johannes Winckelmann, 1967, S. 336.

lich bringt *Hirsch* Gerechtigkeit in Verbindung mit einem Urteilen „auf Grund religiöser, ethischer, metaphysischer Maßstäbe und Kriterien"[87].

Erich Fechner wendet sich gegen die „Überbetonung des Gerechtigkeitsgedankens" und „seine einseitige Hervorhebung bei der Wesensbetrachtung des Rechts"[88]. „Wir können uns", sagt *Fechner,* „auf die Gerechtigkeit nicht wie eine Tatsache verlassen[89]." Und *Karl August Emge* geht schließlich so weit und behauptet, daß „der Begriff der Gerechtigkeit ein Vakuum ausdrückt". Es ließe sich mit Gerechtigkeit nichts anfangen und man müsse sich andere Begründungsmöglichkeiten suchen[90].

Nachdem erkannt wurde, daß das Recht nur eine von mehreren Ordnungen des sozialen Lebens ist, ergab sich die Notwendigkeit nach einer Abgrenzung der Rechtsnormen von den außerrechtlichen Normen. Eine solche Unterscheidung war *Eugen Ehrlich* noch nicht in befriedigender Weise gelungen. Schon aus seiner Definition des Rechts ist zu erkennen, daß *Ehrlich* gar nicht darauf aus ist, eine deutliche Trennung zwischen den beiden Formen der Norm zu ziehen[91]. So versteht er unter Recht „eine Regel des allgemeinen menschlichen Handelns"[92], darunter also sowohl die rechtliche als die außerrechtliche Regel fällt. Ausdrücklich sagt er, daß die Rechtsnorm „allen anderen gesellschaftlichen Regeln des Handelns artverwandt" sei[93]. Schließlich stellt *Ehrlich* seine Anerkennungstheorie auf, die als „Gefühlstheorie" scharfer Kritik ausgesetzt war[94]: „Die Frage nach dem Gegensatz der Rechtsnorm und der außerrechtlichen Norm ist ... eine Frage ... der gesellschaftlichen Psychologie. Die verschiedenen Arten der Normen lösen verschiedene Gefühlstöne aus, und wir antworten auf Übertretung verschiedener Normen nach ihrer Art mit verschiedenen Empfindungen[95]." So folge auf den Rechtsbruch die Empörung, der Verletzung des Sitten-

---

[87] *Ernst E. Hirsch* (Anm. 50), S. 36.

[88] *Erich Fechner,* Rechtsphilosophie — Soziologie und Metaphysik des Rechts, 1962, S. 108 f.

[89] Ebd., S. 268.

[90] *Carl August Emge,* Die Bedeutung des rechtssoziologischen Sachverhaltes für die Dogmatik, in Hirsch/Rehbinder, Studien und Materialien zur Rechtssoziologie, 1967, S. 193.

[91] Mit Quellenangaben weist *Manfred Rehbinder* (Anm. 50, S. 39) darauf hin, daß *Ehrlich* in früheren Schriften eine Abgrenzung zwischen rechtlicher und außerrechtlicher Norm überhaupt ablehnte.

[92] *Eugen Ehrlich* (Anm. 69), S. 9.

[93] Ebd., S. 31.

[94] Heftige Angriffe erfolgten durch *Hans Kelsen,* insbesondere in der Schrift „Eine Grundlegung der Rechtssoziologie", Archiv für Sozialwissenschaft und Sozialpolitik, Bd. 39, 1915, S. 839—876, die eine Kritik des Hauptwerkes von *Eugen Ehrlich* darstellt.

[95] *Eugen Ehrlich,* ebd., S. 132.

gebotes die Entrüstung, der Unanständigkeit das Ärgernis, auf die Taktlosigkeit die Mißbilligung, die Verfehlung des guten Tones die Lächerlichkeit, auf Nichteinhaltung der Mode kritische Ablehnung. „Der Rechtsnorm ist eigentümlich das Gefühl, für das schon die gemeinrechtlichen Juristen den so bezeichnenden Namen opinio necessitatis gefunden haben. Danach muß man die Rechtsnorm erkennen[96]." „Die Rechtsnorm", fügt *Ehrlich* seiner Theorie noch hinzu, „regelt wenigstens nach der Empfindung der Gruppe, von der sie ausgeht, eine Sache von großer Wichtigkeit... Nur Gegenstände von minderer Wichtigkeit werden anderen gesellschaftlichen Normen überlassen[97]." Nun sind aber die Gefühlsäußerungen der Menschen nach Veranlagung, geistigem und ethischem Niveau zu verschieden, um ein geeignetes Unterscheidungsmerkmal bilden zu können. Und wenn *Ehrlich* die Feststellung der Bedeutung der Normen der Empfindung der Gruppe überläßt, fehlt jeglicher objektiver Maßstab, was zur Willkür und Schwankungen in der Abgrenzung führen würde. Die Theorie ist ungeeignet, eine klare Grenzlinie zwischen Rechtsnorm und anderer gesellschaftlicher Norm zu ziehen. Da diese „Gefühlstheorie" in *Ehrlichs* Werk eine bedeutende und zentrale Stellung einnimmt, gab sie seinen Gegnern eine große Angriffsfläche. Die schärfste Kritik mußte sie wohl von *Hans Kelsen* erfahren, der sie den „Gipfel der Kuriosität" nannte[98]. Aber auch Rechtssoziologen hielten mit der Kritik nicht zurück. So bezeichnet z. B. *Manfred Rehbinder* die Theorie als den „eigentlichen kritischen Punkt" im Werke *Ehrlichs*[99].

Ehrlich ist ein entschiedener Gegner der *Zwangstheorie*. Doch seine Argumente sind nicht überzeugend. Es sei unrichtig, sagt *Ehrlich*, daß mit der Rechtsnorm wesentlich der Zwang verbunden sei. Für den Menschen „spielt sich das menschliche Leben nicht vor den Gerichten ab. Schon der Augenschein lehrt ihn, daß jeder Mensch in unzähligen Rechtsverhältnissen steht, und daß er mit sehr wenigen Ausnahmen freiwillig tut, was ihm in diesen Verhältnissen obliegt..."[100]. Die Menschen denken an einen Gerichtszwang meist gar nicht[101]. „Die Ordnung in der menschlichen Gesellschaft beruht darauf, daß Rechtspflichten im allgemeinen erfüllt werden, nicht darauf, daß sie klagbar sind[102]." Von Zwangscharakter des Rechtes könne im Zivilrecht nur bei Geldforderungen gesprochen werden, also „jedenfalls nur in einem kleinen

---

[96] Ebd.

[97] Ebd., S. 134.

[98] *Hans Kelsen* (Anm. 94), S. 861.

[99] *Manfred Rehbinder* (Anm. 50), S. 39.

[100] *Eugen Ehrlich* (Anm. 69), S. 15.

[101] Ebd., S. 16.

[102] Ebd., S. 17.

Bruchteil des Rechtslebens". Die Strafgewalt des Staates wiederum richtet sich nur gegen die, „die ihrer Abkunft, wirtschaftlicher Not, vernachlässigte Erziehung oder sittliche Verwahrlosung ausgeschlossen haben ... Hier schützt der Staat als Organ der Gesellschaft die Gesellschaft vor denen, die außerhalb der Gesellschaft stehen"[103]. In Hinblick auf den strafrechtlichen und zivilrechtlichen Zwang meint *Ehrlich:* „Ebenso wie die Strafe ist daher auch die Zwangsvollstreckung nur für die Verkommenen und Ausgestoßenen der Gesellschaft da: gegen den leichtsinnigen Schuldenmacher, den Betrüger, den Bankrotteur, endlich gegen den, der durch Unglück zahlungsunfähig geworden ist[104]." *Ehrlich* kommt zu dem Schluß: „In der Hauptsache erschöpft sich also die Wirkung der rechtlichen Zwangsordnung des Staates in dem Schutze der Person, des Besitzes und der Forderung gegen die außerhalb der Gesellschaft Stehenden. Was der Staat sonst dazu tut, um das Recht aufrechtzuerhalten, ist von viel geringerer Bedeutung, und man könnte mit Grund behaupten, daß die Gesellschaft ohne das nicht aus den Fugen gehen würde[105]."

Nun bestreitet die Zwangstheorie gar nicht, daß sich das menschliche Leben nicht vor den Gerichten abspielt, daß bei sehr vielen Rechtsverhältnissen kein Einschreiten der Gerichte bzw. Behörden erfolgt und bei vielen Rechten keine Zwangsvollstreckung oder Strafzwang angewendet wird[106]. Also auch die Zwangstheorie behauptet nicht, daß mit jedem Rechtsverhältnis notwendigerweise die Zwangsausübung verknüpft ist. Sie behauptet vielmehr, daß mit dem Recht die „*Möglichkeit* eines spezifischen Rechtszwanges" verbunden ist[107]. Es ist eine zu grobe Vereinfachung, wenn *Ehrlich* sagt, der Rechtszwang treffe nur den aus der Gesellschaft „Ausgestoßenen". Die Fälle der Kriminellen, von denen keine Besserung mehr zu erwarten ist, der antiethischen Defektmenschen, vor denen die Gemeinschaft durch Absonderung zu schützen ist, sind sehr gering. (Und auch hier ist es bedenklich, von Menschen „außerhalb der Gesellschaft" zu sprechen. Selbst wenn ihre Tätigkeit und Einstellung gegen die übrige Gesellschaft gerichtet ist, gehören Menschen doch weiterhin der Gesellschaft an. Auch Kranke, die nicht in der Lage sind, die Aufgaben gegenüber der Gesellschaft zu erfüllen, die im Gegenteil ihr zur Last fallen, bleiben Glieder der Gesellschaft.) Doch das Strafrecht trifft auch den, der bloß ein Ver-

---

[103] Ebd., S. 55.

[104] Ebd., S. 57.

[105] Ebd.

[106] Vgl. *Hans Kelsen* (Anm. 94), S. 869 f.

[107] Siehe *Manfred Rehbinder* (Anm. 50), S. 109. Hervorhebung von mir. Vgl. auch *Ludwig Enneccerus/Hans Carl Nipperdey*, Lehrbuch des bürgerlichen Rechts, Bd. 1, 1959, S. 203 f.

gehen oder gar nur eine Übertretung begeht. In diesen Fällen von „Ausgestoßenen" zu sprechen, wäre sinnlos. Man kann auch nicht sagen, daß die Zwangsvollstreckung gegenüber „Verkommenen" geübt werde. Wie oft führt ein Versehen oder die Unkenntnis des Schuldners zur Exekution. Und sicherlich nicht in allen, aber in sehr vielen Fällen veranlaßt der drohende Zwang, den ethisch Labilen, das Strafgesetz einzuhalten. Häufig erfüllt der säumige und zahlungsunwillige Schuldner dann doch die Verbindlichkeit, um einer Fahrnis- bzw. einer Lohnpfändung zu entgehen oder eine zwangsweise Begründung einer Hypothek zu verhindern. Allein schon mit der Androhung hat der Zwang „prävenierende Wirkung"[108]. Somit ist die Möglichkeit des Zwanges wesentliches Element des Rechts.

Nur die Zwangstheorie ermöglicht eine scharfe Abgrenzung der rechtlichen von der außerrechtlichen Norm. Schon *Max Weber* hat das Zwangselement im Rechtsbegriff betont. Er versteht unter Recht eine „durch einen Zwangsapparat ... garantierte Ordnung"[109]. Die Hervorhebung des Zwanges allein genügt *Weber* nicht. Denn so könnte die Abgrenzung mit der wichtigen außerrechtlichen Norm, der Konvention, nicht erreicht werden[110]. Auch diese werde „teils durch psychischen, teils sogar, wenigstens indirekt, durch physischen Zwang gestützt"[111]. Daher nimmt *Weber* das Wort „Zwangsapparat" in seine Rechtsdefinition auf. Darunter versteht er „eine oder mehrere sich eigens zur Durchsetzung der Ordnung durch spezielle dafür vorgesehene Zwangsmittel (Rechtszwang) bereithaltender Personen"[112]. Diese sind „a potiori" die Richter[113], aber auch alle mit der Rechtsdurchsetzung betrauten Beamten[114]. Die von *Weber* vertretene Zwangstheorie ist auch des-

[108] *Hans Kelsen* (Anm. 94), S. 869.

[109] *Max Weber,* Über einige Kategorien der verstehenden Soziologie, in Johannes Winckelmann, Hrsg., Max Weber, Gesammelte Aufsätze zur Wissenschaftslehre, 1968, S. 445.

[110] *Weber* unterscheidet grundsätzlich zwei Ordnungen: Recht und Konvention. Das Recht sei äußerlich garantiert „durch die Chance physischen oder psychischen *Zwanges* durch ein auf Erzwingung der Innehaltung oder Ahndung der Verletzung gerichtetes Handeln eines *eigens* darauf eingestellten *Stabes* von Menschen", die Konvention äußerlich garantiert „durch die Chance, bei Abweichung innerhalb eines angebbaren Menschenkreises auf eine (relativ) allgemeine und praktisch fühlbare *Mißbilligung* zu stoßen", während die Ethik dieser äußeren Garantien entbehren kann (*Max Weber,* Wirtschaft und Gesellschaft — Grundriß der verstehenden Soziologie, hrsg. von Johannes Winckelmann, 1956, S. 17 ff.). *Weber* erreicht damit eine deutliche Abgrenzung der rechtlichen von der außerrechtlichen Ordnung.

[111] *Max Weber* (Anm. 86), S. 89.

[112] Ebd., S. 71.

[113] Ebd., S. 215.

[114] Die Beamten werden zwar von *Weber* nicht ausdrücklich genannt (wohl Polizei und Militär; ebd., S. 89). Daß er aber die Beamten in den Zwangsapparat einbezieht, ergibt sich aus dessen Definition und den diesbezüglichen Ausführungen.

halb von Bedeutung, weil sie mit der herrschenden Rechtslehre übereinstimmt[115].

An der Zwangstheorie wird in der Rechtssoziologie weiterhin — wenn man von den Vertretern der Funktionstheorie absieht — festgehalten[116]. So versteht *Theodor Geiger* unter Recht „die soziale Lebensordnung eines zentral organisierten gesellschaftlichen Großintegrates, sofern diese Ordnung sich auf einen von besonderen Organen monopolisierten Sanktionsapparat stützt“[117]. *Geiger* war bemüht, die Zwangstheorie weiter auszubauen und sie zu einem noch wirksameren Instrument gegenüber „anderen Formen geselliger Ordnung“ zu machen. Daher betont er in der Rechtsordnung das „in sich gegliederte gesellschaftliche Großintegrat, welches durch eine Zentralmacht gesteuert wird“, die „Monopolisierung der Reaktionsfähigkeit durch die Zentralmacht, und zwar einerseits der Verhängung, andererseits der Vollstreckung der Reaktion“, die „Handhabung der monopolisierten Reaktionstätigkeit durch eine richterliche Instanz“ und schließlich die „Organisierung und Regulierung der Reaktionstätigkeit“ durch „Normierung eines förmlichen Verfahrens“ und „Normierung der Reaktionsweisen“[118]. Der führende deutsche Rechtssoziologe *Ernst E. Hirsch* sieht im Recht „eine der das Sozialleben regulierenden Ordnungen ... (Es) unterscheidet sich von anderen sozialen Ordnungen allein durch das Merkmal der Institutionalisierung, d. h. durch das Vorhandensein und Wirksamsein besonderer Kräfte und Einrichtungen, welche Verhaltensregeln und Handlungsmuster verbindlich postulieren (in Geltung setzen) und im Interesse der Verwirklichung und Aufrechterhaltung des bezweckten dynamischen Gleichgewichtszustandes die Einhaltung der ... Regelungen vor allem mit Hilfe eines monopolitisch gehandhabten ‚Apparates‘ irgendwie garantieren“[119]. Und schließlich ist auch der Bielefelder Rechtssoziologe *Manfred Rehbinder* ein markanter Vertreter der Zwangstheorie, die eine Abgrenzung der Rechtsordnung von der Gruppenordnung ermögliche: „Eine Rechtsordnung liegt nur dann und insoweit vor, als ein spezifischer Rechtsstab existiert, der die betroffenen Normen anwendet und durchsetzt ... Es kommt

---

[115] Siehe *Hans Kelsen*, Der soziologische und der juristische Staatsbegriff — Kritische Untersuchung des Verhältnisses von Staat und Recht, 1962, S. 163 f.

[116] Siehe *Manfred Rehbinder*, Max Webers Rechtssoziologie: Eine Bestandsaufnahme, in König/Winckelmann, Max Weber zum Gedächtnis, 1963, S. 485. Mit der Zwangs-, der Funktions- und auch der Anerkennungstheorie setzt sich Peter Frey (Anm. 5, S. 15—158) ausführlich auseinander.

[117] *Theodor Geiger* (Anm. 47), S. 339.

[118] Ebd., S. 168.

[119] *Ernst E. Hirsch*, Recht, in Bernsdorf, Wörterbuch der Soziologie, 1969, S. 869.

für die Rechtsqualität einer Norm ... auf den hinter ihr stehenden Zwang an, nämlich auf die Möglichkeit eines spezifischen Rechtszwanges durch einen besonderen Rechtsstab (Zwangstheorie)[120].“ „Dieser spezifische Rechtsbegriff knüpft an die Existenz eines besonderen Rechtsstabes an. Bevor sich ein solcher Rechtsstab gebildet hat, sind Recht und Sitte nicht zu trennen[121].“

Es ist ein Verdienst von *Weber, Geiger, Hirsch* und *Rehbinder* — man muß insbesondere auch *Timasheff*[122], *Olivecrona* [123] und *Pound*[124] nennen —, daß sie die Zwangstheorie in ihre Werke einbauten und damit ein brauchbares Instrument zur Abgrenzung der Rechtsnormen von anderen gesellschaftlichen Normen schufen. Genügt es aber, daß eine Rechtsauffassung vertreten wird, nach der ein Zwangsapparat die Einhaltung des Rechtes garantiert und damit zwischen Recht, Sitte, Konvention und anderen gesellschaftlichen Ordnungselementen unterschieden werden kann? Ich bin der Meinung, daß diese Rechtsdefinitionen einer Ergänzung bedürfen, soll zum Wesen des Rechts vorgestoßen werden.

Es waren Sozialtheoretiker, die aufzeigten, daß dem Recht nicht die Selbständigkeit zukommt, die man bisher annahm, sondern daß es der Ausfluß *wirtschaftlicher Verhältnisse* ist. Im Vorwort der Schrift „Zur Kritik der Politischen Ökonomie“ sagt *Karl Marx:* „Die Gesamtheit (der) Produktionsverhältnisse bildet die ökonomische Struktur der Gesellschaft, die reale Basis, worauf sich ein juristischer und politischer Überbau erhebt...“[125] „... die Produktion der unmittelbaren materiellen Lebensmittel und damit die jedesmalige ökonomische Entwicklungsstufe eines Volkes oder eines Zeitabschnittes die Grundlage bildet, aus der sich die Staatseinrichtungen, die Rechtseinrichtungen, die Kunst und selbst die religiösen Vorstellungen der betreffenden Menschen entwickelt haben, und *aus der sie daher erklärt werden müssen* — nicht wie bisher geschehen, umgekehrt[126].“ Von *Friedrich Engels* sind

[120] *Manfred Rehbinder* (Anm. 50), S. 109.

[121] Ebd., S. 111. Siehe auch *Manfred Rehbinder,* Die Rechtstatsachenforschung im Schnittpunkt von Rechtssoziologie und soziologischer Jurisprudenz, in Jahrbuch für Rechtssoziologie und Rechtstheorie, Bd. 1, 1970, S. 342.

[122] *Nicholas S. Timasheff,* An Introduction to the Sociology of Law, Harvard University Committee on Research in the Social Sciences, Cambridge/Mass., 1939, S. 17.

[123] *Karl Olivecrona,* Gesetz und Staat, Kopenhagen, 1940, S. 40.

[124] *Roscoe Pound,* Sociologie du Droit, in Georges Gurvitch/Wilbert E. Moore, La Sociologie au XXe Siècle, 1947, S. 306.

[125] *Marx/Engels,* Werke, Bd. 13, 1964, S. 8.

[126] Stelle aus der Rede *Friedrich Engels'* am offenen Grab von *Karl Marx,* in der er dessen Lehre zusammenfaßte (*Marx/Engels,* Werke, Bd. 19, 1962, S. 335 f.). Hervorhebung von mir.

die Worte: „... die bürgerlichen Rechtsbestimmungen nur die ökonomischen Lebensbedingungen der Gesellschaft in Rechtsform ausdrükken ..."[127].

Es wurde das Recht auch als Ausdruck der *Macht* aufgefaßt. So sieht *Ferdinand Lassalle* in der Verfassung „eine *tätige Kraft*, welche alle anderen Gesetze und rechtlichen Einrichtungen, die in diesem Land erlassen werden, *mit Notwendigkeit zu dem macht, was sie eben sind*, so daß von nun ab gar keine anderen Gesetze als eben *diese* in diesem Lande erlassen werden können. Diese „tätige Kraft" sind „die *tatsächlichen Machtverhältnisse*, die in einer Gesellschaft bestehen"[128]. *Lassalle* unterscheidet die *geschriebene* Verfassung als ein bloßes „Blatt Papier"[129] von der wirklichen Verfassung, die „immer nur in den realen tatsächlichen *Machtverhältnissen* besteht, die sich in einer gegebenen Gesellschaft vorfinden"[130]. Die Macht und somit „Stücke der Verfassung" sind vor allem „ein König, dem das Heer gehorcht und die Kanonen", „ein Adel, der Einfluß bei Hof und König hat", die „großen Industriellen", die Bankiers — „die Börse überhaupt"[131]. Die geschriebene Verfassung, das Blatt Papier also, hat nur dann einen Wert, wenn sie „der genaue *Ausdruck* der wirklichen in der Gesellschaft bestehenden Machtverhältnisse" ist[132]. Und wenn sich auch *Lassalle* aus ethischen Gründen dazu bekennt, daß Recht vor Macht gehen sollte, so haben seine Reden über die Verfassung „nicht zum Gegenstand, zu entwickeln, was sein *sollte*, sondern was *wirklich* ist; sie sind nicht eine ethische Abhandlung, sondern eine *historische Untersuchung*. Und so zeigen sie denn, daß, während es ganz feststeht, daß *Recht vor Macht* gehen *sollte*, in der *Wirklichkeit* doch immer *Macht vor* Recht geht"[133].

---

[127] *Friedrich Engels*, Ludwig Feuerbach und der Ausgang der klassischen deutschen Philosophie, *Marx/Engels*, Werke, Bd. 21, 1962, S. 302.
Es könne sich der Marxismus auch gar nicht auf den Glauben an das Recht in der bürgerlichen Gesellschaft verlassen, sondern müsse die wirtschaftlichen Verhältnisse verändern. „Wenn wir ... keine bessere Sicherheit hätten als das Bewußtsein, daß diese Verteilungsweise ungerecht ist und daß das Recht doch endlich einmal siegen muß, so wären wir übel daran und könnten lange warten" (*Friedrich Engels*, Herrn Eugen Dürings Umwälzung der Wissenschaft, *Marx/Engels*, Werke, Bd. 20, 1962, S. 146). „... Appell an die Moral und das Recht hilft uns wissenschaftlich keinen Fingerbreit weiter... Aufgabe ist vielmehr ... die Elemente der zukünftigen, jene Mißstände beseitigenden, neuen Organisation der Produktion und des Austausches aufzudecken" (Ebd., S. 139).

[128] *Ferdinand Lassalle*, Über Verfassungswesen — Ein Vortrag gehalten in einem Berliner Bürger-Bezirks-Verein, in Eduard Bernstein, Hrsg., Ferdinand Lassalle, Gesammelte Reden und Schriften, Bd. 2, 1919, S. 31 f.

[129] Ebd., S. 46.

[130] *Ferdinand Lassalle*, Was nun? — Zweiter Vortrag über Verfassungswesen. Gesammelte Reden und Schriften, Bd. 2, S. 77.

[131] *Ferdinand Lassalle* (Anm. 128), S. 33—37.

[132] Ebd., S. 60.

[133] *Ferdinand Lassalle*, Macht und Recht — Offenes Sendschreiben, Gesammelte Werke, Bd. 2, S. 135.

Marx, Engels und *Lassalle* haben mit sehr eindrucksvollen Worten aufgezeigt, daß das Recht eine *abhängige Größe* ist. Die Arbeiten dieser Denker sind für die Rechtssoziologie von besonderer Bedeutung[134]. Um dem Wesentlichen des Rechts näher zu kommen, ist es notwendig, sich nochmals mit dem Ökonomischen und der Macht auseinanderzusetzen.

Ich will das Wirtschaftliche, das der Marxismus auf die Produktionsverhältnisse und damit auf die ökonomische Struktur bezieht, allgemeiner und weiter auffassen. Ich will darunter das Wirtschaftliche schlechthin verstehen.

Das Ökonomische bestimmt das Verhalten des Menschen. Der wirtschaftlich Starke hat größere Möglichkeiten, am sozialen Leben teilzunehmen. Der wirtschaftlich Schwache, der jeden Tag den Kampf um das Notwendigste führen muß, ist einem starken Druck ausgesetzt, die Gesetze zu verletzen. Es ist also sehr oft wirtschaftliche Not, die Leute ins Verbrechen treibt[135].

Dies ist aber nur ein Aspekt. Bedeutender ist folgender. Der wirtschaftlich Starke hat auch in Hinblick auf das Recht mehr Möglichkeiten. Er ist in der Lage, sich im konkreten Fall gegen entsprechendes Entgelt über die rechtliche Seite voll zu informieren. In einem Rechtsstreit wird ihm gegen entsprechendes Entgelt wirksamer Rechtsschutz zuteil. Es ist ihm möglich, sich gegen entsprechendes Entgelt private Gutachten über streitgegenständliche Tatsachen erstellen zu lassen, weitere Juristen beizuziehen und alle Instanzen im Rechtsstreit auszuschöpfen. Der wirtschaftlich Starke kann *Kräfte* mobilisieren, durch die die rechtliche Entscheidung zu seinen Gunsten geändert werden kann. Diese Tatsache gilt auch für heute noch und ist durch die Institution des Armenvertreters[136] nicht beseitigt worden. Den Armenvertreter gibt es nicht im bezirksgerichtlichen Verfahren. Die arme Partei kann nicht, wenn sie sieht, daß der Armenvertreter auf dem gegen-

---

[134] *Paul Trappe* bezeichnet *Marx* und *Lassalle* als ‚nichtjuristische' Vorläufer rechtssoziologischen Denkens und insbesondere *Marx* als „einen der wesentlichen Anreger rechtssoziologischer Fragestellungen" (Zur Situation der Rechtssoziologie, 1968, S. 11 f.). Auf der Theorie von Marx baute *Karl Renner* 1929 sein rechtssoziologisches Werk „Die Rechtsinstitute des Privatrechtes und ihre soziale Funktion" auf (ursprünglicher Titel 1904 „Die soziale Funktion der Rechtsinstitute"). *Martha Mierendorff* wiederum nennt *Lassalle* den „Vorläufer einer Staats- und Verfassungssoziologie" (Internationales Soziologen-Lexikon, Hrsg. Wilhelm Bernsdorf, 1959, S. 295). M. E. liegt die besondere Bedeutung *Lassalles* darin, daß er wesentlich zum Erkennen des Unterschiedes zwischen geschriebenem und wirklichem Gesetz beitrug.

[135] Vgl. *Friedrich Engels*, Die Lage der arbeitenden Klasse in England, *Marx/Engels*, Werke, Bd. 2, 1962, S. 356 ff.

[136] Über den „besoldeten Armenadvokaten" siehe *Karl Marx* und *Friedrich Engels*, Die Heilige Familie, Werke, Bd. 2, S. 202.

ständlichen Gebiet nicht spezialisiert ist, einen anderen verlangen oder einen weiteren beiziehen. Der armen Partei fehlen die Mittel, sich private Gutachten einzuholen. Die arme Partei wird den Instanzenzug nicht bedenkenlos ausschöpfen, denn im Falle eines Unterliegens würde sie die Kostenersatzpflicht härter treffen als den Gutsituierten. Es hat also der wirtschaftlich Starke mehr Rechts*möglichkeiten*.

So sehen wir, daß das Wirtschaftliche eine Kraft ist, die das Recht oft erst überhaupt in Gang setzt, eine Kraft, die das Recht in seiner Anwendung modifizieren, in eine bestimmte Form bringen kann.

Unter *Macht* versteht *Geiger* in Anlehnung an *Weber* „die Chance, gewisse Ereignisabläufe steuern zu können"[137]. Dies vermag auch die wirtschaftliche Macht. Aus der Machttheorie *Lassalles* geht wiederum hervor, wie sehr die Macht in den Bereich des Wirtschaftlichen hineinreicht. Somit ist die in der Wirtschaft begründete Macht eine von vielen Formen der Macht. Welches sind die anderen Machtfaktoren? Es ist zunächst die *politische Macht*. Schon die geschriebene Rechtsform ist eine Resultante der verschiedenen Kräftegruppen der Rechtsgemeinschaft. „Wo Menschen miteinander leben", sagt *Hirsch*, „ist dauernder Interessenwiderstreit und infolgedessen unaufhörlicher Machtkampf[138]." Dieser umfaßt auch den Kampf „um eine machtmäßig möglichst starke Beteiligung am Gesetzgebungsapparat selbst oder jedenfalls um eine möglichst große Beeinflussungschance auf den Gesetzgebungsgang"[139]. So ist die Rechtsordnung ein Ergebnis dieses Machtkampfes und Ausdruck der Machtverhältnisse[140]. Aber nicht nur bei der Entstehung, sondern auch bei der Anwendung (das ist für diese Arbeit bedeutsamer, weil sie sich ja darauf konzentriert) ist die Rechtsnorm von Machtfaktoren abhängig. Hier sind es weniger die politischen Faktoren (wenn man in Hinblick auf die Rechtsdurchsetzung von den Veränderungen der Verwaltungsspitze nach politischen Machtverschiebungen absieht), sondern, wie ich bereits ausgeführt habe, wirtschaftliche Faktoren. Aber es sind auch andere, so vor allem Intelligenz, Bildung und Wissen, die ich als *geistigen Faktor* zusammenfasse. Der Intelligente zeichnet sich durch geistige Anpassungsfähigkeit aus. Der Intelligente, der vor Gericht steht, wird die Zusammenhänge im Rechtsstreit und das Wesentliche im Prozeß besser erfassen. Er wird sich nicht so leicht in Widersprüche verwickeln. Er wird leichter erkennen, wohin der Richter oder ein Beteiligter im Prozeß mit der Frage hinaus will, und entsprechend antworten können. Er wird in der Lage sein, auf das

---

137 *Theodor Geiger* (Anm. 47), S. 341. Diese Definition der Macht wird auch von *Ernst E. Hirsch* übernommen (Anm. 50, S. 245, S. 336).

138 *Ernst E. Hirsch*, ebd., S. 244.

139 *Ernst E. Hirsch* (Anm. 67), S. 186.

140 Vgl. *Theodor Geiger* (Anm. 47), S. 350.

Prozeßgeschehen durch Bemerkungen, Aussagen und Initiativen zu seinen Gunsten einzuwirken. Bildung und Wissen können diese Chancen wesentlich vermehren.

Noch ein wesentlicher Faktor ist der *Wille*. Dieser steht mit den anderen Machtfaktoren, insbesondere mit der ökonomischen und der geistigen Macht, in einem innigen Zusammenhang. Die Chance auf Grund der ökonomischen Macht bleibt ungenutzt, wenn nicht der Wille hinzukommt, von der Möglichkeit Gebrauch zu machen. Der geistige Faktor kommt nicht zur Anwendung, wenn er nicht auch von dem Willen getragen wird, zum Einsatz zu kommen. Andererseits vermag der Wille allein nicht auf das Verhalten anderer hinzuwirken, wenn er nicht mit wirtschaftlichen und geistigen Mitteln realisiert werden kann.

Wenn man also zum Wesen des Rechts vordringen will, muß man alle Faktoren, die auf die Verwirklichung der Rechtsnorm einwirken, insbesondere die wirtschaftlichen, politischen, geistigen und willensmäßigen Kräfte, berücksichtigen. Das tatsächliche Recht ist die Resultante dieser Kräfte. Somit verstehe ich unter Recht die Normen, deren Einhaltung durch einen Zwangsapparat garantiert werden und die im konkreten Falle durch die Einwirkung vor allem wirtschaftlicher, politischer, geistiger und willensmäßiger Kräfte verwirklicht werden.

4. Die Aufgabe der Rechtssoziologie

Nach Meinung von *Talcott Parsons* befindet sich die Soziologie auf einer „frühen Stufe der Entwicklung“[141]. Eine einheitliche Definition der Soziologie gibt es noch nicht. Was *Helmut Schelsky* über die deutsche Soziologie sagt, gilt für die Soziologie im allgemeinen: „... die Wissenschaftsauffassung und ... Ziele und Gegenstände unseres Faches (sind) so variabel und so wenig einheitlich, daß eigentlich jeder Vertreter der Disziplin seine eigene Soziologie treibt[142].“ Doch es kann gesagt werden, daß die Soziologie eine Seinswissenschaft ist, deren Aufgabe darin besteht, *die soziale Wirklichkeit zu ergründen*[143].

---

[141] *Talcott Parsons* (Anm. 2), S. 79.

[142] *Helmut Schelsky* (Anm. 2), S. 24.

[143] Der Titel des Buches von *Hans Freyer* „Soziologie als Wirklichkeitswissenschaft“, 1964, ist zutreffend gewählt. Leider überwiegt in dieser Schrift das Pathos auf Kosten der Exaktheit und liefert die ichbezogene wertgebundene Betrachtungsweise kein brauchbares Instrument zur Erfassung der „gesellschaftlichen Wirklichkeit“. Vgl. die kritischen Ausführungen *Theodor Geigers* (Anm. 2), S. 62. Allerdings muß die Gegenwartsbetonung in der Soziologie *Freyers* als richtig anerkannt werden (siehe *Freyer*, ebd., S. 12, 89, 169 ff.).

Somit muß es sich bei der Rechtssoziologie um die Wissenschaft von der Wirklichkeit des Rechts handeln. Ihre Aufgabe ist, wie es schon *Eugen Ehrlich* aussprach, die Erforschung des *lebenden* Rechtes[144]. Dieses lebende Recht kann nur erfaßt werden, wenn alle Faktoren bzw. Kräfte, die auf das Recht einwirken, berücksichtigt werden.

Bedeutsam erscheint mir in diesem Zusammenhang die Auffassung von *Kantorowicz*. Er versteht unter Soziologie eine „Wissenschaft, die die Gesamtheit des sozialen Lebens in seiner ungebrochenen Fülle betrachtet“[145]. Damit kündigt er an, daß die soziale Wirklichkeit nur durch eine weite Streuung der Betrachtung erfaßt werden könne. Deutlich wird *Kantorowicz* im Rahmen der Rechtssoziologie, indem er konkret ein Bündel von Faktoren nennt, wenn er das Recht unter Berücksichtigung „seines Zusammenhanges mit Wirtschaft, Religion, Sitte, Politik, kurz: mit dem Leben“ behandelt wissen will[146].

Auch aus der Theorie *Fechners* läßt sich ableiten, daß das Recht die Resultante verschiedener Faktoren ist. „Lebensnahe, sachgemäße und sachgerechte Gestaltung des Rechts“, sagt *Fechner*, „beruht auf der Berücksichtigung biologischer, wirtschaftlicher, interessenmäßiger und machtbedingter Begebenheiten[147].“ „Das Recht bedarf dieser Kräfte, um in vollem Umfang wirklich zu sein[148].“ Es ergibt sich „kein einfaches, sondern ein vielschichtiges Bild vom Recht. Jede der angeführten Kräfte liefert eine Komponente zu diesem Bilde ...“[149]. So ist ebenfalls nach Ansicht *Fechners* in den Aufgabenkreis der Rechtssoziologie die Erforschung aller Faktoren und Kräfte, die dem Recht konkrete Form und Gestalt geben, einzubeziehen: „Rechtssoziologie untersucht die Bedingtheit des Rechts, seine Entstehung aus gesellschaftlichen Gegebenheiten, geographischen Faktoren, aber auch von geistigen Voraussetzungen, wechselnden Wertungen und religiösen Vorstellungen, soweit auch diese innerhalb einer bestimmten Gesellschaft als Faktoren auftreten und Ursachen darstellen, die Wirkungen auslösen[150].“

Hirsch sieht die Aufgabe der Soziologie in der Untersuchung der „im Sozialleben wirksamen Faktoren und Kräfte“[151]. Die Aufgabe der Rechtssoziologie besteht nach *Hirsch* darin, „vor allem die sozialen

---

[144] *Eugen Ehrlich*, Die Erforschung des lebenden Rechts, in Eugen Ehrlich, Recht und Leben, 1967, S. 11—27.

[145] *Hermann Kantorowicz*, Rechtswissenschaft und Soziologie (Anm. 52), S. 118.

[146] Ebd., S. 161.

[147] *Erich Fechner* (Anm. 88), S. 109.

[148] Ebd.

[149] Ebd., S. 108.

[150] Ebd., S. 267.

[151] *Ernst E. Hirsch* (Anm. 50), S. 21.

Faktoren (Kräfte, Energien, Strömungen) zu suchen, zu bestimmen, zu erkennen und zu beschreiben, welche für das Heute-Hier-So einer konkreten Rechtsordnung und dem Wandel determinierend sind"[152]. Die das Sozialleben und das Recht bestimmenden Faktoren sind „geistiger, politischer und wirtschaftlicher Art"[153].

Die Aufgabe der Rechtssoziologie muß also darin gelegen sein, die sozialen Faktoren, die auf das Recht einwirken, zu erforschen, um zum „lebenden Recht" verstoßen zu können.

5. Die Lücke

Es ist auffallend, daß bedeutende Werke der Rechtssoziologie vom Historismus befallen sind. Ich möchte damit sagen, daß sie vorwiegend vergangenheitsorientiert sind und zu wenig Raum für die Gegenwartsbetrachtung lassen.

Die „Rechtssoziologie" von *Weber* enthält zu vier Fünftel rechtshistorische Ausführungen. Damit ist dieses Werk kaum brauchbar für den auf die Gegenwartsbetrachtung eingestellten praktischen Juristen, aber auch nicht für den um die Erforschung der gesellschaftlichen Realitäten bemühten Soziologen. „Seine Freude am geschichtlichen Detail", bemerkt *Rehbinder* über *Weber,* „läßt ihn auf ein und derselben Seite vom buddhistischen Recht Birmas über die taostischen Zauberpriester Wu und Wei in China bis zum Recht des Koran wandern oder das Recht der Togoneger mit dem der vorchristlichen Russen vergleichen. Auf diese Weise entsteht zwar eine „großartige rechtsgeschichtliche Schau" (Emge), die dem Juristen, soweit er geschichtlich interessiert ist, in staunende Bewunderung versetzt. Den Soziologen kann sie aber nur verwirren und — je nach Temperament — langweilen[154]."

Die „Grundlegung der Soziologie des Rechts" von *Ehrlich* besteht zu einem Viertel aus rechtsgeschichtlichen Betrachtungen. Es ist hier sehr ausführlich vom römischen Recht die Rede. Dies ist zwar verständlich, wenn man bedenkt, daß *Ehrlich* an der Universität Czernowitz einen Lehrstuhl für römisches Recht innehatte. In seinem Werk sind weiter Ausführungen über germanisches, altes englisches, gemeines Recht und schließlich über die historische Rechtschule enthalten. *Kelsen* bemerkt hierzu, daß die rechtssoziologische Darstellung *Ehrlichs* „von langen rechtshistorischen Exkursen unterbrochen wird, die mit dem Thema eigentlich nichts zu tun haben"[155].

---

152 *Ernst E. Hirsch* (Anm. 70), S. 878.
153 *Ernst E. Hirsch* (Anm. 4), S. 27.
154 *Manfred Rehbinder* (Anm. 116), S. 471.
155 *Hans Kelsen* (Anm. 94), S. 845.
Zum Verständnis des Werkes *Ehrlichs* sah sich *Rehbinder* in der Schrift

Auch das Werk „Grundzüge der Soziologie des Rechts" von *Gurvitch* ist sehr geschichtsbetont. Wenn man auch die Ausführungen über die Geschichte der Rechtssoziologie selbst einbezieht, kann man sagen, *Gurvitch* blickt fast mit der halben Schrift in die Vergangenheit.

Eine zu sehr in die Vergangenheit orientierte Soziologie kann ihre Aufgabe nicht erfüllen. Wenn die soziale Wirklichkeit zu untersuchen ist, darf das Hauptaugenmerk nicht auf das gerichtet sein, was *war* — es dürfte auch nicht darauf gerichtet sein, was sein *wird*. Die Blickrichtung muß sich darauf konzentrieren, was *ist*. Mit Recht hat *Hans Freyer* hervorgehoben, daß die Soziologie eine „Gegenwartswissenschaft" ist[156]. Die Rechtssoziologie muß sich in erster Linie mit dem Recht der Gegenwart befassen. Nicht was gestern Recht war, auch nicht was morgen Recht sein könnte, sondern das *heutige Recht* muß Gegenstand der Betrachtung sein. Nur die Auseinandersetzung mit dem modernen Recht stellt die Gegenwartsbeziehung zum Recht her und ermöglicht die Erforschung des lebenden Rechts.

Es ist aber nicht nur der Historismus, der als ein Nachteil in der Rechtssoziologie anzusehen ist. Die Fehler, die dem Werke *Ehrlichs*, dem Begründer der Rechtssoziologie anhaften, haben wesentlich dazu beigetragen, daß die neue Disziplin schon in ihren Anfängen stärksten Angriffen ausgesetzt war und ihr die Berechtigung einer selbständigen Wissenschaft abgesprochen wurde. Ich habe bereits darauf hingewiesen, daß *Ehrlich* zu Unrecht die Zwangstheorie ablehnt und es ihm mit seiner Anerkennungstheorie nicht gelingt, eine brauchbare Unterscheidung zwischen rechtlicher und außerrechtlicher Norm zu erreichen[157]. Das sind aber nicht die einzigen Mängel in seinem Werk. Er schuf kein System. Er reihte viele Essays mehr oder weniger ungeordnet aneinander. Dies veranlaßte *Rehbinder* von einer „Fülle von Bruchstücken und Teilaspekten" zu sprechen[158].

Ehrlich sagt: „Das ist also das *lebende* Recht im Gegensatz zu dem bloß vor Gericht und den Behörden *geltenden*. Das lebende Recht ist das nicht in Rechtssätzen festgelegte Recht, das aber doch das Leben beherrscht[159]."

„Die Begründung der Rechtssoziologie durch Eugen Ehrlich" (Rehbinder, Anm. 50) veranlaßt, eine gestraffte Zusammenfassung der „Grundlegung der Soziologie des Rechts" zu geben, die von historischen Ausführungen frei ist. In dem Beitrag „Max Webers Rechtssoziologie: Eine Bestandsaufnahme" hat *Rehbinder* eine „geschichtsfreie" Darstellung der Rechtssoziologie Webers verfaßt (Rehbinder, Anm. 116).

[156] *Hans Freyer* (Anm. 143), S. 169 f.

[157] Siehe oben S. 31 ff.

[158] *Manfred Rehbinder* (Anm. 50), S. 91.

[159] *Eugen Ehrlich* (Anm. 69), S. 399.

Somit sieht *Ehrlich* nicht im geltenden wirksamen Recht, sondern im Gegensatz zum Rechtssatz das lebende Recht. Es schlägt überhaupt im Werk *Ehrlichs,* wie *Rehbinder* zutreffend bemerkt, „das Pendel allzu weit vom Normativen in das Faktische aus“[160]. *Es geht Ehrlich bei der soziologischen Betrachtung des Rechts nicht von der Rechtsnorm aus.* Es ist daher den Worten *Kelsens* in seiner Kritik an *Ehrlich* zuzustimmen: „Was *Recht* ist, auf die Entstehung und Wirkung *welcher Normen* die Erkenntnis daher zu beschränken ist, das kann die *Rechtssoziologie* nicht bestimmen, sie muß den *normativen* Rechtsbegriff voraussetzen[161].“

Ehrlichs Definitionen und Umschreibungen weichen oft voneinander ab. Überhaupt muß ihm ein Mangel an Exaktheit zum Vorwurf gemacht werden. *Ehrlich* trifft keine scharfe Unterscheidung zwischen seinsmäßiger und normativ-wertender Betrachtungsweise. Ein markantes Beispiel: „Nun ist eine Regel des Handelns selbstverständlich eine Regel, nach der nicht nur in der Regel gehandelt *wird,* sondern auch gehandelt werden soll ...“[162] *Kelsen* bemerkt, daß man die Betrachtungsweise des Seins — sie kommt der Soziologie zu — von der des Sollens — es ist die Betrachtungsweise der Jurisprudenz — unterscheiden müsse[163]. *Kelsen* wird sehr deutlich: „Der Mangel einer Unterscheidung zwischen dem Recht als Seinsregel, d. i. als Regel tatsächlichen Geschehens, von dem Recht als Soll-Regel, d. i. als Norm, die statuiert, was zu geschehen habe, ist ja nur ein besonders prägnantes Symptom der für *Ehrlichs* Anschauung charakteristischen Vermengung einer auf das Sein gerichteten kausalerklärenden und einer auf das Sollen und speziell das rechtliche Sollen gerichteten normativen Betrachtungsweise[164].“ „Die heillose Konfusion *Ehrlichs* kommt eben daher, daß er diese beiden Betrachtungsweisen nicht zu trennen weiß[165].“

Die Fehler im Werke *Ehrlichs* veranlaßten *Kelsen* zu der überaus scharfen und leider teilweise sehr persönlichen Kritik, die unter dem Titel „Eine Grundlegung der Rechtssoziologie“ im Jahre 1915 im „Archiv für Sozialwissenschaft und Sozialpolitik“ veröffentlicht wurde. *Ehrlich* verfaßte darauf eine „Entgegnung“[166], in der er nur in einem

---

[160] *Manfred Rehbinder* (Anm. 50), S. 115.

[161] *Hans Kelsen* (Anm. 94), S. 115.

[162] *Eugen Ehrlich* (Anm. 69), S. 7, Hervorhebung von mir.

[163] *Hans Kelsen* (Anm. 94), S. 841 f.

[164] *Hans Kelsen,* Replik, Archiv für Sozialwissenschaft und Sozialpolitik, Bd. 41, 1916, S. 850. Die von *Kelsen* getroffene scharfe Trennung zwischen Sein und Sollen ist allerdings übertrieben. Siehe FN 205.

[165] *Hans Kelsen* (Anm. 94), S. 856.

[166] *Eugen Ehrlich,* Entgegnung, Archiv für Sozialwissenschaft und Sozialpolitik, Bd. 41, 1916, S. 844—849.

nebensächlichen Punkt einen Fehler zugibt[167], sonst aber in einer nicht sehr überzeugenden Weise die von *Kelsen* aufgezeigten Mängel bestreitet. *Ehrlich* hat mit persönlichen sowie verletzenden Gegenangriffen nicht gespart und sich bedauerlicherweise nicht durch besondere Sachlichkeit ausgezeichnet: „Damit bin ich bis zur 16. Seite der Kelsenschen Kritik angelangt. Man wird von mir nicht verlangen, daß ich mich mit den übrigen zwanzig Seiten auseinandersetze ... Man ist ja bei *Kelsen* an überraschende Gedanken gewöhnt, daß aber ein Professor der Rechte an der Universität Wien, am Anfang des 20. Jahrhunderts, so was hinzuschreiben sich traut, hat mich immerhin verblüfft[168]." Es folgen dann je eine Replik von *Kelsen* und *Ehrlich* und schließlich das Schlußwort *Kelsens*[169]. Als Ergebnis dieser Streitschriften muß man sagen, daß *Kelsens* Ausführungen überlegener waren und er mit dem Schlag gegen den Begründer der Rechtssoziologie diese Disziplin selbst empfindlich getroffen hatte.

Im Gegensatz zu *Ehrlich* stellt *Weber* die Norm in den Mittelpunkt der Betrachtung. Dies macht ihm *Gurvitch* zum Vorwurf. „Man muß sich jedoch fragen, ob Max Weber aus Reaktion gegen seine Vorgänger mit seinen Konzessionen an die dogmatisch-normativen Wissenschaften nicht zu weit gegangen ist, und ob nicht gerade die Rechtssoziologie gelitten hat durch seine Art, die Ergebnisse der kohärenten Systeme von Rechtsnormen, die sozusagen im leeren Raum hangen und die keinerlei Berührungspunkte haben zu der lebendigen Wirklichkeit des Rechtes, dessen erstarrte Symbole sie lediglich sind, anzunehmen ... er hat die soziale Wirklichkeit bis zu ihrer Vernichtung verarmt[170]." Nun ist die Verarmung der lebendigen Wirklichkeit des Rechtes bei *Weber* nicht auf seine Normorientiertheit — darin liegt vielmehr der große Vorzug seiner „Rechtssoziologie" —, sondern, wie ich bereits ausgeführt habe, auf seinen Historizismus zurückzuführen. Noch weniger ist *Gurvitch* der Vorstoß zum lebenden Recht gelungen. Dies kann nicht mit einer Klassifizierung der sozialen Gruppierungen und mit der Zuordnung einer besonderen Rechtsart an die verschiedenen Gruppierungstypen erreicht werden. „Die Lust am wissenschaftlichen Sezieren und Analysieren führt allzuweit weg von den empirisch erfaßbaren Daten und verliert sich in den Dunst eines soziologischen Begriffshimmels, der dem juristischen Begriffshimmel vergleichbar ist[171]."

---

[167] Ebd., S. 846.

[168] Ebd., S. 849.

[169] *Hans Kelsen*, Replik, Archiv für Sozialwissenschaft und Sozialpolitik, Bd. 41, 1916, S. 850—853.
Eugen Ehrlich, Replik, ebd. Bd. 42, 1916/17, S. 609—610.
Hans Kelsen, Schlußwort, ebd. S. 611.

[170] *Georges Gurvitch* (Anm. 82), S. 38 f.

[171] *Ernst E. Hirsch* (Anm. 119), S. 873.

Es muß tatsächlich gesagt werden, daß der Rechtssoziologie große Mängel anhaften. Es wird von einer *Lücke* in der Rechtssoziologie gesprochen. Wie heute vielfach die Rechtssoziologie beurteilt wird, hat *Paul Trappe* mit folgenden Worten zum Ausdruck gebracht: „Die Rechtssoziologie nimmt im Rahmen der Sozialwissenschaften eine ‚zwielichtige' Stellung ein. Es fehlt nicht an Stimmen namhafter Gelehrter, die sie — wie einst die Soziologie überhaupt — als überflüssig abtun und ihre Forschungsbereiche den ‚klassischen' Wissenschaften, der Jurisprudenz oder der Philosophie, erhalten möchten. Es fehlt auch nicht an Stimmen, die die Rechtssoziologie — gemessen an dem Entwicklungsstand anderer Disziplinen der Soziologie — als nicht besonders leistungsfähig und kaum entwickelt betrachten[172]." *König* sagt: „Die Rechtssoziologie ist derjenige Teil der Soziologie, der am zurückgebliebensten ist[173]." *Hirsch* und *Manfred Rehbinder* sprechen im Vorwort zu den „Studien und Materialien zur Rechtssoziologie" von der „arg vernachlässigten Rechtssoziologie"[174].

Trappe verwahrt sich gegen die negative Beurteilung der Rechtssoziologie. „Nach den heute vorliegenden Arbeiten über Probleme der Rechtssoziologie kann kaum noch behauptet werden, daß die Rechtssoziologie weniger entwickelt sei als andere Disziplinen der Soziologie[175]." Ja, *Trappe* geht sogar so weit, daß er von einer „rechtssoziologischen Renaissance" spricht, die bevorsteht[176]. Auch ich glaube, daß die Stellung der Rechtssoziologie heute positiv beurteilt werden kann. Man kann sagen, daß der Historismus in der Rechtssoziologie überwunden ist und damit der Blick auf das lebende Recht freigelegt werden konnte.

Ein großer Schritt vorwärts ist das Werk von *Kantorowicz*, das sich durch klare Formulierungen auszeichnet. Es nimmt von der Rechtsnorm seinen Ausgangspunkt, geht aber über die Dogmatik und Systematik des Rechts hinaus und vermittelt eine starke Wirklichkeitsnähe des Rechts. Doch das Werk von *Kantorowicz* ist keine zusammenfassende oder gar systematische Darstellung der Rechtssoziologie. Es besteht aus mehreren, wenn auch sehr beachtenswerten, Aufsätzen bzw. Vorträgen.

Das System schuf *Geiger* in den „Vorstudien zu einer Soziologie des Rechts". *Hirsch* sagt: „Es ist das bedeutendste Werk der Rechtssoziolo-

---

[172] *Paul Trappe*, Die legitimen Forschungsbereiche der Rechtssoziologie, Einleitung zu *Theodor Geiger*, (Anm. 47), S. 14.

[173] *René König*, Geleitwort zu Manfred Rehbinder (Anm. 50), S. 5.

[174] *Hirsch/Rehbinder*, Studien und Materialien zur Rechtssoziologie, 1967, S. 5.

[175] *Paul Trappe*, Zur Situation der Rechtssoziologie, 1968, S. 4.

[176] Ebd., S. 7.

gie[177]." „Die ‚Vorstudien' Geigers", bemerkt *Trappe*, „sind ohne Zweifel der bisher erreichte Höhepunkt der deutschen und internationalen Forschung[178]." In der Tat hat *Geiger* ein hervorragendes Fundament für die rechtssoziologische Forschung gelegt.

Aber auch nach *Geiger* sind bedeutende soziologische Schriften entstanden, die einen Aufschwung in der Soziologie erkennen lassen. Ich nenne z. B. *Henri Levy-Bruhl*. Er hat aufgezeigt, daß das Recht ständig in Bewegung ist, auch dann, wenn die Wortfassung unverändert bleibt[179]. Er hat sich gegen eine historische Gesetzesauslegung gewandt, denn das Gesetz drücke immer den *gegenwärtigen* Willen der Gesellschaft aus[180]. Die Änderung der politischen Machtverhältnisse führe auch zu einer Änderung des Geistes des Gesetzes[181]. Es hat somit *Levy-Bruhl* wesentlich zu der Erkenntnis beigetragen, daß sich bei gleichem Gesetzeswortlaut der Inhalt der Norm ändern kann. Eine besondere Bedeutung nimmt auch das Werk von *Geoffrey Sawer* ein[182]. Er kommt der Wirklichkeit des Rechtes sehr nahe und es gereicht ihm bei der Darlegung des lebenden Rechtes seine Prozeßerfahrung sehr zum Vorteil.

Hirsch ist es gelungen, auf das Werk von *Geiger* aufbauend einen wesentlichen Beitrag zur Rechtssoziologie zu leisten. Bedeutsam erscheint mir seine Hervorhebung des Konfliktelementes im Recht. „Rechtsregeln dienen der Vorbeugung oder der Lösung von Interessenkonflikten[183]." *Hirsch* sieht in einem bestimmten Rechtszustand das „Ergebnis sozialer Kräfte"[184]. Und gerade in seiner „Rechtssoziologie"[185] befaßt er sich eingehend mit den verschiedenen Kräften und Faktoren, die auf das Recht einwirken und schafft somit eine bedeutsame Grundlage für die Mehrfaktorentheorie des Rechts. Nicht nur die zahllosen Veröffentlichungen von *Hirsch* sind zu würdigen, sondern auch sein weiteres Wirken auf dem Gebiete der Rechtssoziologie. So gibt er seit dem Jahre 1966 im Verlage Duncker & Humblot (Berlin) eine Schriftenreihe zur Rechtssoziologie und Rechtstatsachenforschung heraus, in der bereits dreiundzwanzig für die Rechtssoziologie wichtige Werke erschienen sind. Im Jahre 1967 veröffentlichte er gemeinsam mit *Rehbinder* die „Studien und Materialien zur Rechtssoziologie", die in der

---

177 *Ernst E. Hirsch* (Anm. 152), S. 881.

178 *Paul Trappe* (Anm. 175), S. 15.

179 *Henri Levy-Bruhl* (Anm. 175), S. 31, 111.

180 Ebd., S. 73.

181 Ebd., S. 83.

182 *Geoffrey Sawer* (Anm. 45).

183 *Ernst E. Hirsch* (Anm. 67), S. 208.

184 Ebd., S. 201.

185 Ebd., S. 147—217.

Tat hervorragend geeignet sind, „einen Querschnitt des zeitgenössischen Standes der wissenschaftlichen Bemühungen um die Rechtssoziologie zu bieten“[186]. Die am Ede dieser Schrift abgedruckte „Bibliographie der internationalen rechtssoziologischen Literatur“ ist ein von *Rehbinder* zusammengestellter systematischer Gesamtüberblick über das Schrifttum der Rechtssoziologie. Ihr waren die Bibliographien von *Paul Trappe*[187] und *Johannes Winckelmann*[188] vorangegangen. Diese Bemühungen von *Hirsch*, aber auch von *Rehbinder*, *Trappe* und *Winckelmann*, führten zu einer ausgezeichneten Orientierungsmöglichkeit.

Zur Aufwärtsentwicklung der Rechtssoziologie hat auch die Änderung der Auffassung *Kelsens* über die Rechtssoziologie, insbesondere über das Werk *Ehrlichs*, beigetragen. Es muß bemerkt werden, daß *Kelsen* schon immer positiv der Soziologie gegenüberstand. Sie sei „zur Erklärung des menschlichen Zusammenlebens wünschenswert“[189]. Sie müsse aber deutlich von der Rechtswissenschaft abgegrenzt werden. Daher verfaßte er die Schriften „Über Grenzen zwischen juristischer und soziologischer Methode“[190] und „Der soziologische und der juristische Staatsbegriff“[191]. Im Jahre 1912 sprach *Kelsen Zweifel* aus, ob die *Rechtssoziologie als selbständige Disziplin Berechtigung* habe[192]. Diese Berechtigung erschien ihm 1915 bei Beurteilung der „Grundlegung der Soziologie des Rechts“ *Eugen Ehrlichs* noch fraglicher. Bedeutsam ist sein im Jahre 1935 in Paris gehaltener Vortrag „L'Ame et le Droit“[193]. In diesem wendet er selbst die soziologische Methode in Hinblick auf das Recht an, wodurch er die Rechtssoziologie aufwertete. Schließlich erklärte *Kelsen* am 7. 10. 1965 im Institut für politische Wissenschaften in Berkeley vor Berliner Gerichtsreferendaren, er bedauere seine Gegnerschaft gegen Ehrlich und anerkenne ihn

---

[186] *Ernst E. Hirsch* (Anm. 4), S. 29.

[187] *Paul Trappe*, Internationale Bibliographie der Rechtssoziologie, in *Theodor Geiger* (Anm. 47), S. 225—255.

[188] *Johannes Winckelmann*, Bibliographie, in *Max Weber* (Anm. 86), S. 387 bis 423. Es ist ein besonderer Verdienst Winckelmanns, daß er mit dieser Ausgabe bemüht war, *Webers* „vernachlässigte Rechtssoziologie“ (siehe Vorbericht, S. 15) Juristen und Soziologen zugänglich zu machen. Es muß auch gewürdigt werden, daß es *Rehbinder* gelungen ist, in einer gestrafften, von „Historismus“ freien Darstellung einen leichten Zugang zu Webers Rechtssoziologie zu ermöglichen (*Manfred Rehbinder*, Anm. 116, S. 471—490).

[189] *Hans Kelsen* (Anm. 94), S. 840.

[190] *Hans Kelsen*, Über Grenzen zwischen juristischer und soziologischer Methode, 1911.

[191] *Hans Kelsen* (Anm. 115).

[192] Siehe insbesondere *Hans Kelsen*, Zur Soziologie des Rechts, Archiv für Sozialwissenschaft und Sozialpolitik, Bd. 34, 1912, S. 601—614.

[193] *Hans Kelsen*, L'Ame et le Droit, Annuaire de l'Institut International de Philosophie du Droit et de Sociologie Juridique, 1936, S. 60—82.

heute als Wegbereiter der Rechtssoziologie, einer *der Rechtsdogmatik gleichrangigen Wissenschaft*[194].

6. Die Methode

Bei der Erforschung des lebenden Rechtes ist die Frage der Methodik von besonderer Bedeutung. *Nicholas S. Timasheff* spricht von „methodologischen Unklarheiten in der Rechtssoziologie"[195]. Ich möchte sagen, daß man überhaupt nicht von einer rechtssoziologischen Methode sprechen kann. Fast in jeder rechtssoziologischen Schrift wird der Ruf nach dem lebenden Recht erhoben, doch in der Regel fehlen Angaben darüber, wie die Rechtswirklichkeit tatsächlich ergründet werden soll.

Mit Recht sagt *Trappe:* „Die in der Soziologie entwickelten methodischen Techniken werden nicht genützt ...[196] Dazu trägt bei, daß wichtige ausländische soziologische Schriften nur in der Fremdsprache zugänglich sind. Von dem Werk *Parsons'* sind lediglich die Schriften „Essays in the Social Theory", „Social Structure of Personality" und „Sociological and Modern Society" ins Deutsche übersetzt worden[197]. Von den Schriften *Emile Durckheims* sind nur „Les règles de la méthode sociologique"[198] in deutscher Sprache erschienen. *Vilfredo Paretos* bedeutsames Werk „Trattato di sociologia generale" wartet noch immer auf einen deutschen Übersetzer[199]. Man könnte einwenden, wer sich mit soziologischen Fragen beschäftigt, müsse verschiedene Sprachen beherrschen. Sicherlich ist dies notwendig. Doch es wird selten sein, daß ein soziologisch Interessierter drei Fremdsprachen gleich gut beherrscht. Das Studium fremder Sprachen erfordert einen großen Zeitaufwand und führt oft zu Irrtümern. Mir gestand selbst ein Leiter eines italienischen Kulturinstituts, mit welcher Mühe er sich durch das Werk *Paretos* durcharbeiten müsse. Wie schwer muß dies aber erst einem Nichtitaliener fallen? Auch die Werke z. B. *Durkheims* oder *Parsons'* sind schwie-

---

[194] Verband der Berliner Gerichtsreferendare e. V., Hrsg., Bericht über die Studienreise der Berliner Gerichtsreferendare in die Vereinigten Staaten von Amerika — 26. September — 26. Oktober 1965, 1966, S. 41.

[195] *Nicholas S. Timasheff,* Wie steht es heute mit der Rechtssoziologie?, 1956, S. 422.

[196] *Paul Trappe* (Anm. 175), S. 14.

[197] Deutsche Titel: „Beiträge zur soziologischen Theorie", 1968 und „Sozialstruktur und Persönlichkeit", 1968 und „Theorie der modernen Gesellschaft", 1970.

[198] Deutscher Titel: Die Regeln der soziologischen Methode, Hrsg. René König, Luchterhand, 1965. Es soll in diesem Jahr beim gleichen Verlag eine deutsche Ausgabe von „Le Suicide" erscheinen. Die wichtigen Werke „De la division du travail social" und „Les formes élémentaires de la vie religieuse" sind noch immer nicht ins Deutsche übersetzt worden.

[199] Eine teilweise Übersetzung liegt vor in dem Buch von *Gottfried Eisermann,* Vilfredo Paretos System der allgemeinen Soziologie, 1962.

rigen Inhalts. Die mangelnden Übersetzungen sind zweifellos ein Hindernis in der Weiterentwicklung soziologischen Forschens.

Meiner Ansicht nach müssen für die Rechtssoziologie folgende methodologische Grundsätze gelten: Der Rechtssoziologe hat sich Wertungen zu enthalten. Seine Arbeit muß *wertneutral* sein. *Weber* fordert für die Soziologie „Wertfreiheit". Das Werten falle in den Bereich des Glaubens[200]. Die Wissenschaft aber sei vom Glauben zu trennen[201]. *Geiger* bekennt sich zum theoretischen Wertnihilismus: „... Gut und Schlecht völlig imaginäre Begriffe sind und jeder empirischen Fassung ihres vermeintlichen Inhaltes unzugänglich und deshalb, für ein rationales Weltbild wenigstens, nicht existent[202]." Die Rechtssoziologie darf sich nicht berufen fühlen, Gesetze ethisch oder moralisch zu beurteilen, desgleichen auch nicht Urteile oder andere Erkenntnisse. Sie darf auch keine weltanschaulichen Postulate aufstellen. Wohl ist es eine ihrer Aufgaben, für die Erreichung bestimmter Zwecke und Ziele, Wege und Mittel aufzuzeigen.

Gegenstand der Rechtssoziologie ist die Rechtswirklichkeit. Es ist also zu erforschen, wie das Gesetz in der Wirklichkeit angewendet wird. Hierzu muß aber gefordert werden, daß die Rechtssoziologie *von der Rechtsnorm ihren Ausgang nimmt*[203]. Es geht der Rechtssoziologie um die Erfassung des *lebenden* Rechts. Somit kann nicht das vergangene Gesetz, auch nicht das Gesetz, das einmal erlassen werden könnte, sondern das *gegenwärtige* Gesetz Gegenstand der Betrachtung sein. Es muß also die Rechtssoziologie frei vom Historismus, aber auch von vager Zukunftsdeutung sein. Ihr Blick muß auf das moderne Recht gerichtet sein[204].

Die Rechtssoziologie hat sich vor allem mit dem *Sein* des Rechts zu befassen und sich nicht wie die Rechtsdogmatik auf die Deutung und Bestimmung des Sollinhaltes zu beschränken[205].

---

[200] *Max Weber*, Die „Objektivität" sozialwissenschaftlicher und sozialpolitischer Erkenntnis, in *Max Weber*, Gesammelte Aufsätze zur Wissenschaftslehre, hrsg. von Johannes Winckelmann, 1968, S. 152.

[201] Ebd., S. 212.

[202] *Theodor Geiger* (Anm. 47), S. 299.

[203] Siehe oben 21 ff.

[204] Siehe oben 42 f.

[205] Die Erkenntnisse der Rechtssoziologie haben auszusagen, was *ist*, nicht aber, was sein soll. Eine scharfe Abgrenzung zwischen dem Sein und dem Sollen des Rechts hat *Kelsen* in seinen frühen Schriften gezogen (siehe oben S. 44). Diese Trennung ist aber zu scharf. Es darf zwischen dem Sein und dem Sollen kein unüberbrückbarer Gegensatz gesehen werden. (Vgl. *Ernst E. Hirsch* [Anm. 70], S. 879, *Manfred Rehbinder* [Anm. 56], S. 112 sowie *Erich Fechner* [Anm. 88], S. 293[28]). Denn es ist, wie *Kantorowicz* (Anm. 52, S. 33) bemerkt, „auch alles Sollende ein Seiendes", und es wird auch von dem „Faktischen des Normativen" gesprochen (siehe oben S. 21). Gerade wenn

Die Rechtssoziologie muß bemüht sein, das Recht als Resultante von Faktoren zu erkennen[206]. Da sie eine Tatsachenwissenschaft ist, muß ihre Methode eine empirische sein.

Geiger hat seine rechtssoziologischen Arbeiten nicht vollenden können. Sein großartiges analytisches Werk, „Die Vorstudien einer Soziologie des Rechts", sollte die Grundlage zu seinen geplanten rechtsempirischen Arbeiten bilden. *Geiger* hat in der Schrift „Die Gestalten der Gesellung"[207] die empirische Erforschung sowohl der Entstehungs- als auch der Anwendungselemente des Rechts gefordert. Insbesondere sollte das gewaltige empirische Material, das in den richterlichen Entscheidungen schlummert, rechtssoziologisch genutzt werden[208]. *Geiger* zählte eine Reihe von empirischen Forschungsgegenständen auf. Allein im Hinblick auf die Rechtsdurchsetzung führt er aus:

„Ein umfassendes Problemfeld bietet die Soziologie der Rechts-Durchsetzung. Und zwar:

Soziologie der Rechtsprechung: Einzelrichter und Kollegium; Beamten- und Laiengerichte. Genossenschaftliches (Stammes-)Gericht, Tribunal.

Soziologie der Klassenjustiz und des Justizirrtums.

Das Rechtsverfahren selbst: soziales Verhältnis zwischen Gericht, Parteien, Anwalt und Publikum. Öffentliches und geheimes Verfahren.

Justiz und öffentliche Meinung.

Soziologie des Strafvollzuges. Sozialpsychologie des Strafgefangenen.

Soziologie der Verwaltung und des Bürokratismus[209]."

Arthur Nussbaum stellt einen ganzen Katalog des Forschungsgegenstandes auf. Er zählt 84 „Themata" aus dem Hypothekenwesen und 11 „andere Themata" aus dem bürgerlichen Recht auf, mit denen sich die Rechtstatsachenforschung zu befassen habe[210].

Wie ist nun das Recht empirisch zu erfassen? *Ehrlich* glaubt, das lebende Recht durch folgende Methode zu ergründen: „Da gibt es wohl kein anderes Mittel als die Augen auftun, sich durch eine aufmerksame Betrachtung des Lebens unterrichten, die Leute ausfragen und ihre Aussagen aufzeichnen[211]." Es ist das Verdienst *Ehrlichs*, daß

---

die Rechtsnorm als Sollvorschrift als Ausgangspunkt der Betrachtungsweise genommen wird und zu prüfen ist, inwieweit sie mit der Rechtswirklichkeit übereinstimmt, ersieht man, daß sich Soll und Sein wohl gegenüberstehen, aber auch identisch sein können.

206 Siehe oben S. 39 f.

207 Auszugsweise abgedruckt in *Theodor Geiger* (Anm. 2), S. 357—363.

208 Siehe *Paul Trappe*, Einführung zu Theodor Geiger (Anm. 2), S. 18.

209 *Theodor Geiger* (Anm. 2), S. 361.

210 *Arthur Nußbaum* (Anm. 56), S. 40—48.

211 *Eugen Ehrlich* (Anm. 69), S. 403.

er nicht nur die Methode beschrieben, sondern auch angewendet hat. So hat er im Jahre 1912 in der Bukowina Rechtsforschungen über Pachtverträge durchgeführt. Im Programm seines Seminars für lebendes Recht hatte er gefordert: „... es müßte der typische Inhalt der Pachtverträge dargelegt, zu diesem Zweck die Archive der Notariats- und Advokaturkanzleien durchsucht, es müßten auch an Ort und Stelle Erhebungen gepflogen werden[212]." Er hat zwar nicht mit seinen Studenten die Archive der Notariats- und Advokaturkanzleien durchsucht, aber er hat an Ort und Stelle, nämlich auf den Gutshöfen und Feldern, Erhebungen gepflogen, und zwar mittels Fragebogen. Die Forschungsergebnisse wurden veröffentlicht[213]. Er zeichnet zweifellos ein sehr farbiges Bild der Rechtsverhältnisse, doch man vermißt genaue Daten über die Fragebogen und überhaupt auf Grund welchen Fragebogenmaterials er zu seinen Ergebnissen kommt.

Diese Fragebogenmethode hat auch *Jutta Limbach* in ihrer rechtsempirischen Arbeit über die Gesellschaft mit beschränkter Haftung[214] angewendet. Mit Hilfe der Fragebogen hatte sie Daten aus den Gesellschaftsverträgen gesammelt und verarbeitet. Nun ist aber der Vertrag noch nicht das lebende Recht. *Ehrlich* hatte dies — wenn auch noch nicht bei seinen ersten Forschungen — erkannt: „Wird die Urkunde nicht sehr überschätzt, wenn man aus ihr ganz ohne weiteres lebendes Recht herauszulesen glaubt? Als ich mich mit der Urkunde zu befassen begonnen habe, habe ich gar nicht danach gefragt, so selbstverständlich schien es mir, daß die Urkunde ihrem ganzen Inhalt nach Trägerin und Zeugnis lebenden Rechtes ist; heute zweifle ich nicht mehr daran, daß die Frage verneint werden muß. *Lebendes Recht* ist vom Urkundeninhalt nicht das, was etwa die Gerichte bei der Entscheidung eines Rechtsstreites als verbindlich anerkennen, sondern *nur das, woran sich die Parteien im Leben halten*[215]." *Limbach* hatte die Fragebogen auf Grund der ihr zur Verfügung stehenden Urkunden selbst beantwortet.

---

[212] *Eugen Ehrlich,* Die Erforschung des lebenden Rechts, in *Eugen Ehrlich,* Recht und Leben — Gesammelte Schriften zur Rechtstatsachenforschung und zur Freirechtslehre, ausgewählt und eingeleitet von Manfred Rehbinder, 1967, S. 15.

[213] *Eugen Ehrlich,* Das lebende Recht der Völker der Bukowina, in *Eugen Ehrlich,* Recht und Leben, 1967, S. 55 ff.

[214] *Jutta Limbach,* Theorie und Wirklichkeit der GmbH — Die empirischen Normaltypen der GmbH und ihr Verhältnis zum Postulat von Herrschaft und Haftung, 1966.

[215] *Eugen Ehrlich,* Ein Institut für lebendes Recht, in *Eugen Ehrlich,* Recht und Leben, Gesammelte Schriften zur Rechtstatsachenforschung und zur Freirechtslehre, 1967, S. 36. Hervorhebung von mir.

Ehrlich hat daher in die Fragebogen betreffend den Pachtvertrag die Frage aufgenommen: „Wird auf die Einhaltung des Vertrages in allen Stücken gedrungen oder bleiben einzelne Stücke auf dem Papier? Welche Bestimmungen sind dies?" (*Eugen Ehrlich* [Anm. 212], S. 26).

Würde sie in ihr Befragungsschema auch Fragen aufnehmen, die sich auf die Abweichung vom Vertrag beziehen, und diese an die geschäftsführenden Organe der Gesellschaften mit beschränkter Haftung stellen, wäre es sicher, daß die Antworten zum großen Teil nicht tatsachengerecht ausfallen. Die Aufdeckung der Abweichungen hätte nämlich oft steuerliche und andere rechtliche Nachteile zur Folge.

Auch wenn einmal die Gerichtsarchive, an die *Geiger* dachte und die Notariats- und Advokaturarchive, denen *Ehrlich* großes Interesse entgegenbrachte, der rechtssoziologischen Forschung geöffnet werden, ist es zweifelhaft, ob wirklich das lebende Recht ermittelt werden kann. Der Fragebogen könnte die Antworten nur mehr aus dem toten Urkundenmaterial[215a] bekommen und es könnten nicht mehr Personen befragt werden, die sich mit den Rechtsfällen befaßten.

Trotz dieser Bedenken will ich die Notwendigkeit solcher umfassenden Arbeiten keinesfalls bestreiten. Es wird ein ungeheurer Gewinn sein, wenn dieses Archivmaterial einmal — womöglich mit Hilfe der Kybernetik und Elektronentechnik — ausgewertet und Gleichförmigkeiten in der Rechtsanwendung aufgezeigt werden können. Aber schon 1914 hatte *Nußbaum* es deutlich ausgesprochen, daß diese Arbeiten von einem einzelnen nicht bewältigt werden können, vielmehr eine Organisation notwendig machen: „Die Rechtstatsachenforschung bedarf der Organisation. Für ihre Aufgaben reichen die Kräfte des einzelnen vielfach nicht aus, die von einzelnen gesammelten Tatsachen werden oft zu sehr durch die individuellen Umstände bestimmt sein, und können daher zu unzulässigen Verallgemeinerungen Anlaß geben. Es müßte daher eine Zentralstelle geschaffen werden, die für das ganze Gebiet des Deutschen Reiches aus dem Rechtsleben typische und sonst bedeutsame Vertragsurkunden, Statuten, Schlußscheine, Protokolle, Wertpapierformulare usw. sammelt. Die Zentralstelle hätte ferner für Erhebungen die Fragebogen auszuarbeiten, die geeigneten Untersuchungsstellen auszuwählen und evtl. das Material zu verarbeiten. Die Erforschung der Prozeßgegenstände ... könnte nur dann vollen Nutzen bringen, wenn sie in einer solchen planmäßigen und umfassenden Weise betrieben wird[216]."

Timasheff fordert eine Untersuchung der Gerichtspraxis. „Sie sollte sich auf direkte Beobachtung von geschulten Soziologen, aber auch auf Interviews mit Richtern und Rechtsanwälten, vielleicht auch mit den rechtsunkundigen Parteien stützen[217]." Damit wendet sich *Timasheff*

[215a] Dieses Material wäre im Hinblick insbesondere auf die Gerichtsakte auch gar nicht vollständig, da ja die Urkundenbeilagen den Parteien nach Rechtskraft der Entscheidung zurückgestellt werden.

[216] *Arthur Nußbaum* (Anm. 56), S. 21 f.

[217] *Nicholas S. Timasheff,* Wie steht es heute mit der Rechtssoziologie? (Anm. 195), S. 422.

dem wirkenden Recht zu. Er unterläßt es aber, eine rechtssoziologische Methode genau und deutlich zu umschreiben.

Ich glaube, die empirische Arbeit eines einzelnen könnte einen Beitrag zur Rechtsempirie liefern, wenn die Rechtsnorm und ihre Anwendung bei Gericht und auch bei der Behörde untersucht wird. Dabei sollen Rechtsfälle als Einzelfallstudien untersucht werden. Das hat den Vorteil, daß in den Untersuchungsgegenstand kein künstliches Element eingebaut wird. Die rechtlichen Ereignisse laufen so ab, wie es in der Wirklichkeit geschieht. Sicherlich ist das vor Gerichten und Behörden behandelte Recht nicht das gesamte Recht. Es gibt noch ein Recht, das außerhalb dieser Institutionen wirkt. Dieses Recht ist aber in seiner Wirklichkeit kaum erfaßbar, jedenfalls nur bruchstückartig. Hingegen umfaßt das Recht, das vor dem Rechtsstab behandelt wird, das *Zivil-*, *Straf-* und *Verwaltungsrecht* und schafft somit eine weite Basis.

§ 2 Eine empirische Studie über die Realität der Rechtsnorm

Vorbemerkungen

Gegenstand der folgenden Studie ist die Rechtsnorm und ihre Wirklichkeit.

Ich will zunächst darlegen, was unter diesen Begriffen gemeint ist.

Unter Rechtsnorm ist nur der Wortlaut der gesetzlichen Bestimmung, also die Wortnorm, zu verstehen. Es sind lediglich die Worte, die aussagen, daß bei einem bestimmten Sachverhalt bestimmte Folgen einzutreten haben. Gemäß § 1062 ABGB ist der Käufer verpflichtet, dem Verkäufer den Kaufpreis zu bezahlen. Der Sachverhalt: Vorliegen eines Kaufes, also Überlassung einer Sache um eine bestimmte Summe Geldes. Die Folge: Verpflichtung des Käufers zur Zahlung des Kaufpreises. Diese Norm sagt nichts aus über deren Verwirklichung. Sie läßt nur die *Möglichkeit* der Verwirklichung zu.

Die Verwirklichung der Rechtsnorm kann auf verschiedene Weise erfolgen:

1. Der Käufer zahlt anstandslos.
2. Der Käufer zahlt nicht. Der Verkäufer mahnt. Schließlich zahlt der Käufer.
3. Der Käufer zahlt nicht. Auch die Mahnung läßt er unbeachtet. Der Verkäufer ruft das Gericht an und erwirkt das Urteil auf Zahlung. Der Käufer zahlt nicht. Daraufhin kommt es zur Vollstreckung.

Von der Wirklichkeit der Rechtsnorm ist dann zu sprechen, wenn der Wortlaut der Norm mit der Wirklichkeit übereinstimmt, wenn also bei Vorliegen des in der Norm beschriebenen Sachverhaltes die in der Norm vorgesehene Folge eintritt.

Immer sind es Kräfte, die die Verwirklichung der Rechtsnorm herbeiführen. Im ersten Falle löst z. B. die Anständigkeit oder das Rechtsgefühl die Aktivität aus, daß der Käufer seiner Pflicht nachkommt. Im zweiten Falle wirken Kräfte auf beiden Seiten. Der Verkäufer setzt eine Aktion: er mahnt und droht mit Klage. Dies führt wiederum zu einer Aktivität des Käufers. Er will einen Prozeß vermeiden und zahlt. Im dritten Falle geht der Kräfteeinsatz vom Verkäufer aus: er ruft das Gericht an.

Ich sage ausdrücklich, daß es Kräfte sind, die erst die Rechtsnorm in Wirkung setzen, es beleben. Tut der Käufer nichts und unternimmt der Verkäufer nichts, bleibt die Rechtsnorm tot. Die Bestimmung des § 1062 ABGB wird nicht verwirklicht. *Es sind immer Kräfte, die den toten Buchstaben der Rechtsnorm beleben und die Verwirklichung der Norm ermöglichen.*

Sieht sich jemand genötigt, den Rechtsstab anzurufen, ist es Aufgabe dieses Organes zu prüfen, ob der behauptete Sachverhalt vorliegt und die begehrten Rechtsfolgen damit verbunden sind. Ist dies der Fall, liegt *Normadäquanz* vor. Es wird mit Hilfe des Rechtsstabes die Rechtswirklichkeit ermöglicht. Es kann aber auch der Fall eintreten, daß der Rechtsstab die geltend gemachte Rechtsnorm nicht anwendet, weil der im Gesetz behauptete Sachverhalt nicht vorliegt. Der Rechtsstab spricht z. B. aus, daß kein Kauf, sondern eine Schenkung vorliegt, weil es der übereinstimmende Wille der Parteien war, daß die Sache unentgeltlich überlassen werde. Es ist auch möglich, daß der Rechtsstab zwar den behaupteten Sachverhalt für gegeben sieht, aber trotzdem die damit verbundenen Rechtsfolgen verneint, weil z. B. im Falle des Kaufes Stundung vereinbart worden war oder Verjährung eintrat, somit eine andere Normbestimmung der geltend gemachten Norm entgegensteht. Es liegt *Norminadäquanz* vor. Mit Hilfe des Rechtsstabes kann die angestrebte Rechtsverwirklichung nicht hergestellt werden.

Das Ziel des Rechtsstabes muß es sein, eine möglichst wirklichkeitsgetreue Spiegelung der tatsächlichen Verhältnisse zu erreichen.

Dem Rechtsstab liegen zunächst nur die Behauptungen der Streitteile vor. A behauptet, daß sich an einem bestimmten Tag, an einem bestimmten Ort, ein bestimmter Vorfall ereignet hat. B stellt den Vorfall überhaupt in Abrede oder bestreitet, daß er sich an einem bestimmten Tag, an einem bestimmten Ort oder in der geschilderten Weise zugetragen hat. Die Parteien müssen ihre Angaben unter Beweis stellen. Sie bieten Zeugen, Urkunden, Augenschein oder Sachverständigengutachten an.

Dieses Beweismaterial wird oftmals nicht genügen, um ein genaues Bild darüber zu bekommen, wie es tatsächlich in der Wirklichkeit war. Es kann der Fall eintreten, daß der den Rechtsstab anrufende Streitteil überhaupt keine oder doch nur unzureichende Beweise zur Verfügung hat, um auch nur annähernd den behaupteten Sachverhalt nachweisen zu können. In diesem Falle muß er den Beweis schuldig bleiben und kommt mit seinem Anspruch nicht durch. Aber auch wenn sich ein Sachverhalt eindeutig ermitteln läßt, bestehen oft mehrere rechtliche

Beurteilungsmöglichkeiten. Der Rechtsstab kann sich bei der Entscheidung irren. Wird ein Rechtsmittel eingebracht, kann dieser Fehler behoben werden. Wenn nicht, wirkt gegen eine Partei ein unrichtiges Erkenntnis.

Ich will nun versuchen darzulegen, wie diese Rechtsdurchsetzung vor dem Rechtsstab vor sich geht. Dabei werde ich mich bemühen aufzuzeigen, wie dieser Rechtsstab organisiert ist, welche Regelungen für ihn gelten und wie es zu den Entscheidungen kommt. Um ein richtiges Bild zu bekommen, werde ich mich nicht mit der Betrachtung der normativen Bestimmungen begnügen, sondern werde mich selbst zu Gericht und den Behörden begeben und an Ort und Stelle das Verfahren untersuchen.

Zunächst will ich mich den im Prozeß wirkenden Personen zuwenden.

Der Rechtsstab a potiori ist der *Richter*[1].

Wer sich um ein Richteramt bewirbt, muß die rechts- und staatswissenschaftlichen Studien absolviert und alle drei Staatsprüfungen mit Erfolg abgelegt haben. Er hat einen Vorbereitungsdienst bei Bezirksgerichten, Gerichtshöfen und bei der Staatsanwaltschaft zu leisten. Ein Teil des Vorbereitungsdienstes kann auch bei Oberlandesgerichten, bei einem Finanzprokurator und in einer Rechtsanwaltskanzlei vorgenommen werden. Nach drei Jahren Vorbereitungsdienst hat er die Richteramtsprüfung abzulegen. Diese Prüfung erstreckt sich vor allem auf alle Zweige der Zivil- und Strafgesetzgebung, aber auch auf Gebiete des Finanz- und Verwaltungsrechtes. Der Kandidat hat Klausurarbeiten zivil- und strafrechtlichen Inhaltes abzulegen. Die Prüfung besteht auch aus einem mündlichen Teil. Die mündliche Prüfung ist vor einer Kommission abzulegen, die in der Regel aus vier Richtern und einem Rechtsanwalt besteht. Durch die Richteramtsprüfung soll erprobt werden, ob der Kandidat die für den Dienst bei Zivil- und Strafgerichten aller Instanzen nötigen Kenntnisse, die erforderliche praktische Geschäftsgeübtheit und die Tätigkeit zur gewandten und richtigen rechtlichen Beurteilung von Zivil- und Straffällen hat. Nach Ablegung der Richteramtsprüfung wird der Richteramtsanwärter Hilfsrichter, bis er schließlich zum Richter ernannt wird. Er hat die Erfüllung der unverbrüchlichen Beobachtung der Gesetze zu geloben. Der Richter ist bei Ausübung seines Amtes an keine Weisung gebunden; er ist unabhängig.

Der Richter leitet den Prozeß. Er bestimmt die Termine der Tagsatzungen. Er beschließt, welche Beweismittel zugelassen werden und

[1] Siehe *Max Weber*, Rechtssoziologie, hrsg. von Johannes Winckelmann, 1967, S. 215.

entscheidet über alle Anträge der Parteien. Der Richter übt bei den Tagsatzungen die Sitzungspolizei aus. Er hat für die Aufrechterhaltung der Ordnung bei der mündlichen Verhandlung zu sorgen. Er ist berechtigt, Personen, welche durch unangemessenes Betragen die Verhandlung stören, zur Ordnung zu ermahnen und die zur Aufrechterhaltung der Ordnung nötigen Verfügungen zu treffen. Er kann Störenfriede aus dem Verhandlungssaal verweisen. Bei Beleidigung des Richters, einer Partei, eines Vertreters, eines Zeugen oder eines Sachverständigen kann er Ordnungsstrafen verhängen. Gegen denjenigen, der sich der zur Erhaltung der Ordnung und Ruhe getroffenen Anordnungen widersetzt, kann der Richter bis zu drei Tagen Haft verhängen. Wenn dies auch nicht gegen einen Rechtsanwalt vorgesehen ist, kann der Richter immerhin gegen den Prozeßbevollmächtigten eine Ordnungsstrafe verhängen. Bei fortgesetztem ungehörigen Benehmen und Widersetzung der zur Erhaltung der Ordnung und Ruhe getroffenen Anordnungen des Richters kann dieser dem Rechtsvertreter das Wort entziehen und sogar seine Partei auffordern, einen anderen Bevollmächtigten zu bestellen.

Aufgabe des Richters ist es, den streitigen Sachverhalt zu klären und aufgrund der von ihm getroffenen Feststellungen die Entscheidung zu treffen.

Der Richter ist bei seiner Tätigkeit auf die Mitwirkung anderer Personen angewiesen. Dies sind die Rechtsanwälte, die Parteien, die Zeugen und die Sachverständigen.

Auch der *Rechtsanwalt* muß Volljurist sein. Er muß sechs Jahre Praxis bei einem Rechtsanwalt und bei Gericht absolviert haben, wobei mindestens drei Jahre Praxis bei einem Anwalt abzulegen sind. Die Praxis der Finanzprokuratur ist der bei einem Rechtsanwalt vollbrachten gleichzuhalten. Voraussetzung für die Zulassung als Rechtsanwalt ist die mit Erfolg abgelegte Rechtsanwaltsprüfung. Die Prüfungskommission besteht aus drei Richtern und einem Rechtsanwalt. Bei der schriftlichen Rechtsanwaltsprüfung hat der Kandidat über einen vorgelegten Zivilrechtsfall die Streitschriften und die richterliche Erkenntnis samt Entscheidungsgründen zu verfassen sowie eine Berufungsschrift wider einen Anklagebeschluß oder wider ein Strafurteil über eine vorzulegende strafgerichtliche Untersuchung oder Schlußverhandlung. Die mündliche Prüfung ist aus allen Zweigen der Zivil- und Strafgesetzgebung zugleich vorzunehmen und hat alle dem Zivil- und Strafrichter zu wissen nötigen Gesetze und Verordnungen sowie die Einrichtung, die Geschäftsordnung und den Geschäftsgang der Justizbehörden zum Gegenstand. Die Prüfungskommission hat sich zu überzeugen, ob und in welchem Grade dem Kandidaten die richtige

Auffassung und Beurteilungsgabe, Scharfsinn, praktische Geschäftsgeübtheit und geordneter Vortrag eigen sei. Der Rechtsanwalt hat vor Eintragung in die Liste der Rechtsanwälte die Einhaltung der Gesetze zu geloben.

Der Rechtsanwalt hat gemäß § 9 Rechtsanwaltsordnung seine Partei gegen jedermann mit Eifer, Treue und Gewissenhaftigkeit zu vertreten. Er ist befugt, alles, was er nach dem Gesetz zur Vertretung seiner Partei für dienlich erachtet, unumwunden vorzubringen, ihre Angriffs- und Verteidigungsmittel in jeder Weise zu gebrauchen. Er ist zur Verschwiegenheit über die ihm anvertrauten Angelegenheiten verpflichtet.

Hat der Richter die Prozeßleitung inne, bestimmt er den Gang des Verfahrens, ordnet er den Prozeßstoff und trifft er Anordnungen, daß möglichst rationell der Prozeßstoff bewältigt werden kann, ist es der Anwalt, von dem die Initiative zum Prozeß ausgeht. Er verfaßt die Klage. In dieser schildert er den Sachverhalt und stellt das daraus abzuleitende rechtliche Begehren. In jeder Phase des Prozesses hat er die Möglichkeit zu versuchen, durch Anträge auf das Prozeßgeschehen einzuwirken. So kann er z. B. die Einholung anderer Prozeßakten, die Beiziehung von weiteren Sachverständigen, die Unterbrechung des Verfahrens bis über einen anderen Prozeß rechtskräftig entschieden ist, der mit dem gegenständlichen in Zusammenhang steht, die Beweissicherung dadurch, daß Zeugen, die längere Zeit ins Ausland verreisen, sogleich vernommen werden, und dergl. beantragen.

Die Stellung des Anwalts gegenüber dem Richter ist eine untergeordnete. Der Richter hat den Gang der Verhandlung zu bestimmen. Der Anwalt kann nur versuchen, den Prozeßgang zu beeinflussen. Ob tatsächlich seinen Anträgen stattgegeben wird, liegt einzig und allein beim Richter.

Der Richter arbeitet in einer Abteilung mehrere Jahre hindurch und hat z. B. nur Verkehrsunfälle, nur Jugendgerichtssachen, nur Handelsrechtssachen, nur Arbeitsgerichtssachen zu behandeln. Er ist spezialisiert auf seinem Gebiet. Sein Fachwissen stärkt seine Autorität und gibt ihm Überlegenheit. Sicherlich hat auch der Anwalt Spezialgebiete. Doch bringt es schon das Wesen des Anwaltsberufes mit sich, daß er doch fast auf allen Rechtsgebieten tätig sein muß. Seine Stärke ist also eine etwas vielseitigere Kenntnis des Rechts.

Die Bedeutung der Stellung der *Partei* im Prozeß mag dadurch vermindert sein, daß sie sich durch einen Bevollmächtigten vertreten lassen kann, im Gerichtshofverfahren sich sogar vertreten lassen muß. Doch es ist sehr oft die Partei, die über den Prozeßgegenstand am besten informiert ist. So ist es häufig, daß sie auch bei neuen Prozeßsituationen sogleich ihrem Vertreter die nötigen Aufklärungen geben kann. Nicht selten wird bei der Vernehmung der Parteien durch ihre Angaben das Tatsachenbild wesentlich ergänzt und vervollständigt.

Der *Zeuge* ist es, der durch die Aussagen über seine eigenen Wahrnehmungen zur Feststellung des Sachverhaltes beitragen soll. In der Regel tritt er nicht allein als Zeuge auf. Es werden noch andere Zeugen vernommen. Die Angaben weichen sehr oft voneinander ab. Der Richter hat sich mit den Widersprüchen in den Aussagen auseinanderzusetzen und zu begründen, warum er den Ausführungen eines bestimmten Zeugen folgt.

Schließlich ist es der *Sachverständige*, der durch seine Fachkenntnisse beitragen soll, den Sachverhalt zu klären. Er ermöglicht es, Datenmaterial, dessen Erfassung Spezialkenntnisse voraussetzt, in verständlicher Weise auch dem Nichtfachmann zugänglich zu machen.

Es ist also bei einem Prozeß ein großer Kreis von Personen tätig, wobei jede eine bestimmte Funktion zu erfüllen hat.

1. Zivilrechtsfälle

E BG Innsbruck vom 14. 11. 1969 — 12 C 78/69 —

a) Rechtsfall 1: Der Schadenersatzanspruch

Rechtsnorm: § 1295 ABGB: Jedermann ist berechtigt, von dem Beschädiger den Ersatz des Schadens, welchen dieser ihm aus Verschulden zugefügt hat, zu fordern.

Sachverhalt: Ein Pkw-Fahrer nimmt einem anderen Pkw-Fahrer den Vorrang. Dieser macht eine Ausweichbewegung und fährt dabei mit seinem Kraftwagen auf einen anderen Pkw auf. Diese beiden Fahrzeuge werden beschädigt.

An einer Straßenkreuzung im Stadtgebiet streiten sich zwei Pkw-Fahrer. Der eine behauptet, der andere habe ihm den Vorrang genommen, weshalb er ausweichen mußte und dabei auf einen Pkw auffuhr. Der andere Kraftfahrer bestreitet, daß er in die Kreuzung bereits eingefahren war. Er behauptet, der Unfallsgegner sei wegen zu großer Geschwindigkeit ins Schleudern geraten, weshalb es zum Zusammenstoß kam. Er stellt entschieden ein Verschulden in Abrede.

Der geschädigte Kraftfahrer wendet sich an die gegnerische Versicherung. Diese besichtigt den Wagen und stellt den Schaden mit S 6500,—

fest. Sie lehnt aber eine Zahlung ab. Der Kraftfahrer sucht seinen Anwalt auf. Dieser bringt die Klage bei Gericht ein.

Es kommt also zum Prozeß. Der genaue Prozeßverlauf wird in einem Grundriß im Anhang dargestellt. Aus diesem geht hervor, wie die Schilderung des Unfallherganges in der Klage erfolgte und was der Beklagte alles vorbrachte. Es werden auch die Beweisergebnisse fast vollständig angeführt. Aus dem Grundriß kann man sich somit ein gründlicheres Bild machen, wie die Entscheidung zustande kam.

Die wichtigsten Punkte aus dem Prozeß werden hier in gedrängter Form zusammengefaßt. Dadurch soll die Lektüre dieser Studie erleichtert werden.

In der Klage schildert der Anwalt den Unfallhergang. Er behauptet, daß der Beklagte durch den Unfall sein rechtswidriges und schuldhaftes Verhalten herbeigeführt hat, indem er dem Kläger den Vorrang nahm. Er beschreibt den Schaden an der Stoßstange, Kühlerhaube und beiden Kotflügeln seines Wagens. Als Beweis für seine Behauptungen bietet er den Polizeiunfallbericht und Parteienvernehmung an. Er begehrt einen Schadensbetrag von S 6500,— und Kostenersatz.

Bei der Verhandlung bestreitet der Beklagtenvertreter das Klagevorbringen und beantragt die kostenpflichtige Klageabweisung. Er wendet ein, daß das alleinige Verschulden am Unfall den Kläger selbst treffe. Der Beklagte habe vor der Kreuzung vorschriftsmäßig angehalten. Die Versicherung habe nicht den Schaden mit S 6500,— festgesetzt.

Das Gericht faßt folgenden Beweisbeschluß: Einsicht in den polizeilichen Unfallbericht und Parteienvernehmung. Einsicht in die Rechnungen und Sachbefund zur Feststellung der Richtigkeit und Angemessenheit des begehrten Schadensbetrages. Das Gericht trägt der klagenden Partei die Aufschlüsselung der Schadensbeträge und die Vorlage der Belege binnen 14 Tagen auf.

Bei der nächsten Verhandlung hat der Kläger bei seiner Vernehmung als Partei Gelegenheit, den Unfall genau zu schildern. Er sei mit einer Geschwindigkeit von 40 km/h in die Kreuzung eingefahren. Plötzlich habe er das von rechts kommende Fahrzeug vor sich gesehen und eine Schnellbremsung vorgenommen, wobei es seinen Wagen nach links verriß. Er habe dann das Fahrzeug in die links einmündende Straße gelenkt und sei dort auf einen abgestellten Pkw aufgefahren. Als er dann zum Fahrzeug des Beklagten zurückkam, hatte dieser sein Fahrzeug bereits hinter der Fluchtlinie der abgewerteten Straße zurückgefahren. Auf die Frage des Beklagtenvertreters sagte er, daß er selbst nicht gesehen habe, daß der Beklagte zurückgefahren sei. Er müsse es aber annehmen.

Dargetan wird der Bericht des Verkehrsunfallkommandos, in dem eine zusammenfassende Darstellung der beiden Unfallbeteiligten enthalten ist, die im wesentlichen mit dem Klage- bzw. Beklagtenvorbringen übereinstimmt. Verlesen wird auch die vom Kläger gegenüber der Versicherung abgegebene Erklärung. Sie hat folgenden Wortlaut: „Ich beziffere meinen Schadensersatzanspruch mit S 6500,—. Es wird zur Kenntnis genommen, daß eine Entschädigungsleistung durch Sie erfolgt, sobald und insoweit die Haftung Ihres Versicherten grundsätzlich feststeht und geprüft ist, ob und inwieweit die Leistung in den Rahmen einer bestehenden Haftpflichtversicherung fällt."

Der Sachverständige gibt die Höhe des Schadens mit S 6880,40 an.

Das Gericht stellt fest, daß der Beklagte trotz ausgewiesener Ladung nicht erschienen ist. Es weist alle weiteren Beweisanträge ab und schließt die Verhandlung.

Das Gericht verurteilt den Beklagten zur Zahlung von S 6500,— an den Kläger und zum Kostenersatz.

Die vom Gericht getroffene Sachverhaltsdarstellung stimmt mit der Klageschilderung überein. Das Gericht setzt sich damit auseinander, warum es nicht den im Polizeibericht festgehaltenen Angaben des Beklagten, daß dieser noch vor der Kreuzung stehengeblieben war, glaubt. Der Kläger habe in seiner Parteienvernehmung richtig dargestellt, daß der Beklagte bereits eine halbe Wagenlänge in die bevorrangte Straße gefahren war. Diese Aussage sei unwiderlegt, weil der Beklagte trotz Ladung zur Parteieneinvernahme nicht erschienen war. Es bestünde auch kein vernünftiger Grund, warum der Kläger auf der geraden Fahrbahn eine Schnellbremsung vorgenommen hätte, wenn nicht der Pkw des Beklagten als Hindernis aufgetaucht wäre.

In der rechtlichen Beurteilung heißt es im Urteil: Durch die Mißachtung des Vorranges hat der Beklagte die Schnellbremsung des Klägers verursacht und verschuldet, wodurch dieser gegen das abgestellte Fahrzeug stieß. Der Beklagte ist daher zum Ersatz des Schadens verpflichtet.

Zum Rechtsfall 1

Die gesetzliche Bestimmung schafft nicht die Schadensgutmachung. Sie gibt dem Berechtigten nur die *Möglichkeit,* dieselbe zu erreichen.

Es wäre möglich, daß der Schädiger erklärt: Ich werde mich sogleich mit meiner Versicherung in Verbindung setzen, damit der Schaden geregelt werden kann. Dies ist aber nicht geschehen. Der Schädiger hat unmittelbar nach dem Unfall ein Verschulden entschieden in Abrede gestellt und behauptet, er habe seinen Wagen vorschriftsgemäß noch vor der Kreuzung angehalten.

Die Versicherung des Schädigers ließ zwar den beschädigten PKW durch ihren Sachverständigen besichtigen, lehnte aber eine Leistung ab. Auch die schriftliche Aufforderung des Anwalts des Geschädigten, die Entschädigung zu leisten, blieb unbeantwortet.

Somit war es auch nicht möglich, daß der Schaden aufgrund der Bemühung des Schädigers bzw. seines Anwaltes, die Gegenseite zur Zahlung zu bewegen, gutgemacht wurde.

Das Gesetz blieb toter Buchstabe. Es wurde nicht realisiert.

Der Geschädigte greift nun zu der letzten möglichen Chance, um seinen Rechtsanspruch zu verwirklichen. Er ruft den Rechtsstab an. Gerade in diesem Moment erkennt man den Zwangscharakter der Rechtsnorm. Bis zu diesem Augenblick ist noch kein grundlegender Unterschied zwischen dem Recht und den anderen Ordnungselementen der Gesellschaft festzustellen. Erst wenn auch von der Möglichkeit Gebrauch gemacht wird, durch den Rechtsstab die Verwirklichung der Norm zu erzwingen, offenbart sich die Besonderheit des Gesetzes. Aber die Befassung des Rechtsfalles durch den Rechtsstab setzt voraus, daß eine Initiative ergriffen, daß Kräfte aktiviert werden. In vielen Fällen genügt schon die Initiative, damit der Berechtigte die Wirklichkeit der Rechtsnorm erreicht. Es ist der Fall, wenn der Beklagte sich sofort dem Klagebegehren unterwirft, gegen sich ein Versäumungs- oder Anerkenntnisurteil ergehen läßt. Aber in der Regel wird der Kraft des Klägers, die auf Durchsetzung seines Rechtes gerichtet ist, die Kraft des Beklagten entgegenwirken, der dieses Ziel des Klägers vereiteln will. Nur dann, wenn es dem Kläger im Prozeß gelingt, das Gericht von der Gesetzesadäquanz zu überzeugen, kann sein Rechtsanspruch realisiert werden. Die Anrufung des Rechtsstabes ist für ihn nur die dritte und letzte Möglichkeit, sein Recht zu verwirklichen. Er wird dies nur erreichen, wenn das Gericht den von ihm behaupteten Sachverhalt und die daran geknüpften Rechtsfolgen bejaht.

Der Beklagte hatte das Klagevorbringen bestritten und behauptet, der Kläger hätte den Unfall selbst verschuldet.

Es sind nun zwei Versionen des Vorfalles. Der Richter hat darüber zu entscheiden. Zunächst muß er aber die Grundlage des Erkenntnisses schaffen und den Sachverhalt ermitteln. Er beschließt, welche Beweise zuzulassen sind. Die streitenden Parteien sind mit aller Kraft bestrebt, ihrer Ansicht zum Siege zu verhelfen. Der Richter hingegen ist bemüht, sich ein objektives Bild von dem gegenständlichen Geschehen zu machen, also zur Wahrheit vorzudringen. So kann er auch von Amts wegen Beweise aufnehmen. Dies hat er in diesem Rechtsfall auch getan, indem er, obwohl von keiner Seite beantragt, einen Sachverständigen aus dem Kraftfahrzeugwesen beizog. Der Richter wollte auch eine Klärung des eingetretenen Schadens. Daher trug er dem Klagevertreter auf, den Schadensbetrag aufzuschlüsseln und die bezüglichen Urkunden zu legen. Dem Richter bleibt es auch überlassen, zu entscheiden, ob der Sachverhalt genügend ermittelt ist. Als der Kläger vernommen worden war, der Sachverständige das Gutachten abgegeben hatte und die Urkunden dargetan worden waren, bestimmte der Richter, daß von der Vernehmung des nicht erschienenen Beklagten Abstand zu nehmen sei. Der Richter ist es auch, der die ersten Fragen an die zu vernehmenden Personen stellt. Die Anwälte können somit nur ergänzend Fragen stellen. Diese Möglichkeit sind sie bemüht zu nutzen. So stellte der Beklagtenvertreter an den Kläger die Frage, ob er gesehen habe, daß der Beklagte mit seinem PKW zurückgefahren ist. Dies hätte er gar nicht können, da er ja in seiner Blickrichtung vom Beklagten abgewandt war und er bei seinem aufregenden Ausweichmanöver gar nicht die Gelegenheit gehabt hätte, etwa in den Rückblickspiegel zu sehen. Der Kläger antwortete, er könne nur mit Bestimmtheit *annehmen*, daß der Beklagte zurückgefahren ist. Hätte er aber gesagt, er hätte es gesehen, wäre seine Glaubwürdigkeit erschüttert worden.

Es lagen widersprechende Beweisergebnisse vor. Der Beklagte hatte vor der Polizei angegeben, er sei noch vor der Kreuzung gestanden. Vor Gericht gab der Kläger an, der Beklagte sei schon mit halber Wagenlänge in die Kreuzung eingefahren und dann wieder zurückgefahren. Das Gericht hielt nun die Schilderung des Klägers für richtig und begründete dies vor allem damit, daß es sonst nicht erklärlich sein könnte, warum der Kläger eine Schnellbremsung und darauf die Abweichbewegung nach links unternahm.

Das Urteil ist das Ergebnis vieler Faktoren und Kräfte. Schon wie die Klage eingebracht wird, ist bedeutsam. Der in der Klage geschilderte Sachverhalt ist überhaupt der Ausgangspunkt des Prozesses. Wichtig ist, wie der Beklagte entgegnet, wie der Richter den Prozeß leitet sowie die weiteren Initiativen der Streitteile. Vor allem, was die Beweise ergeben und in diesem Zusammenhang die Glaubwürdigkeit der vernommenen Personen, die Schlüssigkeit der Gutachten sowie die Unbedenklichkeit der Urkunden sind für den Ausgang des Prozesses von Einfluß.

In diesem Rechtsfall stimmen die Tatsachenfeststellungen des Urteils mit dem in der Klage behaupteten Sachverhalt überein, wenn sie auch gründlicher und ausführlicher sind (es steht ja nun auch dem Gericht mehr Material zur Verfügung, um eine umfassendere Schilderung des Unfallherganges zu geben). Das Gericht spricht somit die begehrten Rechtsfolgen aus. Es liegt Normadäquanz vor.

Wenn man allerdings näher hinsieht, erkennt man, daß die erreichte Normwirklichkeit nicht vollkommen ist. Der Kläger war sich des Inhaltes der Erklärung nicht bewußt, als er den Vordruck der Versicherungsanstalt unterschrieben hatte. Er glaubte, daß bezüglich der Schadenshöhe eine beiderseitig verbindliche Regelung getroffen wurde. Tatsächlich hatte nur er mit S 6500,— den Schadensersatzanspruch begrenzt. So konnte er, als der gerichtliche Sachverständige den tatsächlich eingetretenen Schaden mit S 6880,40 bezifferte, das Klagebegehren auf diesen Betrag gar nicht ausdehnen; es stand die erwähnte Erklärung entgegen.

Die Zahlung aufgrund des Urteils erfolgte wohl innerhalb der vierzehntägigen Leistungsfrist, aber dies war erst eineinhalb Jahre nach Eintritt des Schadens, ein Jahr und einen Monat nach Einbringung der Klage. Somit wurde trotz Anrufens des Rechtsstabes die Rechtsverwirklichung sehr verzögert.

Das Urteil des Bezirksgerichts war in Rechtskraft erwachsen. Der Beklagte hätte immerhin die Möglichkeit gehabt, seine Nichteinvernahme als Partei als Verfahrensmangel zu rügen. Er hat sich aber dem Urteil unterworfen und damit auch die Annahme verstärkt, daß sein Vorbringen im Prozeß unrichtig war. Durch den Rechtsfall 1 sollte vor allem aufgezeigt werden, wie ein Urteil zustande kommt. Daher wurde dieser Rechtsfall absichtlich ohne Rechtsmittelverfahren gewählt. Bei den künftigen Rechtsfällen wird aber reichlich Gelegenheit geboten, sich mit dem Wechselspiel des Instanzenzuges zu befassen.

b) Rechtsfall 2: Die Besitzstörung

E BG Innsbruck vom 14. 4. 1969 — 15 C 858/69 —
E LG Innsbruck vom 14. 11. 1969 — 2 R 282/69 —

Rechtsnorm: § 339 ABGB: Der Besitz mag von was immer für einer Beschaffenheit sein, so ist niemand befugt, denselben eigenmächtig zu stören. Der Gestörte hat das Recht, die Untersagung des Eingriffes und den Ersatz des erweislichen Schadens gerichtlich zu fordern.

Sachverhalt: Die Hauseigentümerin ließ aus einem vermieteten Raum eine Tür samt Türstock herausreißen und die Fensterflügel der beiden Doppelfenster entfernen.

In einem Hause wurden Umbauarbeiten durchgeführt. Im Zuge dieser Arbeiten wurden aus einem Raum einer Mietwohnung die Tür und Türstock herausgerissen und die Fensterflügel der beiden Doppelfenster entfernt.

Die Mietpartei bringt durch ihren Anwalt die Besitzstörungsklage ein. Sie beantragt die Feststellung der Besitzstörung, die Wiederherstellung des früheren Zustandes. Sie begehrte auch, daß sich die Hauseigentümerin weiterer Störungen zu enthalten habe.

Bei der ersten Streitverhandlung erklärt der Klagevertreter, daß der Kläger inzwischen eine andere Wohnung im gleichen Hause bezogen hätte und schränkt das Klagebegehren auf Feststellung der erfolgten Störung ein.

Der Beklagtenvertreter gibt die erfolgte angebliche Besitzstörung zu. Der Kläger sei aber im Zeitpunkt der Störung nicht Mieter gewesen, da ihm der gegenständliche Raum nur prekaristisch überlassen worden war. Überdies sei er verpflichtet gewesen, noch vor dem Tag der Besitzstörung die bisherige Wohnung mit einer anderen im Hause zu tauschen. Mieter des gegenständlichen Raumes sei der Mann der Beklagten. Dieser und nicht die Beklagte habe die Störungshandlungen vorgenommen.

Es werden vier Zeugen vernommen und die Korrespondenz betreffend den Wohnungstausch dargetan.

Drei Zeugen bestätigen die erfolgte Besitzstörung. Der vierte Zeuge — es ist der Mann der Beklagten — sagt aus: Als ein Raum der Wohnung des Klägers ebenfalls durch die Umbauarbeiten unbewohnbar wurde, erhielt er als Ersatz das gegenständliche Zimmer, und zwar auf jederzeitigen Widerruf. Schon längst hätte der Kläger, wie vereinbart, die Tauschwohnung beziehen müssen. Das Haus gehörte ursprünglich meinen Schwiegereltern. Ich hatte vorher eine Wohnung bestehend aus zwei Zimmern gemietet. Eines dieser Zimmer ist der streitgegenständliche Raum. Ich bin nach wie vor Mieter dieser Wohnung und zahle einen Zins hierfür.

Das Gericht nimmt den vom Kläger behaupteten Sachverhalt als gegeben an. Es setzt sich vor allem mit dem Einwand der Beklagten auseinander, daß der Kläger im Zeitpunkt der Besitzstörung nicht Mieter des gegenständlichen Raumes war. Diesen Raum hatte der Kläger als Ersatz dafür bekommen, weil der frühere Schlafraum ebenfalls durch Umbauarbeiten unbewohnbar geworden war. Man kann jetzt nicht davon sprechen, daß dieser Raum nur prekaristisch zum Abstellen von Schlafzimmermöbeln überlassen wurde. Die Mietrechte des Klägers, der im Zuge der Maurerarbeiten sein Schlafzimmer verloren hat, sind auf dieses Zimmer übergegangen, das er in der Folge bewohnt hat. Man kann im Ernst wohl nicht behaupten, der Kläger hätte einen wesentlichen Teil des Bestandsobjektes ohne einen gleichwertigen Ersatz in Form eines anderen Zimmers aufgegeben. Der Kläger war daher im ruhigen Besitz von Mietrechten an jenem Zimmer, in welchem die Störungshandlungen, die unbestritten sind, gesetzt wurden. Die Einwendung der Beklagten, wonach nicht sie, sondern ihr

Mann die Störungshandlung gesetzt habe, ist nicht richtig. Die Änderungen an jenem Raum wurden nämlich im Zuge der Umbauarbeiten am gesamten Haus durchgeführt.

Die Frage, ob der Kläger bereits eine andere Wohnung hätte beziehen sollen, ist unwesentlich. Wesentlich ist, daß der Kläger am Tage der Störungshandlungen Mieter und damit Rechtsbesitzer der Wohnung war.

Unerheblich ist auch die Frage, ob der Mann der Beklagten Mieter des gegenständlichen Zimmers war. Die Überlassung des streitgegenständlichen Zimmers anstelle des früheren Raumes geschah offensichtlich mit Wissen und Willen der Beklagten. Der Mann der Beklagten hat, als das Zimmer dem Kläger überlassen wurde, seine daran allenfalls bestehenden Mietrechte zumindest vorübergehend aufgegeben.

Mit dieser Feststellung verbindet das Gericht als rechtliche Folge den Ausspruch, daß eine Besitzstörung erfolgt war.

Gegen den Endbeschluß des Bezirksgerichts richtet der Beklagtenvertreter einen Rekurs an das Landesgericht. Er führt aus, daß der Mann der Beklagten, der Mieter des gegenständlichen Raumes ist, gar nicht berechtigt gewesen wäre, dem Kläger ein Mietrecht einzuräumen. Er hätte es auch mit Rücksicht darauf, daß er ja Mieter dieses Raumes ist, sicherlich nicht getan. Auch die übrigen drei schon bekannten Einwände wurden nochmals geltend gemacht. Schließlich bemerkt der Rekurswerber: Voraussetzung der erfolgreichen Besitzstörungsklage ist das Bewußtsein des Störers, daß er überhaupt in das Gebiet fremden Besitzes eingreift. Die Beklagte und ihr Mann waren zumindest subjektiv der Ansicht, daß dem Kläger keinesfalls ein Mietrecht eingeräumt worden ist, sondern diesem nur prekaristisch gestattet worden ist, die Schlafzimmermöbel einzustellen.

Das Rekursgericht gibt dem Rechtsmittel Folge und weist das Klagebegehren zurück. Die zweite Instanz gibt dem Beschluß folgende Begründung:

Der Rekurs der beklagten Partei ist im Ergebnis berechtigt. Der Rechtsgrund der Besitzstörungsklage liegt im Recht des Gestörten, jeden eigenmächtigen Eingriff in seinen Besitz zu untersagen. Sinn und Zweck der Besitzstörungsklage ist also Schutz und Wiederherstellung des letzten ruhigen Besitzstandes. Dementsprechend ist das Begehren bei Klagen wegen gestörten Besitzes auf Wiederherstellung des durch den widerrechtlichen Eingriff veränderten Zustandes und auf Untersagung fernerer Störung gerichtet (§ 454 ZPO). Das Klagebegehren lediglich auf Feststellung der erfolgten Störung ist im Besitzstörungsverfahren unzulässig. Da sich das eingeschränkte Klagebegehren nur mehr auf Feststellung der erfolgten Störung richtet, war dasselbe aus diesem Grunde als unzulässig zurückzuweisen.

Zum Rechtsfall 2

Der Kläger sah seinen Besitzstand gestört. Er begehrte daher die Feststellung der Störung sowie die Untersagung weiterer Störungen und die Wiederherstellung des früheren Zustandes.

Da er zwischen Einbringung der Klage und erster Streitverhandlung aus der bisherigen Wohnung ausgezogen war, hatte das Begehren, daß der Beklagte weitere Störungen unterläßt und den früheren Zustand wiederherstellt, für ihn keinen Sinn mehr. Er hatte ja nicht mehr den Besitz an dem gegenständlichen Raum inne. Er schränkte daher sein Begehren auf die Feststellung der Störung des Besitzes ein.

Im Gegensatz zu dem Beklagtenvertreter im Rechtsfall 1, der in seiner Bestreitung nur die Angaben des Beklagten verwendete, die dieser vor der Polizei gemacht hatte, entwickelte der Beklagtenvertreter im Rechtsfall 2 eine größere Aktivität. Er brachte eine Reihe von Einwendungen vor: Der gegenständliche Raum sei dem Kläger nur prekaristisch als Abstellraum zur Verfügung gestellt worden; der Kläger wäre aufgrund einer Vereinbarung verpflichtet gewesen, in eine andere Wohnung umzuziehen; nicht die Beklagte, sondern deren Mann hätte die angebliche Besitzstörungshandlung vorgenommen; der Mann der Beklagten sei Mieter des gegenständlichen Zimmers.

Nach dem durchgeführten Beweisverfahren wies das Gericht alle Einwände der Beklagten ab. Der gegenständliche Raum sei dem Kläger, nachdem ein zum Mietgegenstand gehöriger Raum im Zuge der Umbauarbeiten unbewohnbar wurde, als dessen Ersatz überlassen worden. Der Kläger sei Mieter und nicht bloß Prekarist dieses Zimmers geworden, das er auch bewohnt habe. Ob der Kläger schon vor dem Besitzstörungstag verpflichtet gewesen war, in eine andere Wohnung umzuziehen, sei unbeachtlich, weil der Kläger noch immer Rechtsbesitzer der bisherigen Wohnung war. Auch der Einwand, daß die Störungshandlung nicht von der Beklagten, sondern von ihrem Mann vorgenommen wurde, ließ das Gericht nicht gelten. Die Störung erfolgte nämlich im Zuge der Umbauarbeiten am ganzen Haus. Schließlich wies das Gericht den Einwand zurück, daß der Mann der Beklagten Mieter des südwestlichen Zimmers war und dies somit nicht der Kläger sein konnte. Nach Ansicht des Gerichts hatte der Mann der Beklagten, sollte er wirklich Mieter gewesen sein, sein Mietrecht vorübergehend aufgegeben.

Da das Gericht die begehrte Feststellung aussprach, war für den Kläger Gesetzesadäquanz eingetreten: Mit dem erfolgten Eindringen in das Zimmer ist der Anspruch auf Feststellung einer Besitzstörung gegeben.

Der Beklagtenvertreter im Rechtsfall 1 hätte gegen das Urteil der ersten Instanz Berufung erheben und entweder unrichtige Beweiswürdigung, unrichtige Tatsachenfeststellung, Mangelhaftigkeit des Verfahrens oder unrichtige rechtliche Beurteilung geltend machen können. Da er aber kein Rechtsmittel eingelegt hatte, wurde das Urteil rechtskräftig.

Anders war es im Rechtsfall 2. Die Beklagte machte durch ihren Vertreter von der Möglichkeit Gebrauch, den Endbeschluß zu bekämpfen. Der Beklagtenvertreter erhob Rekurs und machte vor allem geltend, daß der Kläger entgegen der Ansicht des Erstrichters nicht Mieter des gegenständlichen Raumes war, er es vielmehr nur prekaristisch verwendete. Keinesfalls seien jedoch die Beklagte und deren Mann subjektiv der Meinung gewesen, daß der Kläger Mieter des gegenständlichen Zimmers war.

Es wurde also von der Beklagtenseite im Rekurs unrichtige rechtliche Beurteilung geltend gemacht und behauptet, der Besitz sei unecht, zumindest habe dies die Beklagtenseite annehmen müssen.

Das Rekursgericht gab dem Rekurs Folge, aber aus einem ganz anderen Grunde. Es behauptete nicht etwa, es liege ein Prekarium vor. Es sagte auch nicht, daß die Beklagtenseite annehmen mußte, daß der Besitz des Klägers unecht war. Es bezweifelte auch nicht die Besitzstörung. Es vertrat vielmehr die Ansicht, daß die begehrte Rechtsfolge, die Feststellung der erfolgten Besitzstörung, nicht ausgesprochen werden könne, weil eine andere gesetzliche Bestimmung dagegen spreche. Mit der Einschränkung des Klagebegehrens auf bloße Feststellung der Besitzstörung könne eine Besitzstörungsklage nicht zum Erfolg führen, da nach § 454 (1) ZPO eine solche nur auf den Schutz (Untersagung weiterer Störung) und auf die Wiederherstellung des letzten Besitzstandes gerichtet werden kann.

Es steht somit der Gesetzesadäquanz des erstrichterlichen Endbeschlusses die Gesetzesinadäquanz des Rekursbeschlusses gegenüber. In beiden Fällen wird der behauptete Tatbestand, das Eindringen in den Raum bejaht. Das Erstgericht verknüpft mit diesem Sachverhalt die Rechtsfolge, das Rekursgericht verneint sie.

Es wäre die Aufgabe der Rechtsdogmatik festzustellen, ob etwa doch die Rechtsauslegung des Erstgerichts richtig ist. Man könnte sagen, nach § 339 ABGB ist niemand befugt, den Besitz eines anderen zu stören. Allein schon daraus ergäbe sich das Klagerecht.

Dies ist aber keine rechtssoziologische Aufgabe. Für die Studie soll gelten, was *Geiger* in den „Vorstudien" gesagt hat: „Hier aber ist nur vom wirklich gehandhabten Recht die Rede, ohne Frage danach, wie ‚richtig‘ oder ‚falsch‘, ‚gut‘ oder ‚schlecht‘ es sei . . .“[2].

Es sollen in dieser Studie Rechtstatsachen berichtet werden. So soll im Rechtsfall 2 die Tatsache aufgezeigt werden, daß ein Umstand, der von keinem mit der Rechtssache befaßten Juristen in erster Instanz erkannt worden war und auch nicht vom Beklagtenvertreter im Rekurs geltend gemacht wurde, von der zweiten Instanz aufgegriffen wird. Es soll demonstriert werden, daß dieser Umstand prozeßentscheidend wurde und zur Aufhebung der Gesetzesadäquanz führte.

c) Rechtsfall 3: Die Räumungsklage

E BG Innsbruck, 23. 3. 1960 — 5 C 44/60 —
E LG Innsbruck, 12. 7. 1960 — 2 R 286/60 —
E OGH 29. 9. 1960 — 1 Ob 314/60 —

Rechtsnorm: Wer ohne Rechtstitel eine Wohnung benutzt, kann vom Eigentümer zur Räumung verhalten werden (direkte Ableitung aus § 354 2. Fall ABGB).

Sachverhalt: Der Hauptmieter hatte seine Wohnung verlassen. Sein Sohn und dessen Familie waren in der Wohnung zurückgeblieben.

Einem jungen Familienvater wird vom Gericht eine Räumungsklage zugestellt. Er soll binnen 14 Tagen den Hauseigentümerinnen die Wohnung geräumt überlassen. Das ist jedenfalls ein Grund, zu einem Anwalt zu gehen. Eine Wohnung, die Existenzgrundlage für eine ganze Familie steht auf dem Spiel.

Der Anwalt studiert die Klage. Der Vormieter ist in eine neue Wohnung gezogen und hatte seinem Sohn, dem Beklagten also, die bisherige Wohnung überlassen. Der Sohn sei nun ohne Rechtstitel in der Wohnung und daher zur Räumung verpflichtet.

Der Anwalt sieht sich einige Gesetzesstellen an und sagt: „Sie haben Aussichten, die Wohnung zu behalten. Sie müssen um diese Wohnung kämpfen!“

Was den genauen Prozeßverlauf anbelangt, verweise ich auf den Grundriß. Ich will hier aus dem umfangreichen Aktenmaterial einige Momente herausgreifen.

Bei der Verhandlung bringt der Anwalt vor, daß der Beklagte schon vor 14 Jahren in die Wohnung seines Vaters gezogen war und seither mit diesem im gemeinsamen Haushalt lebte. Er sei nur im vorletzten

---

[2] *Theodor Geiger*, Vorstudien zu einer Soziologie des Rechts, 1964, S. 188.

Jahr einige Monate beruflich abwesend gewesen. Als Zeugen führt er den Vater, die Ehegattin sowie den Lohnbuchhalter seiner Firma an.

Die Gegenseite bietet den Hausverwalter und die Eigentümerin des Hauses an, in dem sich die Familie des Beklagten vor zwei Jahren aufgehalten hatte.

Der Hausverwalter wußte nur sehr wenig. Er konnte nur von dem Brief eine Aussage machen, in dem der Kläger mitteilte, daß er nunmehr die Mietrechte beanspruche. Die Frau, der Vater und der Lohnbuchhalter gaben an, daß der Beklagte vor zwei Jahren nur aus beruflichen Gründen abwesend war, der Vater überdies, daß sein Sohn bereits 14 Jahre mit ihm im gemeinsamen Haushalt gelebt hatte. Die Hauseigentümerin, bei der der Beklagte vor zwei Jahren gewohnt hatte, gab an, daß sein Aufenthalt nur vorübergehend gedacht war.

Das Gericht sah nun einen gemeinsamen Haushalt zwischen dem Beklagten und dem Vormieter in den letzten zwei Jahren gegeben. Dieser gemeinsame Haushalt war nur im vorletzten Jahr aus zwingenden beruflichen Gründen unterbrochen. Somit ist gemäß § 19 (2) Z 10 MietG das Mietrecht auf den Beklagten übergegangen. Da somit der Beklagte Mieter ist, liegt keine titellose Benützung der Wohnung vor, weshalb das Klagebegehren abzuweisen ist.

Gegen dieses Urteil haben die Klägerinnen durch ihren Anwalt die Berufung eingebracht. Sie machten geltend, daß die Beweise nicht richtig gewürdigt wurden und das Gericht zu der unrichtigen Feststellung gelangte, daß der Beklagte und der Vormieter in den letzten beiden Jahren im gemeinsamen Haushalt lebten. Im Rahmen der Rechtsrüge machten sie geltend, daß ein Eintrittsrecht gemäß § 19 (2) Z 10 MietG nicht vorlag.

Das Berufungsgericht hielt die vom Erstgericht getroffenen Feststellungen für unzureichend. Es nahm eine Beweisergänzung durch nochmalige Vernehmung des Vaters und der Frau des Beklagten als Zeugen vor. Das Berufungsgericht traf die Feststellung, daß in den letzten beiden Jahren ein gemeinsamer Haushalt nicht vorlag. Eine berufliche Unterbrechung könne nicht berücksichtigt werden. Somit sind die Voraussetzungen eines Mietrechtübergangs nach § 19 (2) Z 10 MietG nicht gegeben. Der Beklagte benützt titellos die Wohnung, weshalb das Räumungsbegehren gerechtfertigt ist.

Der Beklagte war fest entschlossen, das Urteil zu bekämpfen. Spontan erklärte er nach der Berufungsverhandlung seinem Anwalt, das Urteil müsse auf alle Fälle angefochten werden.

In der Revision an den Obersten Gerichtshof hielt der Beklagtenvertreter an der Rechtsauffassung fest, daß eine Abwesenheit aus zwingenden beruflichen Gründen sehr wohl zu beachten sei und somit ein Übergang des Mietrechts erfolgt sei. Er gab sich sehr viel Mühe bei der Begründung dieser Rechtsauffassung. Nur am Rande bemerkte er, daß der Vater des Beklagten nie ausdrücklich auf die Mietrechte an der gegenständlichen Wohnung verzichtet habe und daher kein titelloser Gebrauch vorliegt. Der Oberste Gerichtshof verwarf die Rechtsauffassung, daß beruflich bedingte Abwesenheit zu berücksichtigen sei. Der OGH verneinte somit wie das Berufungsgericht einen gemeinsamen Haushalt. Der Oberste Gerichtshof teilte aber die nur nebenbei geäußerte Rechtsauffassung des Beklagtenvertreters, wonach Verzicht des Mietrechtes durch den Beklagten überhaupt nicht erfolgt sei. Es sei daher eine Räumung verfehlt. In diesem Falle könnte nur eine Kündigung nach § 19 (2) Z 10 MietG zu einem Erfolg führen. Da aber eine solche nicht eingebracht wurde, müsse das Begehren auf Räumung abgewiesen werden.

Zum Rechtsfall 3

Zunächst muß für einen Nichtjuristen und für den nichtösterreichischen Juristen bemerkt werden, daß das Eintrittsrecht nach § 19 (2) Z 10 MietG a F folgendes besagt: Wenn der Mieter die Wohnung verläßt und an bestimmte nahe Angehörige überläßt, diese in die Mietrechte eintreten, falls sie die letzten zwei Jahre mit dem Mieter im gemeinsamen Haushalt gelebt haben.

Die Klageseite hatte sofort in der Klage an diese Bestimmung gedacht, aber behauptet, daß dies nicht zutreffe.

Der Beklagte hatte dieses Eintrittsrecht behauptet und ausgeführt, daß der hierzu notwendige gemeinsame Haushalt nur durch dringend berufliche Gründe unterbrochen worden wäre.

Auffallend war, daß alle Zeugen, auch die vom Kläger angebotenen, für den Beklagten günstig aussagten. Es brauchte sich der Erstrichter auch mit keinen Widersprüchen auseinanderzusetzen. Lediglich ein Teil der Angaben des Vaters des Beklagten, die dieser vor der zweiten Instanz machte, standen mit anderen Aussagen im Widerspruch. Das Berufungsgericht begründete ausführlich, warum es nicht allen Angaben des Zeugen folgen könne.

Im Rechtsfall 1 hatte das Gericht die Parteieneinvernahme beschlossen, denn es war darauf angewiesen. Allerdings sah es dann von der Einvernahme des Beklagten ab, als dieser nicht erschienen war. Es war der Meinung, daß durch die Einvernahme des Klägers der Sachverhalt genügend geklärt sei. Im Rechtsfall 2 konnte keine Parteienvernehmung vorgenommen werden, weil eine solche als Beweisführung in Besitzstörungsprozessen gemäß § 457 (2) ZPO ausgeschlossen ist. Im

Rechtsfall 3 legte der Richter den Parteien nahe, auf die Parteienvernehmung zu verzichten, was diese dann auch taten.

In diesem Rechtsfall sieht man, wie sehr das Ergebnis der Instanzen wechseln kann. Der Norminadäquanz folgt Normadäquanz und schließlich wird wiederum Norminadäquanz ausgesprochen. Doch sind die Urteile erster und zweiter Instanz nicht gleichlautend. Das Erstgericht nahm an, daß der Beklagte Hauptmieter geworden sei und deutete nur an, daß ein Verzicht des Vaters des Beklagten auf die Wohnung nicht vorliege. Der OGH verneinte das Mietrecht des Beklagten und wies das Klagebegehren nur wegen des mangelnden Verzichts des Vaters auf die Wohnung ab.

Man sieht auch, daß sich das Berufungsgericht nicht mit der Feststellung des Erstgerichts begnügen muß. Es kann auch selbst Feststellungen treffen. Zuvor hat es weitere Beweise aufgenommen. Aufgrund der neuen Feststellung zog es dann auch andere rechtliche Folgen.

Schließlich sieht man, wie sehr die Rechtsauffassungen verschieden sind: Die erste Instanz nimmt einen Übergang von Mietrechten an. Die zweite Instanz verneint einen solchen. Die dritte Instanz sieht ein Fortbestehen des bisherigen Mietverhältnisses.

War im Rechtsfall 2 mit dem Auszug des Klägers aus dem streitgegenständlichen Raum eine Rechtsdurchsetzung überhaupt nicht mehr möglich, so war im Rechtsfall 3 die Durchsetzung des Rechts bei dem gegebenen Sachverhalt ohne weiteres möglich, aber nicht mit Räumungsklage, sondern mit Kündigung. Es ist hier ein Fall gegeben, der zeigt, daß *ein materiellrechtlicher Anspruch durch ein formalrechtlich unrichtiges Vorgehen nicht durchgesetzt werden konnte.*

Studiert man den Grundriß, so erkennt man wohl alle für den Juristen bedeutungsvollen Momente im Prozeß. Doch der Akteninhalt kann noch lange nicht alles sagen, was tatsächlich für den Rechtsstreit von Bedeutung ist.

Die Schriftstücke, Protokolle, Erkenntnisse sagen z. B. nichts über die Motive der streitenden Parteien.

Warum brachten die Eigentümerinnen die Klage ein?

Sie hatten ein wirtschaftliches Interesse. Vom Beklagten konnten sie nur einen Zins von monatlich S 120 wie bisher erwarten. Bei einem Freiwerden der Zweieinhalb-Zimmer-Wohnung könnten sie aber einen Mietzins von monatlich S 1800 erzielen.

Es war daher ein wirtschaftliches Moment, daß die Hauseigentümerinnen den Prozeß anstrengten und das Risiko von einigen Tausenden Schillingen auf sich nahmen.

Warum ließ sich der Beklagte in den Prozeß ein und führte ihn schließlich bis zur letzten Instanz?

Dem Beklagten ging es um die Wohnung. Eine Wohnung bei gleicher Zinshöhe war für ihn nicht zu bekommen. Er nahm daher das Prozeßrisiko auf sich, auch wenn er der wirtschaftlich Schwächere war und ihn der Prozeßkostenersatz im Falle eines Unterliegens härter traf als die finanziell gut situierten Hauseigentümerinnen.

Es ist daher verständlich, daß die Klägerinnen das erste Urteil nicht in Rechtskraft erwachsen ließen, sondern die Berufung erhoben. Es ist verständlich, daß der Beklagte sofort nach dem Urteil der zweiten Instanz erklärte: „Ich lasse es weitergehen!"

Man sieht also, wieviel für beide Teile vom Prozeß abhing und dieser Prozeß daher von beiden Teilen entsprechend aktiv geführt wurde. Daher die Erschöpfung des Instanzenzuges.

Anders war dies im Rechtsfall 1. Hier lag die Aktivität beim Kläger. Er wollte seinen Schaden ersetzt bekommen. Der Beklagte selbst war wenig interessiert am Ausgang des Prozesses. Wenn etwas zu zahlen war, mußte die Versicherung herhalten. Der Beklagte war nicht einmal zur Verhandlung erschienen. Es kam auch nicht zu einer Berufung.

Im Rechtsfall 2 hatte der Kläger anfänglich ein großes Interesse, da er den früheren Zustand wiederhergestellt haben wollte. Aber schon vor der ersten Verhandlung war das Interesse am Prozeß vermindert, da er ja gar nicht mehr Mieter des gegenständlichen Raumes war und er eine andere Wohnung bezogen hatte. Die Aktivität auf der Beklagtenseite war bedeutend größer.

Seit Einbringung der Klage bis Zustellung des oberstgerichtlichen Urteils vergingen im Rechtsfall 3 11 Monate.

d) Rechtsfall 4: Die irrtümliche Zahlung

E LG Innsbruck, 17. 11. 1966 — 5 Cg 588/69 —
E OLG Innsbruck, 17. 3. 1966 — 2 R 24/67 —
E OGH 14. 6. 1967 — 5 Ob 115/67 —

Rechtsnorm: § 1431 ABGB: Wenn jemandem aus einem Irrtum, wäre es auch ein Rechtsirrtum, eine Sache geleistet wurde, wozu er gegen den Leistenden kein Recht hat, so kann die Sache zurückgefordert werden.

Sachverhalt: Eine Mieterin hatte dem Vermieter 27 Monate hindurch statt des gesetzlichen Mietzinses samt Betriebskosten von S 10 850,48 S 40 022,—, somit S 29 171,52 zuviel bezahlt.

Vertragstreue kann dann nicht begehrt werden, wenn in einem Vertrag etwas vereinbart wurde, was gesetzwidrig ist.

Durch einen Beamten der Landesregierung erfährt eine Frau, daß der für ihre Zwei-Zimmer-Wohnung zu bezahlende Mietzins von S 1620 samt Betriebskosten zu hoch ist.

Sie ist Mieterin einer mit Mitteln des Wohnhauswiederaufbaufonds errichteten Wohnung. Für diese kann der Zins nur in einer Höhe vereinbart werden, der den Bestimmungen des Wohnhauswiederaufbaugesetzes entspricht.

Die Frau wendet sich an den Stadtmagistrat. Dieser setzt den Zins mit S 402,24 einschließlich Betriebskosten fest.

Die Frau fordert nun den Wohnungseigentümer auf, für 27 Monate den zuviel bezahlten Zins zurückzuzahlen, also einen Betrag von S 29.171.52. Er läßt durch seinen Anwalt mitteilen, daß er nicht bereit sei, den Betrag zu zahlen. Die Frau bringt die Klage ein.

Im Prozeß wendet der Beklagtenvertreter ein: Die Klägerin hat keinen Anspruch auf Rückzahlung, weil zwischen den Parteien eine zulässige freie Zinsvereinbarung nach § 16 (2) MietG zustande gekommen sei. Es liegt Verjährung vor. Bei der Klageeinbringung ist die dreimonatige Frist des § 17 (2) MietG hinsichtlich des Rückforderungsanspruches verstrichen gewesen. Durch die am Haus angebrachte Kupfertafel hatte die Klägerin davon Kenntnis, daß es sich um eine mit Fondsmitteln geförderte Wohnung handelte. Wenn die Mietzinsvereinbarung ungültig ist, ist der gesamte Vertrag ungültig. Aus dem ungültigen Vertrag kann daher kein Forderungsanspruch abgeleitet werden.

Beweise wurden aufgenommen durch Einsicht in den Akt des Stadtmagistrates und den Mietvertrag sowie durch Vernehmung des Mannes der Klägerin als Zeuge und der Klägerin und des Beklagten als Parteien.

Die Klägerin und deren Mann sagen aus, daß es ihr bei Vertragsabschluß nicht bewußt war, daß ein zu hoher Mietzins vereinbart wurde. Die am Haus angebrachte Kupfertafel bezüglich der Wohnbauförderung sei der Klägerin nicht weiter aufgefallen. Jedenfalls habe sie daraus nicht entnehmen können, daß eine Mietzinsbeschränkung besteht.

Der Beklagte sagt aus, daß bei Abschluß des Mietvertrages nicht davon gesprochen wurde, daß es sich um eine Wiederaufbauwohnung handle.

Das Gericht gibt dem Klagebegehren statt. Es trifft folgende Sachverhaltsdarstellung: Die Klägerin erfuhr beim Vertragsabschluß nicht, daß sie eine mit Mitteln des Wohnhauswiederaufbaufonds geförderte Wohnung miete. Auch in der Folge blieb sie zunächst in Unkenntnis dieses Umstandes. Insbesondere wußte die Klägerin nicht, was die im Hause angebrachte Kupfertafel mit der Aufschrift, daß das Haus vom Bundesminister für Finanzen errichtet wurde, besagen sollte. Aus der Beschriftung dieser Tafel war keinesfalls zwingend darauf zu schließen, daß die Wohnung der Klägerin eine mit Mitteln des Wohnhauswiederaufbaufonds errichtete Wohnung sei. Erst dreiviertel Jahre vor Einbringung der Klage erfuhr sie davon, daß sie einen zu hohen Zins zahle. Die Klägerin wollte vom Anfang ihres Mietverhältnisses an nicht mehr bezahlen, als sie nach dem Gesetz bezahlen mußte.

Das Gericht kommt zur folgenden rechtlichen Beurteilung: Bei einem mit Mitteln des Wohnhauswiederaufbaufonds errichteten Objekt hat die Mietzinsbildung nach den Beschränkungen des § 15 WWG zu erfolgen. Eine freie Mietzinsvereinbarung nach § 16 (2) Z 1 MietG kommt nicht in Betracht, weil dies voraussetzt, daß eine Wohnung vor dem Ablauf von 4 Monaten nach der Räumung durch den früheren Mieter wieder vermietet werde. Eine Räumung durch den früheren Mieter hat nicht stattgefunden, weil die Klägerin die erste Mieterin ist. Auch eine freie Mietzinsvereinbarung nach Z 2 des § 16 (2) MietG ist nicht gegeben, weil die Mietzinsvereinbarung nicht nach einer Dauer von einem halben Jahr, sondern vor Beginn des Bestandvertrages geschlossen wurde. Eine Verjährung des Rückforderungsanspruches liegt nicht vor, weil die im § 17 (2) MietG festgesetzte Verjährungsfrist von 3 Monaten dann nicht zur Anwendung gelangt, wenn die Zahlung des das gesetzliche Ausmaß übersteigenden Mietzinses auf einem Irrtum beruht. Die Klägerin hat bis vor dreiviertel Jahren nicht gewußt, daß der vereinbarte Mietzins das gesetzlich zulässige Ausmaß übersteigt. Sie ist nie gewillt gewesen, freiwillig einen höheren Mietzins als unbedingt notwendig zu bezahlen. Was irrtümlich zuviel geleistet worden ist, kann nach den Bestimmungen der §§ 1431 und 1479 ABGB innerhalb von 30 Jahren zurückgefordert werden. Selbst eine Verjährung nach § 1487 ABGB ist mangels Ablaufes der Frist von drei Jahren nicht gegeben.

Der Beklagtenvertreter bringt gegen dieses Urteil die Berufung ein. Wegen Nichtvornahme des Augenscheines bzgl. der Wiederaufbaufonds-Kupfertafel macht er Mangelhaftigkeit des Verfahrens geltend. In seiner Rechtsrüge verharrt er auf die schon zu Beginn des Prozesses vorgebrachten Rechtsauffassungen: Es liegt eine freie Mietzinsvereinbarung vor. Der Rückforderungsanspruch ist verjährt. Ist die Zinsvereinbarung ungültig, so müßte es auch der ganze Vertrag sein; aus einem ungültigen Vertrag können aber keine Forderungen geltend gemacht werden.

Das Oberlandesgericht gibt der Berufung keine Folge. Es sieht eine Mangelhaftigkeit nicht gegeben, da sich aus dem Wortlaut der Kupfertafel keine Inhaltspunkte für die Mietzinsbildung ergeben können. Es übernimmt die Feststellungen des Erstgerichts. Es teilt auch die Rechtsauffassungen des Erstgerichts, daß die Mietzinsbildung in diesem Fall nach § 15 WWG zu erfolgen habe. Eine freie Mietzinsbildung liege nicht vor, desgleichen auch keine Verjährung. Auf die Frage der Ungültigkeit des gesamten Vertrages geht das Berufungsgericht genauso wie das Erstgericht überhaupt nicht ein.

Der Beklagtenvertreter wendet sich nun mit einer Rechtsrüge an den Obersten Gerichtshof. Wiederum sind es die schon bekannten drei Rechtsauffassungen, mit denen er nun vor dem Höchstgericht durchdringen will.

Der Oberste Gerichtshof verwirft die Revision. Seiner Ansicht nach hat die Mietzinsbildung nach § 15 (9) WWG zu erfolgen. Damit erübrigt sich auch zu prüfen, ob die Voraussetzungen einer freien Mietzinsbildung vorliegen. In Übereinstimmung zu den Untergerichten vertritt der OGH die Auffassung, daß eine Verjährung nicht vorliegt. Zu dem dritten Einwand der Beklagtenseite erklärt der Oberste Gerichtshof: Daß der zwischen den Streitteilen geschlossene Mietvertrag nicht in seiner Gesamtheit etwa absolut nichtig ist, entspricht der herrschenden Rechtsprechung (MGA ABGB 27. Auflage S. 604, die unter Nr. 30 angeführte Judikatur). Danach macht eine unzulässige Zinsvereinbarung nicht den ganzen Vertrag, sondern nur die Zinsvereinbarung, soweit sie dem Gesetz widerspricht, ungültig.

Zum Rechtsfall 4

Der eingeklagte Betrag überstieg S 15 000,—. Es war daher in erster Instanz nicht das Bezirksgericht, sondern das Landesgericht zuständig.

Für das Gerichtshofverfahren gelten abweichende Bestimmungen:

Es besteht grundsätzlich Anwaltszwang (nur bei ersten Tagsatzungen, in Ehescheidungsprozessen, bei denen nicht über den Unterhalt zu entscheiden ist, sowie bei Prozeßhandlungen vor ersuchten oder beauftragten Richtern besteht kein Anwaltszwang). In dieser Studie wirkt sich dieser Unterschied überhaupt nicht aus, da in den bezirksgerichtlichen Fällen 1 bis 3 sowohl der Kläger als die Beklagten durch Anwälte vertreten sind, und zwar schon in erster Instanz (im Rechtsmittelverfahren allerdings besteht auch im bezirksgerichtlichen Verfahren Anwaltszwang).

Im bezirksgerichtlichen Verfahren entgegnet der Beklagte bei der Streitverhandlung. Im Gerichtshofverfahren wird dem Beklagten eine Frist bis zu vier Wochen erteilt, bis zu der er bei sonstigen Säumnisfolgen eine Klagebeantwortung schriftlich einzubringen hat. In dieser bestreitet die beklagte Partei den Klageanspruch und führt die Tatsachen an, auf die sich ihre Einwendungen stützen. Für ihre tatsächlichen Behauptungen bietet sie die Beweise an.

Der Instanzenzug geht an das Oberlandesgericht, das wie das landesgerichtliche Berufungsgericht in einem Senat von drei Richtern entscheidet. Die dritte Instanz ist ebenfalls der Oberste Gerichtshof.

Ist im bezirksgerichtlichen Verfahren bei gleichlautenden Urteilen die Anrufung des Obersten Gerichtshofes nicht möglich (nur in Mietenprozessen, wenn das Landesgericht als Berufungsgericht ausspricht, daß der Streitwert S 15 000,— übersteigt), ist im Gerichtshofverfahren grundsätzlich ein dritter Instanzenzug vorgesehen.

Im Rechtsfall 4 waren die vielen Außerstreitstellungen durch den Beklagtenvertreter auffallend. Das bezog sich nicht nur auf das Haus und das Mietverhältnis, sondern auch darauf, daß der Kläger erster Mieter der Eigentumswohnung war, sowie auf die Höhe des Klagebetrages. So konnte in diesem Prozeß die Beweisführung auf die Darlegung des Mietvertrages, des Aktes des Stadtmagistrates, der Vernehmung nur eines Zeugen und der Parteien beschränkt werden. Die vom Erstgericht getroffenen Feststellungen waren auch für die Obergerichte ausreichend, damit diese ihre rechtlichen Ausführungen treffen konnten.

Im Gegensatz zu den Rechtsfällen 1 bis 3 sind im Rechtsfall 4 alle drei Urteile gleichlautend. Hier war es dem Kläger schon in erster Instanz gelungen, Normadäquanz zu erreichen. Diese Gesetzesadäquanz war auch nach den Urteilen der zweiten und dritten Instanz gegeben.

Und doch sieht man, daß es sich die Obergerichte nicht etwa so einfach gemacht und lediglich die Rechtsbegründung des Erstgerichtes übernommen haben. Wenn man die drei Urteile genau betrachtet, erkennt man, daß die rechtlichen Ausführungen nicht völlig übereinstimmen.

Im Rechtsstreit 4 ging es in erster Linie um drei Rechtsfragen, die der Beklagtenvertreter schon in der Klagebeantwortung aufgeworfen hatte:

1. Liegt eine freie Mietzinsvereinbarung vor?
2. War der zurückgeforderte zuviel bezahlte Mietzins gemäß § 17 (2) MietG schon innerhalb drei Monaten verjährt?
3. War mit der ungültigen Mietzinsvereinbarung nicht auch der ganze Mietvertrag ungültig, so daß aus dem unwirksamen Vertrag auch nicht die Mietzinsrückzahlung gefordert werden könne?

Diese Fragen wurden von den drei Gerichten nicht vollkommen gleich behandelt.

Zu 1.: Eine freie Mietzinsvereinbarung wurde wohl von allen Instanzen verneint. Diese Auffassung wurde aber von den Gerichten verschieden begründet. 1. Instanz: Die Mietzinsbildung habe nach § 15 (9) WWG zu erfolgen (der Mietzins bildet sich also aus der anteiligen Tilgungsquote des Fondsdarlehens, den Eigenmitteln des Wohnungseigentümers, den anteiligen Verwaltungskosten, Betriebskosten, öffentlichen Abgaben und Steuern; so hatte der Stadtmagistrat auch den gesetzlichen Mietzins errechnet). Eine freie Mietzinsvereinbarung nach § 16 (2) Z 1 MietG war nicht möglich, weil die Klägerin Erstmieterin war. Auch eine freie Mietzinsbildung nach § 16 (2) Z 2 MietG konnte nicht zustande kommen, weil die Vereinbarung über den Mietzins nicht nach einer Dauer des Mietverhältnisses von einem halben Jahr, sondern vor Beginn des Bestandvertrages geschlossen wurde. 2. Instanz: Sie stimmt mit der Rechtsauffassung der 1. Instanz überein. 3. Instanz: Eine freie Mietzinsbildung ist nicht möglich, weil in diesem Falle die Bildung des Mietzinses nach den besonderen Bestimmungen des § 15 (9) WWG zu erfolgen habe. Daher ist überhaupt nicht zu prüfen, ob die Voraussetzung nach § 16 (2) MietG vorliege.

Zu 2.: Hier stimmen alle Instanzen vollkommen überein: Die kürzere Verjährungsfrist nach § 17 (2) MietG kommt nicht zur Anwendung, weil sich die Parteien in einem Irrtum befanden. Es gilt die dreißigjährige Verjährungszeit.

Zu 3.: Auf diese Frage waren die Untergerichte überhaupt nicht eingegangen. Der OGH gab die Antwort: Eine unzulässige Zinsvereinbarung macht nicht den ganzen Vertrag, sondern nur die Vereinbarung, soweit sie dem Gesetz widerspricht, ungültig.

Ging es in den Rechtsfällen 1 bis 3 mehr oder weniger nur um eine Rechtsfrage, so waren es im Rechtsfall 4 drei. Somit kann man aus diesem Rechtsfall ersehen, wie viele rechtlich bedeutsame Fragen auftreten können, die die Entscheidung darüber erschweren, ob die mit dem Tatbestand verbundenen rechtlichen Folgen im konkreten Fall wirksam werden können.

Die Klägerin hatte nach Vertragsabschluß einen Unfall erlitten und war nicht mehr in der Lage, ihrem Beruf als Vertreterin nachzugehen. Ihr Mann war Chauffeur. Sie war also in eine bedrängte finanzielle Lage gekommen.

Man kann sich die Überraschung des Beklagten über das Vorgehen der Klägerin vorstellen. Er war ein 73jähriger ehemaliger Gewerbetreibender, der sich mit dem Ankauf der Eigentumswohnung eine Altersversorgung in Form von Mietzinseinnahmen schaffen wollte.

Jetzt bekam er nur mehr ein Viertel des vereinbarten Zinses. Mehr noch: er sollte nun auch die zuviel bezahlten Beträge zurückzahlen.

Aus dieser Lage der Parteien heraus ist es verständlich, daß der Prozeß auf beiden Seiten mit großer Härte geführt wurde.

Die Klage war am 8. 9. 1965 eingebracht worden. Das Urteil des Obersten Gerichtshofes vom 14. 6. 1967 war den Parteienvertretern am 4. 9. 1967 zugestellt worden. Wenn man noch die vierzehntägige Leistungsfrist einbezieht, muß man sagen, daß die Durchsetzung des Rechtsanspruches über zwei Jahre erforderte.

e) Rechtsfall 5: Der Herausgabeanspruch

E LG Innsbruck vom 12. 3. 1968 — 23 Cg 292/67 —
E OLG Innsbruck vom 24. 9. 1968 — 1 R 133/68 —
E OGH vom 5. 3. 1969 — 7 Ob 22/69 —

Rechtsnorm: Was jemand ohne Rechtstitel besitzt, hat er dem Eigentümer herauszugeben.

Sachverhalt: Ein Unternehmen hatte einem Zivilingenieur unter der Bedingung zwei Teppiche ausgefolgt, daß ein Geschäft zustande komme, an dem der Ingenieur mitzuwirken hatte. Dieses Geschäft wurde nicht realisiert.

Die Klägerin ist eine deutsche Firma, die Ferialwohnungen im Ausland errichtet und verkauft. Der Beklagte ist Zivilingenieur für Bauwesen und hat sein Büro in Österreich. Im Frühjahr 1966 hatte der Beklagte der klagenden Firma mitgeteilt, daß er die Möglichkeit habe, der Firma eine Beteiligung zu beschaffen. Es wurde eine Zusammenkunft am Sitze der klägerischen Firma in Wiesbaden vereinbart. Bei diesem war der Geschäftsführer und ein Prokurist der Klagefirma, der Beklagte und der Münchner Rechtsanwalt N., der die Beteiligung seiner vermögenden Klientin G. in Aussicht stellt, anwesend. Für den Fall der Realisierung des Geschäftes sollten der Beklagte und N. eine Provision erhalten. Das Geschäft selbst hatte zum Gegenstand den Erwerb eines Hotels in Hochfügen durch die Klägerin von Frau G. und Beteiligung der Frau G. an der Klagefirma mit 4 Millionen DM (Kauferlös als Sacheinlage) und weitere Bareinlagen von 6 Millionen aus dem Verkauf ihres Grundbesitzes am Starnberger See an die Stadt München. Wenige Zeit später fand eine Flugreise nach Spanien statt, an der beide Herren teilnahmen, damit sie einen Einblick in das klägerische Unternehmen erhalten. Die Kosten für die Reise und Aufenthalt trug die Klägerin.

Der Beklagte fuhr dann insgesamt dreimal nach Wiesbaden, um in Besprechungen mit dem Geschäftsführer und dem Prokuristen der

Klagefirma Einzelheiten des Geschäfts festzulegen. Schließlich wurden die Verträge mit Frau G. unterzeichnet.

Bei einem dieser Aufenthalte in Wiesbaden wurde dem Beklagten und dem Anwalt das Teppichlager der Klägerin gezeigt. Die Herren bekundeten Interesse an einzelnen Teppichen und es wurde ihnen gestattet, sich Teppiche auszusuchen. Der Beklagte wählte zwei Teppiche aus. Ebenso suchte sich N. für seine Mandantin einen Teppich aus.

Die Verträge mit Frau G. und der Klägerin wurden nicht realisiert, da der Verkauf ihrer Liegenschaften am Starnberger See an die Stadt München nicht zustande kam und dies eine Voraussetzung für die weiteren Transaktionen war.

Die Firma hatte viermal den Ingenieur schriftlich aufgefordert, die Teppiche herauszugeben. Die Schreiben sowie das des Klagevertreters blieben jedoch unbeachtet.

Es kommt zum Prozeß. Der Klagevertreter wird zur Herausgabe der Teppiche oder zur Zahlung von DM 6 500,— = S 42 250,— geklagt.

In der Klagebeantwortung führt der Beklagte aus, daß er die Ausfolgung der Teppiche als großzügigen Akt der klägerischen Firma aufgefaßt habe. Es besteht für ihn keine Veranlassung, die bedingungslos in sein Eigentum übergegangenen Teppiche wieder auszufolgen. Einredeweise macht der Beklagte eine Gegenforderung von S 52 200,—, die sich durch seine Arbeiten und seinen Kostenaufwand im Rahmen der Geschäftsvereinbarung ergeben.

Der Geschäftsführer der klagenden Partei gibt als Zeuge an: Es wurde vereinbart, daß der Beklagte und N. 5 Prozent der Vertragssumme erhalten sollten. Der Prokurist und ich zeigten dem Beklagten und N. unser Teppichlager. Ich erklärte, die Herren könnten sich Teppiche aussuchen. Der Kaufpreis sollte mit der zukünftigen Provisionsleistung verrechnet werden. Dem Beklagten wurden die Teppiche übergeben und übereignet, aber nicht geschenkt. Mit dieser Aussage stimmten auch die Angaben des Prokuristen der Klagefirma überein. Der Zeuge N. erklärt: Der Beklagte und ich haben die Ausfolgung der Teppiche, die in Hinblick auf den bevorstehenden Vertragsabschluß geschah, als großzügigen Akt der klägerischen Firma aufgefaßt. Als die Nichtrealisierbarkeit der Verträge feststand, wurde meine Klientin bzw. ich gebeten, die Teppiche wieder zurückzustellen. Nach Rücksprache mit meiner Partei habe ich die Teppiche käuflich erworben. Meine Klientin war an einer vielleicht möglichen Auseinandersetzung nicht interessiert.

Der Beklagte schließlich sagt vor Gericht aus: Bei der Übernahme der Teppiche hatte ich keinen Zweifel, daß ich sie separat für meine Arbeitsleistungen mit der mir zustehenden Honorarsumme als Zivilingenieur erhalten werde und daß die Teppiche ein zusätzliches Geschenk für meine Bemühungen darstellen. Der Beklagte legt dem Gericht eine Aufstellung über seine im Auftrag der Klagefirma getätigten Arbeitsleistungen:

3 Fahrten nach Liechtenstein	S 9 000,—
5 Fahrten nach München	S 10 000,—
3 Fahrten nach Wiesbaden	S 15 000,—
3-Tageflug: Frankfurt - Malaga - Wiesbaden	S 5 200,—
Ausarbeitung von Vorschlägen für Umbau des Hotels in Hochfügen in ein Appartementhaus; Zusammenstellung von Prospekt- und Lichtbildermaterial zur Anfertigung von Prospekten	S 11 500,—
Telefongespräche	S 1 500,—
	S 52 200,—

Das Gericht vertritt die Auffassung, daß keine Schenkung vorlag. Es hätte sich sonst nicht N. veranlaßt gesehen, die erhaltenen Teppiche zu bezahlen. Die Teppiche waren vielmehr unter der auflösenden Bedingung der Realisierung des Geschäftes gegeben worden, wobei das Geschäft nicht zustande kam. Da jedoch die Klägerin die Vermittlerdienste und die Fachkenntnisse des Beklagten als Zivilingenieur in Anspruch genommen hat und der Beklagte auch für die Klägerin tätig geworden ist, hat er Anspruch auf tarifmäßige Entlohnung. Diese war aus der detaillierten Gebührenaufstellung des Beklagten mit der Gesamtsumme von S 52 000,— abzüglich der Drei-Tage-Flugreise (S 5200,—), also mit S 47 000,— zu übernehmen.

Das Gericht verurteilt den Beklagten zur Herausgabe der beiden Teppiche Zug um Zug gegen die aufrechnungsweise eingewendete Gegenforderung von S 47 000,—. Die Kosten werden gegeneinander aufgehoben.

Die klagende Partei bringt gegen dieses Urteil die Berufung ein. Im Rahmen des Berufungsgrundes und der unrichtigen Beweiswürdigung und Tatsachenfeststellung bezweifelt sie die Glaubwürdigkeit des Beklagten. Der Beklagte ist von sämtlichen Zeugen der Unrichtigkeit seiner Behauptungen überführt worden. Man kann jetzt nicht aufgrund einer einfachen Aufstellung glauben, er habe im Auftrag der Klägerin Leistungen im Werte von S 52 000,— erbracht. In der Rechtsrüge führt die Klägerin aus, daß der Beklagte die Spesen nicht nach dem Zivilingenieurtarif verrechnen könne. Da der Vertrag zwischen der Klägerin und Frau G. nicht realisiert wurde und der Beklagte somit keinen

Provisionsanspruch hat, muß er seine Spesen von Frau G. ersetzt verlangen. Die Klageseite beantragt die Abänderung des angefochtenen Urteils dahingehend, daß die Gegenforderung des Beklagten als nicht zu Recht bestehend abgewiesen wird.

Das Berufungsgericht führt Beweiswiederholung durch die Aussagen der drei Zeugen, der Kostenaufstellung des Beklagten und der Vernehmung des Beklagten als Partei zu den Behauptungen über die Gegenforderung durch.

Das Berufungsgericht ändert das Urteil dahingehend, daß der Beklagte zur Herausgabe der Teppiche binnen vierzehn Tagen verpflichtet ist und spricht aus, daß die eingewendete Gegenforderung von S 52 200,— mit dem Teilbetrag von S 39 200,— nicht zu Recht, mit dem Restbetrag von S 13 000,— nicht aufrechenbar zu Recht besteht.

Der Begründung des Urteils der zweiten Instanz ist zu entnehmen: Die Honorar- und Auslagenersatzforderung des Beklagten für die Reisen nach Liechtenstein, München und Wiesbaden im Betrag von S 34 000,— ist ebensowenig begründet, wie die bereits vom Erstgericht aberkannte Teilforderung von S 5200,— für die Teilnahme an der Flugreise nach Malaga. Was die restliche Gegenforderung von S 13 000,— (für die Erstellung von Vorschlägen für den Ausbau des Hotels in Hochfügen zu einem Appartementhaus, für die Zusammenstellung von Prospekt- und Lichtbildmaterial und für Telefongespräche hierzu) betrifft, kann der Bestand einer entsprechenden Honorar- und Auslagenersatzforderung des Beklagten nicht ohne weiteres verneint werden. Eine nähere Klärung dieser restlichen Gegenforderung von S 13 000,— erscheint aber aus rechtlichen Gründen entbehrlich. Die auf Zahlung gerichtete Gegenforderung nach Herausgabe ist mangels Gleichartigkeit nicht aufrechenbar. Übrigens verhält es sich auch dann nicht anders, wenn der Beklagte die alternative Ermächtigung wahrnehmen würde. In diesem Falle kann zwar mit einer auf Geld lautenden Gegenforderung aufgerechnet werden, doch muß die letztere der Höhe der Klageforderung zumindest gleichkommen, weil es sonst an der erforderlichen Gleichartigkeit fehlt, so daß dann trotz der Abfindungsbefugnis eine Aufrechnung im Prozeß nicht stattfinden kann.

Gegen das Berufungsurteil erhebt der Beklagte die Revision. In seiner Rechtsrüge heißt es: Es besteht in Lehre und Rechtsprechung nicht der geringste Zweifel, daß — wenn keine Gleichartigkeit der Gegenforderung mit der Hauptforderung, wohl aber mit der Ersatzforderung vorliegt — die Aufrechenbarkeit eintritt. Hierbei ist eine ausdrückliche Erklärung des Schuldners, sich für die Wahlschuld zu entscheiden, nicht erforderlich; es genügt die Aufrechnungserklärung. Die Annahme, der Kläger werde vom Wahlrecht keinen Gebrauch machen, ist eine Vermutung, aus der sich zwingend keine rechtlichen Folgerungen ableiten lassen. Ein Verzicht des Beklagten auf das Wahlrecht liegt nicht vor und folglich ist die Gegenforderung zu berücksichtigen, festzustellen und auch als aufrechenbar zu erklären.

Die Revision hat Erfolg. Der Oberste Gerichtshof hebt die Berufungsentscheidung auf und verweist die Rechtssache zur neuerlichen Entscheidung an das Berufungsgericht zurück. Der OGH begründet diese Entscheidung wie folgt: Das Berufungsgericht läßt eine Aufrechnung dann nicht in Frage kommen, wenn die durch den Lösungsbetrag substituierte Hauptforderung unteilbar ist und die Gegenforderung diesen Betrag nicht erreicht. Diese Auffassung wurde auch in der Entscheidung des OGH SZ. XXVIII 236 und Ob 105/59 = EvBl 1959 Nr. 231, freilich ohne nähere Begründung, vertreten. Sie kann jedoch weiterhin nicht aufrechterhalten bleiben. Es ist nämlich nicht einzusehen, welchen Einfluß die Unteilbarkeit der Klageforderung mit der Aufrechnung der in Betracht kommenden Forderungen haben sollte. Aufgerechnet wird ja nicht mit der Klageforderung, sondern mit der gleich der Gegenforderung auf Geld lautenden Ersatzleistung. Ist diese höher als der Geldforderungsbetrag, dann bleibt eben ihr den letzteren übersteigender Teil von der Aufrechnung unberührt und ist durch die Bezahlung abzustatten. Das Berufungsgericht wird sich demnach in der von ihm für nicht entscheidend gehaltenen Frage schlüssig werden müssen, ob und wie weit die restliche Gegenforderung im Betrag von S 13 000,— zu Recht besteht. Vor dem Berufungsgericht schlossen dann die Parteien folgenden Vergleich: Der Beklagte verpflichtet sich bei Zwangsvermeidung, die beiden Teppiche binnen 14 Tagen herauszugeben und innerhalb derselben Frist einen verglichenen Prozeßkostenbetrag von S 4000,— zu ersetzen. Der Beklagte ist berechtigt, sich von diesen Verpflichtungen durch Zahlung eines Betrages von S 40 000,— innerhalb derselben Frist zu befreien.

Zum Rechtsfall 5

Es war für den Leser mühevoll, sich durch diesen umfangreichen und schwierigen Rechtsfall durchzuarbeiten. Dieser Rechtsfall war aber notwendig, um aufzuzeigen, welcher langwierige Verfahrensgang oft notwendig ist, bis die Rechtssache ihre endgültige Regelung erfährt.

In diesem Prozeß ging es zunächst um die Frage, ob die Übergabe der Teppiche wirklich, wie es der Beklagte behauptete, als „ein großzügiger Akt der klägerischen Firma“ aufzufassen ist oder ob die Ausfolgung der Teppiche in Anrechnung einer zu erwartenden Provision erfolgte.

Zu diesem Punkt wurden drei Zeugen einvernommen, alle vor verschiedenen Rechtshilfegerichten, somit nicht vor dem erkennenden Gericht. Bei diesen Vernehmungen waren keine Anwälte anwesend. Die Prozeßanwälte hätten wohl Anwälte substituieren können. Ich habe aber bereits in meinen Bemerkungen zu Rechtsfall 4 dargelegt, daß bei Prozeßhandlungen vor dem ersuchten Richter kein Anwaltszwang besteht. Aus den Aussagen der drei Zeugen ist zu entnehmen, daß die Übergabe der Teppiche nur in Hinblick auf die Realisierung des Geschäfts erfolgte. Selbst der Zeuge N., der mit dem Beklagten zusammenwirkte und bemüht war, für den Beklagten günstig auszusagen, mußte zugeben, daß seine Klientin nach der Nichtrealisierung des Vertrages die Bezahlung der Teppiche wünschte, was tatsächlich geschah. Es nahm daher das Erstgericht an, daß die Teppiche dem Beklagten nicht als Geschenk gegeben wurden.

Glaubte somit das Erstgericht nicht dem Beklagten was die Teppiche anbelangt, gab es ihm jedoch bezüglich der Gegenforderung in Höhe von immerhin S 47 000,— Recht. Allerdings hatte es die Arbeitsleistungen von S 5200,— im Zusammenhang mit der Flugreise nach Malaga ausgeklammert.

Es war der Klägerin nicht möglich, die Gesetzesadäquanz zu erreichen. Ihrem Anspruch stand die Gegenforderung gegenüber.

Es hätte nun auch der Beklagte die Möglichkeit gehabt, das Urteil des Landesgerichtes zu bekämpfen. Er hätte im Wege der Berufung versuchen können, die Änderung des Urteils dahingehend zu erreichen, daß der Herausgabeanspruch der Teppiche abgewiesen werde. Aber nicht der Beklagte, sondern die Klägerin hat das Urteil der ersten Instanz angefochten. Die Klägerin wollte erreichen, daß das Berufungsgericht ausspreche, die Gegenforderung des Beklagten bestehe nicht zu Recht.

Die klagende Partei hat eine Reihe von Gründen angeführt um darzulegen, daß die Beweise unrichtig gewürdigt wurden und die vom Erstgericht getroffene Feststellung bezüglich der Gegenforderung ungültig sei.

Offensichtlich hatte das Berufungsgericht sogleich an der Glaubwürdigkeit der Angaben des Beklagten gezweifelt, denn es lud den Beklagten sogleich zu der Berufungsverhandlung, damit er vernommen werden könne. Es beschloß die Wiederholung sämtlicher Beweise. Da die drei Zeugen vor Rechtshilfegerichten vernommen worden waren, brauchte das Berufungsgericht nicht etwa dieselben nochmals zu vernehmen bzw. vernehmen zu lassen, sondern konnte sich mit der Verlesung ihrer Angaben begnügen. Die Urkunden wurden noch einmal dargetan. Der Beklagte wurde nochmals vernommen, offenbar zu dem Zweck, damit sich das Berufungsgericht persönlich einen Eindruck über seine Glaubwürdigkeit bilden könne. Das Landesgericht hatte nur Bedenken bezüglich der Arbeitsleistungen anläßlich der Flugreise nach Malaga gehabt. Das Zweitgericht ließ aber auch die Gegenforderungen für die Reisen nach Liechtenstein, München und Wiesbaden nicht gelten. Es verneinte nur nicht ohne weiteres die Gegenforderung von S 13 000,— hinsichtlich der Erstellung von Vorschlägen für den Ausbau des Berghotels Hochfügen zu einem Appartementhaus, für die Zusammenstellung von Prospekt- und Lichtbildmaterial und für Telefongespräche. Eine nähere Klärung dieser Gegenforderung erschien aber dem Berufungsgericht entbehrlich.

Es sprach aus, daß der Klageanspruch auf Herausgabe der Teppiche zu Recht, die Gegenforderung mit dem Teilbetrag von S 39 200,— nicht zu Recht, mit dem Restbetrag von S 13 000,— nicht aufrechenbar zu Recht bestehe.

Damit hatte die Klageseite ihren Anspruch durchgesetzt und Gesetzesadäquanz erreicht. Mit dem behaupteten Sachverhalt, daß die Teppiche dem Beklagten in Hinblick auf die Realisierbarkeit des Geschäftes gegeben worden waren, das Geschäft aber nicht verwirklicht wurde, war die rechtliche Folge zu verbinden: die Herausgabe der Teppiche. Es stand der Ausfolgung nun nicht mehr die Leistung der Gegenforderung gegenüber.

Der Beklagte bekämpfte nun den Spruch des Berufungsurteiles, daß die Gegenforderung als nicht aufrechenbar zu Recht bestehe. Entgegen der Auffassung des Berufungsgerichtes sei die Aufrechenbarkeit einer Forderung auch dann gegeben, wenn sie mit der Klageforderung nicht gleichartig ist.

Der Oberste Gerichtshof gab dem Beklagten Recht und trug dem Berufungsgericht auf, festzustellen, inwieweit der Betrag von S 13 000,— aufrechenbar ist.

Nun hat es aber der Beklagte nicht darauf ankommen lassen, die Höhe der Aufrechenbarkeit der Teilforderung feststellen zu lassen. Er schloß vor dem Berufungsgericht einen Vergleich, in dem er sich verpflichtete, die Teppiche binnen 14 Tagen auszufolgen. Er leistete einen Kostenbeitrag, der wesentlich geringer war als der Kostenbetrag, den er nach dem angefochtenen Urteil des Oberlandesgerichtes hätte zahlen müssen. Offensichtlich hatte der Beklagte erwartet, der Oberste Gerichtshof setze sogleich den Aufrechnungsbetrag mit S 13 000,— fest. Jedenfalls war dem Beklagten wenig daran gelegen, daß es noch zu weiteren Verhandlungen komme (es wären noch weitere Rechtshilfetagsatzungen notwendig gewesen), bis dann schließlich der Aufrechnungsbetrag doch unter S 13 000,— festgesetzt werde.

Auffallend war, daß der verglichene Einlösebetrag immerhin S 40 000,— betrug. Tatsächlich hat der Beklagte die Teppiche ausgefolgt.

Damit hatte die Klägerin die Durchsetzung ihres Rechtes erreicht.

Wenn man die drei Erkenntnisse der Gerichte und schließlich den Vergleich betrachtet, sieht man, daß vier verschiedene Regelungen festgesetzt wurden:

1. Der Klageanspruch war im Ergebnis vereitelt, da es niemals Absicht der Klägerin war, die Teppiche gegen Zahlung einer Gegenforderung von S 47 000,— zu erhalten.

2. Der Klageanspruch war erfüllt, da ohne Gegenleistung die Teppiche auszufolgen oder S 42 250,— als Gegenwert zu leisten waren. Die Gegenforderung von S 13 000,— war als nicht aufrechenbar zu Recht erkannt worden.

3. Auch bei dieser Regelung war der Beklagte zur Ausfolgung der Teppiche verpflichtet, doch bestand eine Gegenforderung aufrechnungsweise zu Recht, dessen Höhe das Berufungsgericht festzustellen hatte.

4. Im Vergleich verpflichtete sich der Beklagte, den Teppich auszufolgen oder den Gegenwert von S 42 000,— zu leisten.

Entscheidend ist das Endergebnis, d. h. die schließliche Realisierung des Rechtsanspruches. Der Beklagte hatte nicht von dem Recht der Ersatzleistung Gebrauch gemacht, sondern die Teppiche dem Kläger ausgefolgt. Damit war dann für die Klägerin die Rechtsverwirklichung eingetreten.

Der Rechtsstreit wurde von keinem Teil mit besonderer Härte geführt.

Warum wurde aber dann der Instanzenzug ausgeschöpft?

Das Urteil erster Instanz bedeutete für die Klägerin, daß sie die Teppiche nur gegen Zahlung des Aufrechnungsbetrages von S 47 000,— erhalten hätte. Niemals waren ihr die Teppiche so viel wert. Außerdem war sie überzeugt, daß die Gegenforderung zu Unrecht bestand. Das Urteil war für die Klägerin ein Nachteil, weshalb sie die Berufung einbrachte. Sie hatte dabei Erfolg.

Wenn nun der Beklagte Revision einlegte, so war er sich bewußt, daß er gar nicht übermäßig viel damit erreichen konnte. Wenn nämlich die Forderung mit S 13 000,— als aufrechenbar zu Recht ausgesprochen wird (das war das Maximum, das er erreichen konnte), so bedeutete dies, daß er immer noch fast S 30 000,— für die Teppiche hätte zahlen müssen. So viel waren sie ihm gar nicht wert. Warum also die Revision? Er wollte die Teppiche möglichst lange behalten. Er hat somit dieses Rechtsmittel eher als Spiel aufgefaßt und hierbei immerhin eine interessante Entscheidung erwirkt, denn der Oberste Gerichtshof war von der bisherigen Spruchpraxis abgewichen.

Daß die Fronten zwischen den Parteien nicht so festgefahren waren, ergibt sich daraus, daß die Streitsache mit einem Vergleich abgeschlossen werden konnte. Beide Teile waren gesprächsbereit und so konnte die Einigung erzielt werden.

Es waren beide Teile gut situiert, so daß sie vorher bedenkenlos das Prozeßrisiko auf sich genommen hatten.

Offensichtlich am 4. 11. 1966 stand es fest, daß das Geschäft nicht realisierbar war. An diesem Tage erfolgte nämlich die erste Aufforderung seitens der Klägerin, die Teppiche wieder zurückzustellen. Am 20. 5. 1969 lieferte der Beklagte die Teppiche an die Klägerin aus. Somit verstrichen seit der ersten Geltendmachung zweieinhalb Jahre, vom Zeitpunkt der Gerichtsanhängigkeit zwei Jahre bis die Gesetzesverwirklichung eintrat.

f) Zusammenfassende Betrachtung der Zivilrechtsfälle

Ich will die fünf Rechtsfälle zur Grundlage von Aussagen machen. Somit will ich nicht auf Denkkonstruktionen aufbauen, sondern auf Ergebnissen der Praxis.

Diese Studie soll keine Gesetzbuchbetrachtung sein. Es soll vielmehr die rechtliche Norm auf die Tatsachenwelt bezogen werden. Immer aber ist die rechtliche Norm der Ausgangspunkt der Betrachtung.

Die rechtliche Norm gibt einen Anspruch, wenn ein bestimmter Sachverhalt gegeben ist. Erleidet jemand durch das Verschulden eines anderen einen Schaden, kann er vom Schädiger den Ersatz des Schadens verlangen. Wird jemand in seinem Besitz gestört, kann er die Untersagung des Eingriffes und die Wiederherstellung des früheren Zustandes begehren. Benützt jemand ohne Rechtstitel eine Wohnung, kann der Eigentümer auf Räumung klagen. Wenn jemand einem anderen irrtümlich etwas leistet, kann er es zurückfordern. Wurde jemandem in Erwartung eines bestimmten Ereignisses eine Sache übergeben und tritt dann dieses Ereignis nicht ein, hat er die Sache zurückzuerstatten.

Ist nun der Sachverhalt gegeben, werden noch lange nicht die Rechtsfolgen verwirklicht. Es bestehen vielmehr nur verschiedene *Möglichkeiten,* daß die Rechtsfolgen eintreten.

Es gibt drei Möglichkeiten der Verwirklichung der Rechtsnorm:

Die spontane Verwirklichung der Rechtsnorm. Der Schädiger erklärt unmittelbar nach dem Unfall: „Schicken Sie mir die Reparaturrechnungen!“ Als sie ihm übersandt werden, zahlt er sogleich die Schadenssumme. Der Hauseigentümer entschuldigt sich, daß die Türe samt Türstock ausgebaut und die Fenster ausgehängt wurden und stellt sofort den früheren Zustand wieder her. Der Sohn, der nach dem Auszug seines Vaters in der Wohnung zurückgeblieben war, verläßt freiwillig den Bestandgegenstand. Der Hauseigentümer, der zu viel Mietzins gefordert hatte, zahlt das zuviel Bezahlte dem Mieter zurück. Der Zivilingenieur, dem in Hinblick auf die Realisierung eines Geschäftes Teppiche ausgefolgt wurden, stellt, nachdem die Geschäfte nicht verwirklicht werden können, die Teppiche zurück.

In diesen Fällen führt eine Aktivität des aus der Rechtsnorm Verpflichteten die Normwirklichkeit her.

Die Verwirklichung der Rechtsnorm aufgrund außergerichtlicher Intervention. Der aus der Rechtsnorm Verpflichtete bleibt passiv. Er tut nichts, um die Wirklichkeit der Rechtsnorm herzustellen. Nun versucht der Berechtigte, den Schuldner zur Erfüllung seiner Verpflichtung zu bewegen. Auf das hin vollbringt er die Leistung. Der Geschädigte wendet sich an den Schädiger oder dessen Versicherung, damit die Zahlung erfolge. Es kommt zur Schadensgutmachung. Der Mieter setzt dem Hauseigentümer eine Frist, damit der frühere Zustand wiederhergestellt werde. Innerhalb dieser Frist wird alles in Ordnung gebracht. Der Hausverwalter fordert den Sohn auf, die Wohnung zu verlassen. Der Sohn räumt die Wohnung. Die Vertragspartnerin fordert die Rückzahlung des irrtümlich zuviel Bezahlten. Der Vertragsgegner zahlt den Differenzbetrag zurück. Die Firma fordert den Zivilingenieur schriftlich auf, die Teppiche zurückzustellen. Der Ingenieur folgt die Teppiche aus.

Die Verwirklichung der Rechtsnorm mit Hilfe des Gerichtes. In vier der behandelten Rechtsfälle hat die außergerichtliche Intervention zu keinem Erfolg geführt. Im Rechtsfall 5 hatte die Firma den Ingenieur sogar viermal aufgefordert, die Teppiche auszufolgen. Aber nicht einmal die Intervention ihres Anwalts führte zu einem Erfolg. Im Rechtsfall 2 wurde gar kein Versuch unternommen, weil er aussichtslos erschien.

Aber die Anrufung des Gerichtes führt noch nicht zur Rechtsdurchsetzung. Sie bietet nur eine weitere Möglichkeit der Rechtsverwirklichung.

Der Rechtssuchende muß eine Initiative ergreifen: er muß eine Klage einbringen. Darin muß er den Tatbestand konkret beschreiben und die damit verbundenen Rechtsfolgen fordern. Es kann ohne weiteres vorkommen, daß der Kläger unrichtig herangeht. Im Rechtsfall 3 hatten die Klägerinnen, anstatt im Wege einer Kündigung die Räumung der Wohnung zu erreichen, die Räumungsklage eingebracht. Da ein Verzicht des früheren Hauptmieters auf die Wohnung nicht vorlag, wurde dieser immer noch als Mieter aufgefaßt, so daß dem Räumungsbegehren ein Rechtstitel entgegenstand. Die Klägerinnen hätten aber die Möglichkeit gehabt, im Wege einer Kündigung gegen den Vater die Räumung der Wohnung herbeizuführen. Es bestand nämlich kein Eintrittsrecht des Sohnes, weil dieser nicht zwei Jahre vor dem Verlassen des Vaters mit diesem im gemeinsamen Haushalt gelebt hatte. Auch im Rechtsfall 2 konnte die angestrebte Rechtsverwirklichung nicht erreicht werden. Mit der Aufgabe der Wohnung, in der die Besitzstörung vorgenommen wurde, erlosch der Klageanspruch.

Die Verwirklichung der Rechtsnorm mit Hilfe des Gerichtes erfordert einen komplizierten Verfahrensgang.

Das Gericht muß prüfen, ob der in der Klage behauptete Tatbestand gegeben ist und ob auch die Angaben des Beklagten richtig sind.

Es müssen Beweise aufgenommen werden. Das Gericht braucht sich aber nicht auf die Beweisangebote der Parteien zu beschränken. So hat im Rechtsfall 1 der Richter von Amts wegen die Beiziehung eines Sachverständigen beschlossen. Andererseits muß das Gericht gar nicht alle angebotenen Beweismittel zulassen. Im Rechtsfall 2 hatten beide Parteien Augenschein beantragt, die klagende Partei außerdem die Einholung eines Gerichtsaktes über eine ähnliche Besitzstörung, die ebenfalls die Beklagte gesetzt hatte. Die Beweise wurden aber abgelehnt. Im Vordergrund steht das Beweismittel der Zeugeneinvernahme. So wurden im Rechtsfall 2 vier, im Rechtsfall 3 fünf und im Rechtsfall 5 vier Zeugen vernommen. Weniger bedeutsam allerdings war dieses Beweismittel im Rechtsfall 4, in dem nur ein Zeuge vernommen wurde. Im Rechtsfall 1 sagte überhaupt kein Zeuge aus.

Jede Zeugenaussage kann für den Ausgang des Verfahrens von entscheidender Bedeutung sein. Es ist Aufgabe des Gerichtes, darauf hinzuwirken, daß möglichst wahrheitsgetreue Aussagen gemacht werden. So hat der Richter den Zeugen sogleich an die Pflicht zur Angabe der Wahrheit zu ermahnen. Er hat ihn aufmerksam zu machen, daß er unter Umständen beeidet wird, und ihn an die Folgen einer falschen Zeugenaussage zu erinnern. Bei allen Zeugenaussagen war von einer Beeidigung Abstand genommen worden.

Besonders in Fällen, in denen sehr viele Zeugen aussagen, ist mit Abweichungen der Angaben zu rechnen. Das Gericht muß sich mit den Widersprüchen auseinandersetzen und begründen, warum es nur einem bestimmten Zeugen Glauben schenkt. Im Rechtsfall 5 hatte der Zeuge

N. angegeben: „Der Beklagte und ich haben die Ausfolgung der Teppiche als großzügigen Akt der klägerischen Firma aufgefaßt.“ Trotzdem hat das Gericht diesen Teil der Aussage nicht zur Unterstützung der Behauptung des Beklagten verwendet, wonach die Teppiche als Geschenk übergeben worden wären. Das Gericht wies darauf hin, daß die übrigen Zeugen ausdrücklich erklärten, daß von einem Geschenk keine Rede sein konnte und verwandte sogar einen Teil der Aussage des Zeugen N.: Er hatte selbst im Auftrage seiner Mandantin den erhaltenen Teppich bezahlt.

Als subsidiäres Beweismittel gilt die Parteienvernehmung. Sie ist dann vorzunehmen, wenn der Beweis weder durch die anderen von den Parteien angebotenen Beweismittel noch durch die von Amts wegen anzuordnenden Beweisaufnahmen hergestellt wird. Der Richter kann die Parteien auch beeiden. In einem solchen Falle wäre eine falsche Aussage strafrechtlich wie ein vor Gericht abgelegter falscher Eid zu behandeln. Im Rechtsfall 1 war die Parteieneinvernahme notwendig. Es lag nur der Polizeibericht vor, der nicht wörtlich, sondern nur zusammenfassend die Aussagen der Parteien wiedergab. Weiteres Beweismittel war nur die Aussage des Sachverständigen. Aber auch diese konnte nur aufgrund der Angaben des Klägers gemacht werden. Man kann sagen, daß im Rechtsfall 1 der Beweis nur durch die Parteienvernehmung des Klägers hergestellt wurde. Im Rechtsfall 2 fand keine Parteienvernehmung statt, da in Besitzstreitigkeiten dieses Beweismittel ausgeschlossen ist. Aber auch im Rechtsfall 3 wurden keine Parteien vernommen. Das Gericht glaubte den Sachverhalt genügend geklärt und legte den Parteien nahe, auf die von ihnen angebotene Parteienvernehmung zu verzichten. Dies ist auch geschehen. Wegen des Verzichtes könnte die unterbliebene Parteienvernehmung in einem Rechtsmittelverfahren nicht als Berufungsgrund der Mangelhaftigkeit des Verfahrens geltend gemacht werden. Im Rechtsfall 4 spielte die Parteienvernehmung eine große Rolle, da zu erforschen war, ob ein Irrtum bei den Parteien vorlag. Im Rechtsfall 5 erfolgte eine eingehende Vernehmung des Beklagten als Partei, da er nicht nur über die seinerzeitige Übergabe der Teppiche, sondern auch über die Gegenforderungen auszusagen hatte.

Im Rechtsfall 1 erfolgte auch der Beweis durch Beiziehung eines Sachverständigen. Seine Aufgabe war es, darüber auszusagen, ob die Angaben des Klägers in technischer Hinsicht richtig und die begehrten Schadensbeträge der Höhe nach gerechtfertigt waren. In diesem Fall war das Sachverständigengutachten nur ein subsidiäres Beweismittel.

In jedem der untersuchten Prozesse waren auch Urkunden Beweismittel. Im Rechtsfall 1 waren es die Schadensbelege sowie die vom

Kläger vor der Versicherung abgegebene Erklärung. Im Rechtsfall 2 war dieses Beweismittel die Korrespondenz darüber, daß der Kläger noch vor der erfolgten Besitzstörung verpflichtet gewesen wäre, seine Wohnung gegen eine andere zu tauschen. Im Rechtsfall 3 waren Urkunden die Meldezettel und das Schreiben des Beklagten an den Hausverwalter, in dem er sein Eintrittsrecht bekanntgab. Im Rechtsfall 4 war Urkunde der Akt des Stadtmagistrates. Im Rechtsfall 5 schließlich war Urkunde die Aufstellung der Arbeitsleistungen des Beklagten.

Es kann durch Außerstreitstellung von Parteienbehauptungen die Aufnahme der dafür angebotenen Beweise unterbleiben. So hat im Rechtsfall 2 der Beklagte zugegeben, daß im gegenständlichen Zimmer Türe und Türstock herausgerissen und die Doppelfenster entfernt worden waren. Im Rechtsfall 4 hatte der Beklagte außer Streit gestellt, daß die Klägerin die erste Mieterin der Wohnung war, desgleichen die Höhe des zuviel bezahlten Zinses.

Es ist Aufgabe des Gerichtes, alle Beweisergebnisse zu würdigen und die Tatsachenfeststellungen zu treffen.

Ist im Gesetz oft nur ein Satz oder gar ein Halbsatz über den Tatbestand enthalten, ist der durch das Gericht ermittelte konkrete Sachverhalt viel umfangreicher und füllt oft viele Seiten. Er ist in der Regel ausführlicher als die Angaben in der Klage. Im § 1431 ABGB ist nur die Rede davon, daß jemand einem anderen aus Irrtum eine Sache geleistet hat, wozu er gegen den anderen kein Recht hat. Das Gericht stellte fest: Der Beklagte ist zu 53/892stel Anteilen Miteigentümer der Liegenschaft EZ 1.1383 II KG Wilten, auf der sich das im Jahre 1956 aus Mitteln des Wohnhaus-Wiederaufbaufonds errichtete Wohnhaus Innsbruck, St. Straße 12, befindet. Mit dem Miteigentumsanteil des Beklagten ist das Wohnungseigentum an der im 4. Stock dieses Hauses gelegenen Wohnung Nr. 10 verbunden. Beim Vertragsabschluß am 1. 5. 1963 wußte die Klägerin nicht, daß sie eine mit Fondsmitteln geförderte Wohnung miete. Erst im Dezember 1964 oder im Jahre 1965 erfuhr die Klägerin, daß sie einen zu hohen Mietzins bezahle ... Das umfangreiche Beweismaterial findet in der Sachverhaltsdarstellung seinen Niederschlag. Der gesetzliche Tatbestand wird auf die wirkliche Situation mit allen ihren vielen Einzelheiten und Besonderheiten bezogen. Ist der vom Gesetz geforderte Tatbestand in der lebendigen Wirklichkeit gegeben? Auf diese Frage hat der Richter in seiner Sachverhaltsdarstellung eine Antwort zu geben.

Wie haben die Erstrichter die Tatsachenfrage gelöst?

Im Rechtsfall 1 hat der Richter den Sachverhalt in Übereinstimmung mit der Klage ermittelt. Der Beklagte war rechtswidrig in die Kreuzung eingefahren und hatte dem Kläger den Vorrang genommen. Dieser mußte eine Ausweichbewegung vornehmen und stieß in der Folge mit einem anderen Fahrzeug zusammen. Dadurch wurde auch sein Fahrzeug beschädigt. Es entstand für ihn ein Schaden von mindestens S 6500,—. Im Rechtsfall 2 stellte der Richter fest, daß tatsächlich eine Besitzstörung erfolgt war. Schon anders ist es im Rechtsfall 3. Wohl stellte das Erstgericht fest, daß der frühere Hauptmieter die Wohnung verlassen und sie seinem Sohn, der in der Wohnung zurückgeblieben war, überlassen hatte. Er traf aber noch eine weitere Feststellung: Der Sohn lebte in den letzten zwei Jahren mit seinem Vater in der Wohnung im gemeinsamen Haushalt; die Hausgemeinschaft war nur aus beruflichen Gründen unterbrochen worden. Im Rechtsfall 4 stellte das Erstgericht fest, daß die Klägerin entgegen der Bestimmung des § 15 (9) WWG zuviel Zins bezahlt hatte. Im Rechtsfall 5 schließlich traf das Erstgericht zwar die Feststellung, daß die Teppiche nur in Anrechnung einer zu erwartenden Provision an den Ingenieur übergeben wurden. Es traf aber noch eine weitere Feststellung: Der Beklagte hat gegen die Klägerin eine Gegenforderung von S 47 000,—.

Und wie lösten die Erstrichter die Rechtsfrage?

Im Rechtsfall 1 bejahte das Gericht mit dem behaupteten Tatbestand auch die begehrte Rechtsfolge: es sprach dem Kläger die Schadensersatzforderung zu. Im Rechtsfall 2 sah das Erstgericht den Eingriff in den klägerischen Besitz gegeben und erkannte im Sinne des eingeschränkten Klagebegehrens: Es liegt eine Besitzstörung vor. Im Rechtsfall 3 wies das Gericht das Begehren auf Räumung ab, weil der Beklagte Mieter der Wohnung sei. Im Rechtsfall 4 sprach das Erstgericht dem Kläger wegen Irrtums den Mietzinsrückforderungsbetrag zu. Im Rechtsfall 5 schließlich erkannte das Erstgericht wohl auf Herausgabe der Teppiche, machte diesen Anspruch aber von der Leistung einer Gegenforderung abhängig.

Die Erstgerichte sprachen also in den Rechtsfällen 1, 2 und 4 die Gesetzesadäquanz aus, in den Rechtsfällen 3 und 5 verneinten sie aber eine solche.

Dieses Ergebnis blieb aber nicht unverändert. In vier der fünf Rechtsfälle wurden Rechtsmittel erhoben. Nur der Rechtsfall 1 erging in Rechtskraft.

Das Wesen des Rechtsmittels besteht darin, daß das Urteil aus bestimmten Gründen innerhalb einer Frist von 14 Tagen angefochten werden kann. Durch die rechtzeitige Erhebung der Berufung wird der Eintritt der Rechtskraft und Vollstreckbarkeit des angefochtenen Urteiles im Umfang des angefochtenen Urteiles im Umfang der Berufungsanträge bis zur Erledigung des Rechtsmittels gehemmt.

Die Berufungsgründe sind entweder unrichtige Beweiswürdigung und unrichtige Tatsachenfeststellung, Mangelhaftigkeit des Verfahrens oder unrichtige rechtliche Beurteilung.

Im Rechtsfall 1 wurde kein Rechtsmittel geltend gemacht.

In den übrigen Rechtsfällen wurden folgende Gründe angeführt:

Rechtsfall 2: unrichtige rechtliche Beurteilung.

Rechtsfall 3: unrichtige Tatsachenfeststellung und Beweiswürdigung sowie unrichtige rechtliche Beurteilung.

Rechtsfall 4: Mangelhaftigkeit des Verfahrens und unrichtige rechtliche Beurteilung.

Rechtsfall 5: unrichtige Beweiswürdigung und Tatsachenfeststellung sowie unrichtige rechtliche Beurteilung.

Die Ergebnisse der Rechtsmittel waren:

Rechtsfall 2: Erfolg
Rechtsfall 3: Erfolg
Rechtsfall 4: kein Erfolg
Rechtsfall 5: Erfolg

Das bedeutet, daß in drei von vier Rechtsfällen das Urteil geändert wurde.

Was war im Rechtsfall 2 eingetreten?

Das Rechtsmittelgericht hat nicht etwa andere Feststellungen getroffen. (Das hätte es gar nicht machen können. Das Rekursgericht kann in Besitztumsprozessen keine Beweise aufnehmen. Es hätte aber die Rechtssache zur Ergänzung des Verfahrens an die erste Instanz zurückverweisen können, damit diese weitere Feststellungen trifft.) Das Rekursgericht folgte auch nicht den Rechtsausführungen des Beklagten. Es nahm also nicht an, daß der Besitz des Klägers unecht war, auch nicht, daß sich die Klageseite nicht bewußt sein konnte, es handle sich um einen echten Besitz. Das Rekursgericht gab aus einem Grunde dem Rekurs Folge, der gar nicht geltend gemacht worden war: Da der Kläger gar nicht mehr im Besitz des gegenständlichen Raumes war und deshalb das Klagebegehren auf die bloße Feststellung der Besitzstörung einschränkte, könne dem eingeschränkten Begehren nicht stattgegeben werden. Das Rekursgericht vertrat eine Rechtsauffassung, die im ganzen Verfahren erster Instanz überhaupt nicht erörtert worden war.

Wie kam es zu der Änderung im Rechtsfall 3?

Das Berufungsgericht hielt die Feststellungen des Erstgerichtes bezüglich des gemeinsamen Haushaltes für ungenügend. Es nahm daher durch Vernehmung der Zeugen A und B eine Beweiswiederholung vor und ergänzte die Feststellungen des Erstgerichtes. Ich habe bereits ausgeführt, daß es das Gericht bestimmt, inwieweit Beweise aufgenommen werden. Es ist auch Sache des Gerichtes, in welcher Richtung die Beweise aufgenommen werden. Im Rechtsmittel war nur der Antrag gestellt worden, der Berufung „erforderlichenfalls nach Ergänzung des Verfahrens“ stattzugeben. Daß es gerade die Zeugen A und B und keine anderen waren, die vernommen wurden, bestimmte das Berufungsgericht. Aufgrund der neu getroffenen Feststellungen nahm das Berufungsgericht an, daß ein zweijähriger gemeinsamer Haushalt nicht vorlag, und vertrat die Auffassung, daß eine Abwesenheit aus zwingenden beruflichen Gründen nicht berücksichtigt werden könne. Es änderte das erstrichterliche Urteil und gab dem Klagebegehren statt.

Warum änderte im Rechtsfall 4 das Berufungsgericht das Urteil nicht ab?

Der Beklagtenvertreter sah eine Mangelhaftigkeit des Verfahrens darin, daß die neben dem Hauseingang angebrachte Kupfertafel, die auf die Wiederherstellung des Hauses mit Wohnhauswiederaufbaufondsmitteln hinweist, nicht im Rahmen des beantragten Augenscheines vom Erstgericht besichtigt wurde. Das Berufungsgericht hielt aber eine solche Beweisaufnahme für unnotwendig. Nach seiner Auffassung enthielten solche Gedenktafeln keinen Hinweis, daß die Mietzinsbildung der in dem betreffenden Hause gelegenen Wohnungen besonderen Bestimmungen unterworfen sei. Das Berufungsgericht übernahm überhaupt vollkommen die Feststellungen des Erstgerichtes und hielt auch an deren Rechtsausführungen fest, wenn es auch hierbei Ergänzungen machte, um auf die Äußerungen in der Berufung einzugehen.

Was war schließlich im Rechtsfall 5 in der zweiten Instanz vor sich gegangen?

Das Berufungsgericht hatte Zweifel an der Glaubwürdigkeit des Beklagten. Es war nicht bereit, die Gegenforderung von S 47 000,— anzuerkennen. Es verneinte, daß der Kläger für die Fahrten nach Wiesbaden, München und Liechtenstein ein Honorar fordern könne. Was die Ausarbeitung des Projektes Hochfügen und die Telefongespräche anbelangt, konnte es einen Honoraranspruch hierfür nicht ohne weiteres verneinen. Da es aber diesen Honorarbetrag als nicht aufrechenbar zu Recht bestehend erachtete, macht es die Ausfolgung der Teppiche nicht von der Erfüllung der Gegenforderung abhängig. Es waren in diesem Rechtsfall also neue Feststellungen getroffen und andere Rechtsfolgen angenommen worden, womit dem Klagebegehren entsprochen wurde.

Es wurden gegen die Erkenntnisse der zweiten Instanz weitere Rechtsmittel ergriffen. Nur im Rechtsfall 2 war dies nicht möglich, da im Besitzstörungsverfahren der Beschluß des Rekursgerichtes nicht bekämpft werden kann.

Die Revision ist an den Obersten Gerichtshof zu richten. Mit diesem Rechtsmittel können Mangelhaftigkeit des Berufungsverfahrens, Aktenwidrigkeit und unrichtige rechtliche Beurteilung geltend gemacht werden. In allen Revisionsverfahren wurde der letzte Revisionsgrund geltend gemacht, der auch der häufigste ist.

Ergebnis der Revision:

3. Rechtsfall: Erfolg

4. Rechtsfall: kein Erfolg

5. Rechtsfall: Erfolg

Wie war es im Rechtsfall 3 möglich, daß die Revision zu einer Änderung des Urteils des Berufungsgerichtes führte?

Der Beklagtenvertreter hatte in der Revision geltend gemacht, daß der gemeinsame Haushalt für das Eintrittsrecht nach § 19 (2) Z 10 MietG gegeben sei, da die Abwesenheit aus zwingenden beruflichen Gründen zu berücksichtigen sei. Er hat sich bemüht nachzuweisen, daß die diesbezügliche Bestimmung des § 19 (2) Z 13 analog auf § 19 (2) Z 10 MietG anzuwenden sei. Nur am Rande bemerkte er, daß von seiten des früheren Mieters kein Verzicht auf das Mietrecht erfolgte, so daß dessen Mietrecht noch fortwirke. Der OGH nahm ebenso wie das Berufungsgericht an, daß ein gemeinsamer Haushalt in den letzten zwei Jahren nicht gegeben war, da in diesem Zeitraum seine Abwesenheit aus zwingenden beruflichen Gründen nicht einberechnet werden könne. Somit hatte der Beklagte keinen Erfolg. Erfolg hatte er aber mit seiner zweiten Rechtsausführung. Der OGH vertrat nämlich die Auffassung, daß der Vater des Beklagten auf die Mietrechte nicht verzichtet hatte und daher von einem titellosen Gebrauch der Wohnung nicht die Rede sein könne.

Warum blieb im Rechtsfall 4 der Revision der Erfolg versagt?

Der Oberste Gerichtshof befaßte sich mit allen rechtlichen Einwänden des Beklagten. Nach Auffassung des OGH lag eine freie Mietzinsbildung nicht vor, weil die Mietzinsbildung nach den Bestimmungen des § 15 (9) WWG zu erfolgen hatte. Die kurze Verjährungszeit nach § 17 (2) MietG komme nicht zur Anwendung, da bei Irrtum die dreißigjährige Verjährungszeit gelte. Und schließlich mache eine ungültige Mietzinsvereinbarung nicht den ganzen Mietvertrag, sondern nur die Zinsvereinbarung ungültig. Damit bestätigte der Oberste Gerichtshof die Rechtsauffassung der Untergerichte.

Was bewirkte die Revision im Rechtsfall 5?

Die Revision führte zu dem Ergebnis, daß sich das Berufungsgericht doch mit der Frage beschäftigen mußte, in welcher Höhe die Teilgegenforderung von S 13 000,— aufrechenbar zu Recht bestehe. Es sei nämlich die Rechtsauffassung unrichtig, daß eine Geldforderung in Geld nicht mit einer nicht gleichartigen Klageforderung aufgerechnet werden könne, wenn die Ersatzleistung in Geld bestehe.

Entscheidend ist immer das rechtliche Ergebnis. Somit war die Rechtsverwirklichung im Rechtsfall 1, 4 und 5 erreicht. Im Rechtsfall 2 und 3 war auch mit Hilfe des Gerichtes die Rechtsdurchsetzung nicht möglich.

Aber auch bei den erfolgreichen Rechtsfällen dauerte es sehr lange, bis die Wirklichkeit der Rechtsnorm ausgesprochen wurde; die Prozeßdauer war

im Rechtsfall 1: 1 Jahr, 2 Monate, (obwohl kein Rechtsmittelverfahren),
im Rechtsfall 4: 2 Jahre,
im Rechtsfall 5: 2 Jahre.

Ich habe nun fünf Rechtsfälle aus der Wirklichkeit behandelt. Ich war bemüht aufzuzeigen, wie die Entscheidungen zustande kamen. Während ich mich bei obigen Darstellungen der Rechtsfälle auf das Wesentliche beschränkte, nahm ich in den im Anhang abgedruckten Grundrissen der Rechtsfälle 1 und 3 die Klage und das gegnerische Vorbringen auf und führte auch die Beweisangebote an. Ich zeigte auf, wie sich die Gerichte zu den Beweisangeboten verhielten und welche Beweise sie zuließen. Ich begnügte mich nicht, die Ergebnisse des Beweisverfahrens zusammengedrängt wiederzugeben, sondern es hat in den Grundrissen jedes Beweisergebnis getrennt seinen Niederschlag gefunden. Es kann also jederzeit überprüft werden, wie die Gerichte zu den Feststellungen kamen. So unterscheiden sich die Grundrisse wesentlich von Entscheidungssammlungen.

Die Untersuchung der Zivilrechtsfälle legt dar, *wie* es zur Durchsetzung des Rechts bzw. zur Versagung der Rechtsverwirklichung kommt. Sie zeigt den Weg auf, den der Rechtssuchende gehen muß; sie behandelt seine *Möglichkeiten.*

Wer sein Recht mit Hilfe des Gerichtes durchsetzen will, muß zunächst den Sachverhalt darlegen, auf dem sich sein Rechtsanspruch gründet. Er muß aber den Beweis für seinen behaupteten Sachverhalt erbringen. Er muß aber damit rechnen, daß der Gegner den entgegengesetzten Sachverhalt behauptet und Beweise hierfür anbietet. Er muß weiter damit rechnen, daß das Gericht von Amts wegen Beweise aufnehmen kann und selbst die Auswahl der übrigen Beweise vornimmt.

Es muß um das Recht gekämpft werden. Dieser Kampf muß nicht damit enden, daß ein erstes Erkenntnis ergeht. Es besteht die Möglichkeit, daß er sich noch über zwei Instanzen fortsetzt. Dieser Kampf um das Recht ist mit einem Risiko verbunden. Der Unterlegene hat dem Sieger die Prozeßkosten zu ersetzen. Dazu kommt noch, daß es Jahre dauern kann, bis das Recht verwirklicht oder seine Verwirklichung versagt wird.

Die kämpferische Einstellung und die damit verbundene Aktivität der Parteien im Prozeß ist vielfach von dem Interesse abhängig, das der einzelne am Rechtsstreit hat.

Im Rechtsfall 1 überwog das Interesse des Klägers. Er wollte die Schadensgutmachung. Kein Interesse zeigte der Beklagte. Er hatte am Prozeß keinen Vorteil. Er war gar nicht zur Verhandlung erschienen. Er ergriff kein Rechtsmittel.

Im Rechtsfall 2 war das Interesse des Klägers anfänglich ein großes. Es ließ aber nach, als er in eine andere Wohnung gezogen war. Größer war das Interesse der Beklagtenseite, sich vom Vorwurf einer Besitzstörung zu befreien. Daher die umfangreichen Einwendungen, daher die nochmalige Aktivität durch Ergreifung des Rechtsmittels.

In den Rechtsfällen 3 und 4 war das Interesse am Rechtsstreit auf beiden Seiten gleich stark. Es waren wirtschaftliche Interessen, die die Parteien veranlaßten, den Prozeß mit aller Härte zu führen.

Im Rechtsfall 5 waren beide Parteien gut situiert. Die klagende Partei war durch den Prozeß bemüht, die Angelegenheit zu ordnen. Der Beklagte wollte das Beste aus dem Prozeß herausholen. Für keinen Streitteil war somit durch den Prozeß eine Welt zu gewinnen. Es fehlte auch im Prozeß eine besonders starke kämpferische Einstellung der Parteien. So konnten sie sich schließlich einigen und die Angelegenheit vergleichsweise bereinigen.

Im Rechtsfall 1 hat die größere Aktivität des Klägers und im Rechtsfall 2 die größere Aktivität des Beklagten auch zum Erfolg geführt. Im Rechtsfall 3 war die Aktivität auf beiden Seiten gleich stark. Doch die Aktivität der Klägerinnen konnte zu keinem Erfolg führen, da sie unrichtigerweise anstatt mit Kündigung mit Klage vorgegangen waren. Aus formalrechtlichen Gründen konnte sie nicht durchdringen. Im Rechtsfall 4 wurde der Prozeß ebenfalls von beiden Seiten mit großer Aktivität geführt. Da aber der Rechtsstandpunkt des Beklagten nicht richtig war — er wurde von keiner Instanz geteilt — konnte er damit keinen Erfolg erreichen.

Aktivität ist wohl eine Voraussetzung für einen Prozeßerfolg, aber nicht die einzige.

Die Verwirklichung der Rechtsnorm ist die Resultante einer Reihe von Faktoren. Diese Kräfte und Faktoren sind mannigfaltig. Bedeutsam ist, wie die Klage verfaßt wird. Bedeutsam ist, welche Zeugen angeboten und schließlich zugelassen werden. Bedeutsam ist, wie der Richter die Beweise würdigt, welche Tatsachen er feststellt und welche rechtlichen Folgen er daran knüpft. Bedeutsam ist, ob und in welchem Umfang ein Rechtsmittel erhoben wird. Und schließlich ist es bedeutsam, ob gegen das zweite Erkenntnis ein weiteres Rechtsmittel eingebracht wird.

Für diese Studie war entscheidend, wie tatsächlich das Ergebnis in jedem Rechtsfall war. Ich habe es vermieden, Kritik an den Erkenntnissen der Gerichte zu üben. Das Ergebnis war entweder Normadäquanz oder Norminadäquanz, also Verwirklichung der Rechtsnorm oder Versagen des Gesetzes. Diese Unterscheidung war aufgrund der Tatsachenfeststellungen und der darauf gründenden Rechtsansichten der jeweils in letzter Instanz entscheidenden Gerichte zu treffen.

Ich komme zu dem Resultat: Die Rechtsnorm verbindet mit einem bestimmten Sachverhalt bestimmte Rechtsfolgen. Tritt nun ein solcher Sachverhalt ein, so ist noch nicht die Rechtsfolge verwirklicht. Die rechtliche Norm bietet dem Berechtigten nur Möglichkeiten, daß die Rechtsfolgen eintreten.

Diese Möglichkeiten sind:

1. Freiwillige Erfüllung der Rechtsnorm durch den Verpflichteten.
2. Erfüllung der Rechtsnorm aufgrund außergerichtlicher Intervention.
3. Verwirklichung der Rechtsnorm mit Hilfe des Gerichtes.

Kommt der Verpflichtete nicht freiwillig oder aufgrund außergerichtlicher Intervention der Erfüllung der Rechtsnorm nach, besteht die letzte Möglichkeit darin, der rechtlichen Norm mit Hilfe der Gerichte zum Durchbruch zu verhelfen. Die Anrufung des Gerichtes bietet also nur eine *Möglichkeit* der Verwirklichung der Rechtsnorm. Die Durchsetzung der Rechtsnorm wird nur dann erreicht, wenn das Gericht in letzter Instanz den behaupteten Sachverhalt als gegeben feststellt und ausspricht, daß damit die Rechtsfolgen verknüpft sind.

Voraussetzungen des Ausspruches der Normadäquanz sind eine Initiative und eine Aktivität des Klägers. Dies sind aber nicht alle Voraussetzungen. Das Urteil ist die Resultante auch von anderen Faktoren, die unabhängig von der Tätigkeit des Klägers wirksam sind. Tritt die spontane Rechtsverwirklichung nicht ein, führt die außergerichtliche Intervention zu keinem Erfolg, und unterläßt es dann der Berechtigte, die gerichtlichen Durchsetzungsschritte zu unternehmen, ist die rechtliche Norm bloßer Buchstabe. Sie kann nicht realisiert werden.

Das zivile Recht ist nur eine Seite des Rechts. Ich will bemüht sein, das Recht möglichst umfassend darzustellen. Dies macht es erforderlich, daß das Recht auch in der Erscheinungsform des Strafrechtes behandelt wird.

2. Strafrechtsfälle

E BG Innsbruck vom 25. 8. 1967 — 10 U 718/67 —
E LG Innsbruck vom 30. 1. 1968 — Bl 649/67 —

a) Rechtsfall 6: Trunkenheit am Steuer

Rechtsnorm: §§ 431, 432 (337 a und b) StG: Wer Handlungen oder Unterlassungen begeht, von welcher er schon nach ihren natürlichen, für jedermann leicht erkennbaren Folgen und vermöge besonders bekanntgemachter Vorschriften, oder nach seinem Stande, Amte, Berufe, Gewerbe, seiner Beschäftigung, oder überhaupt nach seinen besonderen Verhältnissen einzusehen vermag, daß sie eine Gefahr für das Leben, die Gesundheit oder die körperliche Sicherheit von Menschen herbeizuführen oder zu vergrößern geeignet sind, wobei die Tat in Beziehung auf die in § 85 lit c StG genannten Eisenbahnen begangen wurde und der Täter sich vor der Tat durch den vorsätzlichen oder fahrlässigen Genuß von Alkohol in einen die Zurechnungsfähigkeit nicht ausschließenden Rauschzustand versetzt hat, obgleich er vorausgesehen hat oder voraussehen konnte, daß ihm eine Tätigkeit bevorstehe, deren Vornahme in diesem Zustand eine Gefahr für das Leben, die Gesundheit oder die körperliche Sicherheit von Menschen herbeizuführen oder zu vergrößern geeignet sei.

In einem solchen Falle ist der Täter gemäß § 432 StG mit einem bis zu sechs Monaten strengen Arrest zu bestrafen.

Sachverhalt: Der Lenker einer Straßenbahn war im trunkenen Zustand mit einem PKW zusammengestoßen, nachdem er fahrlässig zu spät eine Bremshandlung begonnen hatte. Der PKW wurde beschädigt, sein Fahrer leicht verletzt.

Ein Straßenbahnfahrer ist etwas dem Alkohol zugeneigt. Selbst an dem Tag, an dem er seinen Dienst zu versehen hat, will er sich dem Alkohol nicht entsagen. Er trinkt vor dem Mittagessen um 13 Uhr einen halben Liter Bier und einen doppelten Schnaps. Um 17 Uhr 45 konsumiert er wieder einen halben Liter Bier und einen doppelten Schnaps. Um 18 Uhr beginnt er seine Fahrt als Lenker eines Großraumtriebwagens. Das hindert ihn aber nicht, gegen 21 Uhr ein kleines Bier und einen kleinen Schnaps zu sich zu nehmen und um etwa 23 Uhr einen halben Liter Bier und einen doppelten Schnaps zu trinken.

Von diesem großen Alkoholkonsum des Fahrers hätte niemand etwas erfahren, wäre er nicht etwas nach 23 Uhr zu zügig gefahren und mit einem PKW, der verkehrsbedingt auf dem Geleise halten mußte, zusammengestoßen.

Sofort hatte er eine Schnellbremsung gemacht. Doch es war zu spät. Die Straßenbahn prallt heftig auf den PKW. Entrüstet muß der Autofahrer feststellen, daß sein Fahrzeug stark beschädigt wurde.

Dem PKW-Fahrer fallen sogleich die „geröteten Augen" des Straßenbahnlenkers auf, und er äußert den Verdacht, daß er alkoholisiert ist. Der durch die Polizei vorgenommene Alcotest ergibt nicht eindeutig, ob Fahruntüchtigkeit vorliegt. Der Straßenbahnfahrer wird dem Polizeiarzt vorgeführt. Seine Untersuchung kann nicht eindeutig ergeben, ob die 0,8 Promillegrenze überschritten ist. Er nimmt dem Beschuldigten um 0 Uhr 35 das Blut ab, das dem Gerichtsmedizinischen Institut zur Aufbewahrung übermittelt wird.

Ebenfalls bei der Polizei erfolgen die ersten Vernehmungen des Straßenbahnfahrers und der Unfallzeugen.

Die Staatsanwaltschaft, der die Anzeige übermittelt wird, stellt Strafantrag wegen Übertretung gegen die körperliche Sicherheit nach § 432 StG. Als besondere Qualifikationen sieht sie den Umstand, daß der Unfall in Beziehung auf eine Straßenbahn erfolgte und die Trunkenheit des Beschuldigten. Sie beantragt die gerichtsmedizinische Untersuchung des Blutes.

Das Fachgutachten spricht tatsächlich von einem Alkoholgehalt von 0,87 Promille.

Der Beschuldigte weiß schon von seinem Kollegen, daß er wegen seiner Trunkenheit mit einer unbedingten Strafe rechnen muß. Ihm ist klar, daß für ihn sehr viel auf dem Spiel steht. Seinem Anwalt sagt er, daß er die Alkoholmengen tatsächlich konsumiert hat. Er habe aber den Unfall nicht verschuldet. Der PKW-Fahrer sei plötzlich und unerwartet vor ihm auf dem Geleise stehengeblieben. So konnte der

Beschuldigte die Straßenbahn nicht mehr rechtzeitig abbremsen. Als ihm der Verteidiger die Aussagen der beiden Zeugen vor der Polizei vorhält, erwidert er, sie sagen nicht richtig aus. Es seien zwei „Spezi", die zusammenspielen. Der Beschuldigte sagt dies alles sehr überzeugend. Der Verteidiger zweifelt nicht an der Richtigkeit seiner Angaben. Schließlich ist ja der Straßenbahnfahrer ein anständiger und rechtschaffener Mensch.

Wer ist nun dieser Straßenbahnlenker?

Im Gerichtsakt ist sehr viel über seine Person enthalten: Er ist 61 Jahre alt. Er bezieht ein Gehalt von S 3000,— monatlich und ist vermögenslos. Er ist sorgepflichtig für seine Ehefrau sowie für die zwanzigjährige lungenkranke Tochter. Sein Leumund lautet: „Der Beschuldigte ist seit 27 Jahren durchgehend bei den Verkehrsbetrieben tätig und wird durch seinen Dienstvorgesetzten als verläßlicher und treuer Angestellter bezeichnet. In seiner Wohnumgebung durchgeführte Erhebungen haben ebenfalls nichts Nachteiliges ergeben. Er genießt auch dort unter den Befragten einen guten Ruf." Seine Strafkarte ist leer, d. h. er hat sich strafrechtlich noch nie etwas zuschulden kommen lassen.

Diese Angaben genügen aber dem Verteidiger nicht. Auf sein Befragen gibt der Beschuldigte bei Gericht noch an: „Ich war während des Krieges in politischer Haft und hatte mir ein Fußleiden zugezogen." Nun lenkt der Verteidiger auf die Straftat und erreichte folgende Antwort: „Ich hatte am Unfalltag wegen meines Kriegsleidens schwere Schmerzen, weshalb ich Alkohol konsumierte."

Der Beschuldigte rechtfertigt sich wie bei der Polizei und erklärt, daß er unschuldig sei. Er wird aber von den Zeugen stark belastet. Der PKW-Fahrer gibt an, daß er sein Fahrzeug anhalten mußte, da mehrere Fußgänger die Straße überquerten. Nachdem er circa 1,5 Minuten auf dem Geleise gestanden war, schrie plötzlich sein Freund: „Paß auf, die Straßenbahn kommt!" Er schaute sofort in den Rückblickspiegel, sah die Straßenbahn und wurde drei bis vier Sekunden darauf mit seinem Wagen nach vorne geschleudert. Er hatte vor, seinem Freund einen Rock, den er in seinem Wagen gelassen hatte, zurückzugeben. Er wollte dies aber erst nach der Kreuzung erledigen. Sein Anhalten erfolgte nicht wegen des Freundes, sondern wegen der Fußgänger.

Sein Freund sagte aus: Er stand unmittelbar neben dem PKW, der auf dem Geleise anhielt, um Fußgängern das Überqueren der Straße zu ermöglichen. Er hatte schon zuvor mit dem Autofahrer verabredet, daß er ihn heimbringe. Er wollte nach der Kreuzung einsteigen. Es kann sein, daß der Kraftfahrer etwas länger auf den Geleisen angehalten hat, um ihn einsteigen zu lassen. Dazu ist es dann allerdings wegen des Unfalles nicht mehr gekommen.

Der öffentliche Ankläger beantragt die Anwendung des Gesetzes.

Der Verteidiger führt in seinem Plädoyer aus: Die belastenden Angaben der Zeugen sind widerspruchsvoll und unglaubwürdig. Der Kraftfahrer sagt aus, er sei stehengeblieben, weil Fußgänger die Straße überquerten. Im gleichen Atemzug spricht er davon, daß er anhalten wollte, um seinem Freund einen Pullover zu übergeben. Er sagt zwar, er wollte das Kleidungsstück dem Freund erst nach der Kreuzung übergeben. Doch es ist sehr wahrscheinlich, daß der PKW-Fahrer, als er seinen Freund schon früher sah, plötzlich anhielt. Der Freund sagte zwar nichts von einem Pullover, wohl aber davon, daß er hätte mitfahren sollen, allerdings erst nach der Kreuzung. Im Widerspruch zu der Angabe des PKW-Fahrers gibt aber dieser Zeuge an, daß der Kraftfahrzeuglenker, als er ihn dann vor der Kreuzung sah, ihn wahrscheinlich einsteigen lassen wollte. Auf den widerspruchsvollen Angaben der beiden Zeugen kann man nicht einen Schuldspruch gegen einen rechtschaffenen Menschen aufbauen, der ein tadelsfreies Vorleben hat und einen ausgezeichneten Leumund besitzt. Ich beantrage daher den Freispruch.

Das Gericht folgt aber nicht den Ausführungen der Verteidigung, sondern spricht den Beschuldigten im vollen Umfang des Strafantrages schuldig und verurteilt ihn zu einem Monat strengen Arrests unbedingt.

Die Verteidigung meldet sogleich die Berufung wegen Nichtigkeit, Schuld und Strafe an. Sie sieht zuerst eine Chance, im Wege der Berufung einen Freispruch zu erwirken. Sie findet es dann offensichtlich für richtiger, sich darauf zu konzentrieren, eine bedingte Strafe zu erwirken. Sie hält daher nur noch die Strafberufung aufrecht. Der Verteidigung ist bewußt, daß bei Verkehrsdelikten im Falle der Trunkenheit nach der Spruchpraxis die Anwendung des Gesetzes über die bedingte Verurteilung ausgeschlossen ist. Sie will aber trotzdem nichts unversucht lassen. Sie führt aus: Außer dem guten Leumund und der Unbescholtenheit des Beschuldigten muß folgendes beachtet werden: Die schweren Schmerzen infolge des Kriegsleidens, die den Alkoholkonsum auslösten; das nur knappe Überschreiten der 0,8 Promille-Grenze; der Widerspruch der Straftat zu dem bisherigen Verhalten; die vorzeitige Pensionierung des Beschuldigten infolge seines Leidens, womit eine Wiederholung der Straftat ausgeschlossen ist; das nunmehrige volle Geständnis des Beschuldigten und das aufrichtige Bereuen der Tat; das schon fortgeschrittene Alter des Beschuldigten.

Nachdem bei der Berufungsverhandlung der Verteidiger wie in der schriftlichen Berufungsverhandlung vorgetragen hat, beantragt der

Staatsanwalt, der Berufung keine Folge zu geben, *gibt aber zu bedenken, ob das Tatbild nach § 337 b StG (Berauschung) gegeben ist.*

Das Berufungsgericht beschließt die Einvernahme des gerichtsmedizinischen Sachverständigen zur Frage der Alkoholisierung des Beschuldigten im Zeitpunkt der Tat.

Der Sachverständige gibt an: Es ist anzunehmen, daß die zehn Minuten vor dem Unfall genossene Alkoholmenge von einem halben Liter Bier und einem doppelten Schnaps erst teilweise in das Blut übergetreten war. Es ist daher durchaus möglich, daß der Blutalkoholwert im Zeitpunkt der Tat unter 0,8 Promille gelegen haben kann.

Das Berufungsgericht sieht nun das Tatbild des § 337 b StG nicht gegeben und verurteilt den Beschuldigten gemäß § 432 (§ 335 a) StG zu einem Monat strengen Arrest, wobei der Vollzug der Freiheitsstrafe bei einer Probezeit von drei Jahren vorläufig aufgeschoben wird.

Zum Rechtsfall 6

In Strafsachen gibt es keine spontane Rechtsverwirklichung, auch keine Rechtsverwirklichung aufgrund außergerichtlicher Intervention. Die Rechtsverwirklichung kann *nur* durch die Gerichte erfolgen.

Der strafbare Tatbestand wird von der Polizei oder von privaten Personen der Staatsanwaltschaft angezeigt[3]. Es liegt nun bei der Staatsanwaltschaft, ob es zu einem gerichtlichen Verfahren gegen den Täter kommt und die Voraussetzungen der Gesetzesanwendung geprüft werden. Im Rechtsfall 6 hat die Polizei der Staatsanwaltschaft die Tat angezeigt. Die Staatsanwaltschaft hat beim Bezirksgericht die Bestrafung des Straßenbahnfahrers beantragt.

Solange aber die Staatsanwaltschaft keinen Strafantrag stellt, kann es zu keiner Rechtsverwirklichung kommen. Auf einer Landstraße stoßen zwei Kraftfahrzeuge zusammen. Der Unfall kam dadurch zustande, daß wegen zu hoher Geschwindigkeit ein Kraftfahrer ins Schleudern kam und auf die andere Straßenhälfte geriet. Der Fahrer des Gegenfahrzeuges wurde verletzt. Die beiden Fahrer einigen sich, keine Anzeige zu machen, trotzdem dazu gem. § 4 (2) StVO eine Verpflichtung besteht. Die Staatsanwaltschaft kann nicht einschreiten.

In dem gerichtlichen Verfahren geht es nun wieder um die Frage, ob der Tatbestand gegeben ist und mit diesem die rechtlichen Folgen, also die Strafe zu verbinden ist.

Im Rechtsfall 6 stand die Verantwortung des Beschuldigten im Widerspruch zu den Zeugenaussagen. Der Beschuldigte rechtfertigte

[3] Privatanklagen werden sogleich bei Gericht eingebracht.

sich damit, daß der PKW vor der Straßenbahn gefahren sei und plötzlich anhielt. Die Zeugen aber sagten aus, daß der PKW schon eine Zeitlang auf dem Geleise gestanden sei. Das Gericht mußte sich mit diesen verschiedenen Schilderungen des Unfalles auseinandersetzen.

Im Unterschied zum zivilrechtlichen Verfahren spricht im Strafverfahren das Plädoyer eine besondere Rolle. (Vor den Zivilgerichten gibt es in erster Instanz überhaupt keine Plädoyers.) Der öffentliche Ankläger begnügte sich mit dem Antrag auf Anwendung des Gesetzes. Der Verteidiger war bemüht, die Beweisergebnisse zusammenzufassen und so zu beleuchten, wie es für den Beschuldigten günstig ist. Er versuchte, die Glaubwürdigkeit des belastenden Zeugen zu erschüttern und darzutun, daß die Rechtfertigung des Beschuldigten richtig sein müsse.

Das Gericht folgte aber nicht seinen Ausführungen, sondern sprach den Beschuldigten im vollen Umfange des Strafantrages schuldig. Somit stellte das Gericht die Gesetzesadäquanz her.

Der Verteidiger meldete die Berufung wegen Nichtigkeit, Schuld und Strafe an. Nichtigkeit kann geltend gemacht werden, wenn Bestimmungen der Strafprozeßordnung, also formales Recht, verletzt wurde. Die *wichtigsten* formalen Nichtigkeitsgründe sind: Nichterledigung oder Ablehnung von Anträgen, Mangelhaftigkeit des Ausspruches über entscheidende Tatsachen, Nichterledigung oder Überschreitung der Anklage. Nichtigkeit liegt aber auch vor, wenn das Gericht bei der Beurteilung des Straffalles das materielle Strafrecht unrichtig angewendet hat. In diesem Falle geht der Antrag auf Abänderung des Urteiles. Materielle Nichtigkeitsgründe sind: unrichtige, rechtliche Beurteilung der Tat, unrichtige rechtliche Beurteilung von Rechtfertigungs-, Schuldausschließungs- und Strafaufhebungsgründen, unrichtige rechtliche Beurteilung der Klageberechtigung, unrichtige rechtliche Unterstellung der Tat, rechtswidrige Ausmessung der Strafe (es wurde z. B. ein falscher Strafrahmen angewendet oder der Strafrahmen über- oder unterschritten). In einer Schuldberufung werden Feststellungen des Erstgerichtes in der Tatfrage hinsichtlich ihrer Richtigkeit und Schlüssigkeit bekämpft. Es wird der Versuch unternommen, die Beweiswürdigung des Erstgerichtes zu erschüttern und darzulegen, daß die Schlußfolgerungen, die das Erstgericht aus den festgestellten Tatsachen gezogen hat, unrichtig sind und andere Schlüsse zu ziehen gewesen wären. Der Beschuldigte kann neue Tatsachen und Beweismittel anbieten. Eine Strafberufung ist dann berechtigt, wenn die Strafe zwar im Rahmen der Gesetze bestimmt, aber zu hoch oder zu niedrig festgesetzt wurde.

Nun hatte der Verteidiger die Schuld- und Nichtigkeitsberufung zurückgezogen und nur die Strafberufung aufrecht erhalten. Der Strafrahmen des § 432 StG ist ein Monat bis sechs Monate. Da die verhängte Strafe nicht die Hälfte des gesetzlichen Mindestmaßes überstieg (sie war mit einem Monat festgesetzt worden, da vom außerordentlichen Milderungsrecht nicht Gebrauch gemacht worden war), war die Strafberufung möglich. Der Verteidiger beantragte die Herabsetzung der Strafe. Er machte aber auch geltend, daß das Gesetz über die bedingte Verurteilung nicht angewendet wurde.

Bedeutsam ist, daß es der Staatsanwalt war, der in seinem Plädoyer dem Berufungssenat nahe legte zu prüfen, ob tatsächlich ein Rauschzustand des Beschuldigten im Sinne des § 337 b StG vorlag. Somit äußerte sich der öffentliche Ankläger zu Gunsten des Beschuldigten. Daraus erkennt man die besondere Stellung des Staatsanwaltes. Seine Aufgabe ist es nicht, den Beschuldigten mit allen Mitteln einer schweren Bestrafung zuzuführen. Der Staatsanwalt ist zur Objektivität verpflichtet. Gemäß § 3 StPO hat er die zur Belastung und die zur Verteidigung des Beschuldigten dienenden Umstände mit gleicher Sorgfalt zu berücksichtigen. Nach § 34 (3) StPO hat er darauf zu sehen, daß alle zur Erforschung der Wahrheit dienlichen Mittel gehörig benützt werden. Anders ist die Stellung des Verteidigers. Er darf nichts zum Nachteil des Angeklagten vorbringen.

Im Rechtsfall 6 hat das Berufungsgericht die von der Staatsanwaltschaft geäußerten Bedenken aufgegriffen und von Amts wegen ein gerichtsmedizinisches Gutachten über die Alkoholisierung des Beschuldigten im Augenblick der Tat eingeholt. Aufgrund dieser neuen Beweisaufnahme hat das Berufungsgericht die Feststellungen des Erstgerichtes geändert. Nach der neuen Sachverhaltsdarstellung war es nicht auszuschließen, daß der Alkoholgehalt im Blut des Beschuldigten im Zeitpunkt der Tat weniger als 0,8 Promille betrug. Das führte zu dem rechtlichen Schluß, daß ein Rauschzustand im Sinne des § 337 b StG nicht gegeben war.

Es muß bemerkt werden, daß es der Verteidiger unterlassen hatte, in seiner Berufung geltend zu machen, daß die Voraussetzungen einer Trunkenheit im Sinne des § 337 b StG nicht gegeben waren. Er hätte dies im Rahmen einer Nichtigkeitsberufung nach § 281 Z 5 StPO (Mangelhaftigkeit des Ausspruches über entscheidende Tatsachen) und im Rahmen der Schuldberufung tun können; er hätte die Aufnahme des Beweises durch Beiziehung eines Sachverständigen beantragen können. Der Verteidiger hat aber die unmittelbar nach der Verkündigung des Urteiles neben der Strafberufung angemeldete Nichtigkeits- und Schuldberufung zurückgezogen.

Die Verteidigung war bemüht, eine Herabsetzung der Strafe und die Anwendung des Gesetzes über die bedingte Verurteilung zu erreichen. Das Berufungsgericht hat zwar nicht die Strafe herabgesetzt, aber es sah nach Ausscheidung des Ausspruches des Urteiles über die Unterstellung der Tat unter die Bestimmung des § 432 (337 b) StG die Möglichkeit, den Vollzug der Freiheitsstrafe aufzuschieben.

Somit war, ähnlich wie im Rechtsfall 2, durch ein unrichtig begründetes Rechtsmittel der beabsichtigte Erfolg erreicht worden. Bei Aufrechterhaltung der Qualifikation nach § 337 b StG wäre dies nicht möglich gewesen.

Auffallend ist, daß das Berufungsgericht, nachdem es einen Rauschzustand verneinte, nun nicht die Strafe herabsetzte Die Höhe der einmonatigen Strafe hatte das Erstgericht nämlich vor allem mit der zweifachen Qualifikation nach § 432 StG begründet.

Der Schuldspruch der ersten Instanz blieb im übrigen unberührt. Somit blieb die Gesetzeswirklichkeit immer noch in Hinblick auf § 432 (337 a) StG aufrecht, nur bezüglich des Rauschzustandes im Sinne des § 337 b StG wurde sie verneint.

Ein Unterschied gegenüber dem Zivilrecht besteht auch darin, daß sich das Gericht mit den persönlichen Verhältnissen einer Partei beschäftigt. Das Gericht prüft, was der Beschuldigte für ein Vorleben hatte, ob er schon einmal gerichtlich abgeurteilt wurde, was für einen Ruf er an der Arbeitsstätte und in der Wohnumgebung genießt, wie seine finanzielle Situation ist, wie es mit seiner Sorgepflicht steht. Diese Umstände sind für die Beurteilung der Person des Täters, aber auch für die Höhe der zu verhängenden Strafe von Bedeutung. Die Rechtssache wurde eineinhalb Monate nach dem Unfall gerichtsanhängig und sieben Monate nach dem Unfall rechtskräftig.

b) Rechtsfall 7: Die Körperverletzung

E BG Innsbruck vom 30. 6. 1969 — 9 U 701/69 —
E LG Innsbruck vom 12. 9. 1969 — Bl 348/69 —

Rechtsnormen: § 411 StG: Vorsätzliche und die bei Raufhändeln vorkommenden körperlichen Beschädigungen sind dann, wenn sich darin keine schwerer verpönte strafbare Handlung erkennen läßt (§§ 152 und 153), wenn sie aber wenigstens sichtbare Merkmale und Folgen nach sich gezogen haben, als Übertretungen zu ahnden.

§ 412 StG: Die Strafe der Übertretung beträgt Arrest von drei Tagen bis zu sechs Monaten.

Sachverhalt: Jemand hatte seine Schwester bei einer Meinungsverschiedenheit leicht verletzt.

Eine Frau erscheint im Polizeiwachzimmer und gibt an, sie sei bei einer tätlichen Auseinandersetzung von ihrem Bruder verletzt worden. Sie legt ein Attest vor. Es hat folgenden Wortlaut: „Frau P. erscheint in meiner Ordination und gibt an, von ihrem Bruder geschlagen worden zu sein. Ich habe frische Kratzspuren an beiden Händen und einen schillinggroßen, blau angelaufenen Fleck am rechten Oberarm festgestellt. Dr. D."

Die Geschwister stehen sich bei Gericht wieder gegenüber: der Bruder mit seinem Verteidiger, die Schwester mit dem Privatbeteiligtenvertreter. Sie macht schon jetzt Schmerzensgeld geltend.

Der Beschuldigte rechtfertigt sich: Ich befand mich in der Wohnung meiner Mutter. Diese schickte mich in die Wohnung meiner Schwester, damit ich die Waschmaschine meiner Mutter hole. Die Wohnung der Schwester befindet sich einen Stock höher. Als ich um die Waschmaschine bat, wurde meine Schwester ganz wild und schlug um sich. Sie schlug mit einem Gegenstand, den ich nicht kannte, auf mich ein. Ich hielt meine Schwester bei den Armen, um ihre Angriffe abzuwehren. Als ich ging, wollte mir meine Schwester noch das Telefon nachwerfen. Da habe ich sie wieder bei den Händen gehalten.

Nun legte auch der Verteidiger ein Attest vor. Es heißt darin: „Bei Sch. besteht ein Hämatom mit entsprechenden Schmerzzuständen im rechten oberen Gesichtsbereich. Dr. L." Als Datum war der Tag nach der Auseinandersetzung angegeben.

Der Verteidiger kündigt an, daß er noch heute gegen die Schwester Strafanzeige erstatten wird, weil sie den Beschuldigten bei der gegenständlichen Auseinandersetzung verletzt hatte.

Die Schwester, noch als Zeugin vernommen, gibt an: Ich traf gerade in meinem Bad Vorbereitungen für das Mittagessen. Plötzlich stand mein Bruder neben mir und sagte: „Die Waschmaschine gehört hinunter, sie gehört der Mutter!" Er schrie, ging auf mich los, hat mich ins Gesicht geschlagen und mir Kratzer zugefügt. Ich wollte die Polizei holen und ging deshalb ans Telefon. Als ich telefonieren wollte, schrien die Mutter, die inzwischen herausgekommen war, und der Bruder auf mich ein. Ich habe bei der Auseinandersetzung blaue Flecken und Kratzer bekommen. Mein Bruder hat mir zwei Boxhiebe in das Gesicht versetzt und mich bei den Händen gepackt. Ich habe ihm diese heruntergeschlagen. Ich habe nichts in der Hand gehabt. Es kann sein, daß ich meinem Bruder einen Schlag mit der Faust gegeben habe. Ich mußte mich ja mit Händen und Füßen wehren. Die Verletzungen haben mir drei Tage weh getan.

Der Verteidiger beantragt die Einvernahme der Mutter, sowie Einvernahme des Arztes, zum Beweis dafür, daß sich die Schwester die Verletzungen selbst zugefügt hat.

Bei der nächsten Hauptverhandlung stehen sich nun Bruder und Schwester als Beschuldigte gegenüber. Aufgrund der Anzeige des Bruders war gegen die Schwester ein Strafantrag gestellt worden. Der Verteidiger der Schwester legt ein weiteres Attest, in dem ihr behandelnder Arzt bestätigt, daß er einen Tag nach dem Vorfall (sein erstes Attest war vom Vortag) drei blaue Flecken am Oberarm und einen größeren blauen Fleck über der rechten Beckenschaufel feststellen konnte.

Die Mutter wird vom Gericht belehrt, daß sie sich wegen des Verwandtschaftsverhältnisses zu den Beschuldigten der Zeugenaussage entschlagen kann. Sie will aber aussagen und gibt an: Mein Sohn ging in den ersten Stock zur Wohnung meiner Tochter, um meine Waschmaschine zu holen. Ich hörte dann meinen Sohn mit meiner Tochter im ersten Stock streiten, habe aber nicht die einzelnen Worte verstanden. Gesehen habe ich nichts davon, was im ersten Stock vorgefallen ist. Anscheinend ist die Tochter auf ihn losgegangen. Dann kamen meine beiden Kinder vom ersten Stock herunter und die Streiterei ging dann im Parterre weiter. Im Parterre sah ich dann, wie meine Tochter meinem Sohn das Telefon nachwerfen wollte. Ich kann nicht sagen, wie meine Tochter das Telefon gehalten hat. Über Vorhalt der Angaben meiner Tochter, daß sie nur mit ihrem Rechtsanwalt telefonieren wollte, bzw. woher ich wüßte, daß sie meinem Sohn das Telefon auf den Kopf werfen wollte, wo ich doch nicht sagen kann, wie meine Tochter das Telefon in der Hand gehabt hat, gebe ich an: Meine Tochter sagte zu meinem Sohn: „Verschwinde! Du hast hier nichts zu suchen!" Über Vorhalt, daß der Ruf „verschwinde..." doch auch von jemandem gebraucht werde, der einen Angreifer zurückweisen will: Ich kann nur sagen, daß meine Tochter meinen Sohn angegriffen hat. Mein Sohn hat sich nur gewehrt. Sie hat genau so „schiach getan".

Beide Verteidiger beantragen den Freispruch und zugleich als Privatbeteiligtenvertreter ihrer Mandanten, die Verurteilung des Gegners und Zuspruch eines Teilschmerzensbetrages von je S 100,—.

Das Gericht verurteilt beide Beschuldigten wegen Übertretung der leichten Körperverletzung nach § 411 StG. Es verhängt über den Erstbeschuldigten eine Geldstrafe von S 1 000,—, über die Zweitbeschuldigte eine von S 700,—. Mit ihren zivilrechtlichen Ansprüchen werden die Beschuldigten als Privatbeteiligte auf den Zivilrechtsweg verwiesen.

In der Urteilsbegründung setzt sich das Gericht sehr eingehend mit der einzigen Zeugin auseinander: Die Mutter hat jenen Teil des Streites, bei dem die Verletzungen entstanden sind, nicht gesehen. Sie sagt zwar aus, „anscheinend" sei die Tochter auf den Sohn losgegangen, konnte aber für diese Annahme keine tatsächlichen Beobachtungen anführen. Es ist anzunehmen, daß sie, weil ihre Sympathien beim Sohn liegen, diesem einen Angriff nicht zutraut. Die Zeugin behauptet auch, die Tochter habe dem Sohn das Telefon nachwerfen wollen, war aber bei genauer Befragung nicht imstande zu erklären, woraus sie diese Absicht ihrer Tochter entnommen hat. Insbesondere konnte sie nicht etwa behaupten, daß die Tochter den Telefonapparat bereits wurfbereit in der erhobenen Hand hatte. Von der Aussage dieser Zeugin erscheint eine Bemerkung erwähnenswert, als sie sagte, die Tochter habe genau so „schiach getan". Somit hat selbst nach den Angaben der wohlgesinnten Mutter der Sohn nicht das Verhalten eines friedfertigen Menschen, der bloß von einem anderen überfallen wird, an den Tag gelegt.

Zu den Verletzungen führte das Gericht aus: Die von Dr. L. am Erstbeschuldigten erhobene Verletzung, nämlich das Hämatom im oberen Gesichtsbereich, kann ihrer Art nach durchaus so zustande gekommen sein, wie es der Erstbeschuldigte schildert, nämlich dadurch, daß er von einem von der Zweitbeschuldigten geworfenen Gegenstand im Gesicht getroffen wurde. Die Schwester war beim Kartoffelschälen. Sie hat sich über die Vorhaltungen des Bruders empört, und so ist es nicht von der Hand zu weisen, daß sie ein ihr gerade zur Verfügung stehendes Wurfgeschoß gegen ihren Bruder richtete. Dies besagt aber nicht, daß deswegen auch in allem übrigen seine Verantwortung richtig, die Darstellung der Schwester falsch sein muß. Die Verletzungen, die diese erwiesenermaßen gehabt hat, sprechen nämlich dafür, daß sie vorsätzlich in Angriffsabsicht, nicht aber in Ausübung der Notwehr zugefügt wurden. Die Zweitbeschuldigte hatte Kratzspuren an beiden Händen, drei Blutergüsse am rechten Oberarm und einen Bluterguß an der rechten Hüfte. Die Vielzahl und Verschiedenartigkeit dieser Verletzungen widerlegt die Behauptung des Erstbeschuldigten, daß er die angeblich tobende Schwester festgehalten hat.

Die Zweitbeschuldigte ließ das Urteil in Rechtskraft erwachsen. Der Erstbeschuldigte erhob aber die Berufung wegen Nichtigkeit und machte Mangelhaftigkeit des Ausspruches über entscheidende Tatsachen geltend. Seine Verteidigung führte aus, daß die Zweitbeschuldigte selbst keine Angaben über die Verletzung im Beckenbereich gemacht habe. Der Erstrichter hätte daher, wenn er seine Feststellungen nicht auf die Verantwortung der Zweitbeschuldigten stützen konnte, niemals aussprechen können, daß der Erstbeschuldigte diese Verletzung zugefügt hat. In der ebenfalls erhobenen Schuldberufung macht die Verteidigung geltend, daß im ersten Attest von der Verletzung in der Gegend der rechten Beckenschaufel keine Rede war. Es sei somit ohne weiteres möglich, daß diese Verletzung andere Ursachen habe, als die gegenständliche Auseinandersetzung. Einwandfrei sind nur Verletzungen an den Oberarmen festzustellen. Diese Verletzungen rühren davon her, daß der Erstbeschuldigte seine Schwester an den Oberarmen gepackt und gehalten hat, um sie zu beruhigen und weitere Angriffe abzuwehren. Somit hat er in Ausübung gerechtfertigter Notwehr gehandelt, und es liegt ein Rechtfertigungsgrund nach § 2 lit g StG vor.

Das Berufungsgericht sieht aber keinen Nichtigkeitsgrund gegeben. Die Zweitbeschuldigte war am folgenden Tag nochmals zum Arzt gegangen und dieser konstatierte auch einen blauen Fleck über der Beckenschaufel. Somit sind die Feststellungen des Ersturteiles auf den Akteninhalt gestützt. Das Berufungsgericht verwarf auch die Schuldberufung. Wenn die Zweitbeschuldigte auch bei ihrer ersten Vernehmung nicht sofort alle später dann im einzelnen vom Arzt genau geschilderten Verletzungen anführte, sondern zuerst nur die leicht sichtbaren Verletzungen an den Händen und am Oberarm nannte, so schließt das nicht aus, daß tatsächlich auch der blaue Fleck über der rechten Beckenschaufel der Zweitbeschuldigten zugefügt wurde. Ganz unbedenklich kam der Erstrichter auch nicht zur Annahme, daß dem Angeklagten etwa ein Rechtfertigungsgrund für seine Handlungsweise zuzubilligen war. Zumal es sich bei diesem Vorbringen um Rechtsausführungen handelt, braucht auf diese nicht weiter eingegangen zu werden, weil diese im Rahmen der Schuldberufung unbeachtlich sind.

Zum Rechtsfall 7

Wenn eine Mutter vor Gericht zitiert wird und über eine tätliche Auseinandersetzung ihrer Kinder aussagen soll, wird sie ein ungutes Gefühl haben. Sie will nicht Partei ergreifen für einen Teil. Sie will beide gleich behandeln. Sie will vermeiden, daß durch ihren Beitrag einer einen Nachteil erleiden soll. Sie wird von ihrem Entschlagungsrecht Gebrauch machen. Wenn aber eine Mutter entschieden erklärt, sie wolle aussagen, und sie einem Kind größere Sympathien entgegenbringt, besteht die Gefahr, daß sie nicht in der Lage ist, den Ereignisablauf objektiv darzustellen. Ohne daß sie die Absicht haben muß, unrichtig auszusagen, wird ihre Schilderung subjektiv gefärbt sein. Es ist nun Aufgabe des Gerichtes, einseitige Darstellungen einer solchen Zeugin zu verhindern. Dies war der Richter in diesem Rechtsfall durch entsprechende Fragestellungen und Vorhalte auch ernstlich bemüht.

Die Mutter sagt aus, daß die Tochter dem Sohn das Telefon nachwerfen wollte. Hierauf fragt das Gericht, wie die Tochter das Telefon gehalten habe. Die Zeugin kann darauf keine Antwort geben. Auf die Frage, woher sie dann wüßte, daß die Tochter dem Bruder das Telefon auf den Kopf werfen wollte, sagt die Zeugin: Die Tochter schrie: „Verschwinde!...“ Nun hält ihr der Richter vor, daß man „verschwinde!“ auch jemand sagen kann, der einen Angreifer zurückweisen will. Hierauf die Zeugin: Ich kann nur sagen, daß meine Tochter meinen Sohn angegriffen hat. Mein Sohn hat sich nur gewehrt. Sie hat genau so „schiach getan“.

Man sieht, daß das Gericht sehr skeptisch gegenüber den Angaben dieser Zeugin war. Ausführlich setzt es sich in der Urteilsbegründung mit ihren Aussagen auseinander. Aus dem Teil der Aussage, die Tochter habe genau so „schiach getan“ — diese Bemerkung war der Mutter offensichtlich unbeabsichtigt entschlüpft — schließt das Gericht: Der Sohn hat also nicht das Verhalten eines friedfertigen Menschen, der bloß von einem anderen überfallen wird, an den Tag gelegt.

Es ist interessant, daß das Gericht teilweise den Angaben der Beschuldigten folgt, teilweise ihnen aber keinen Glauben schenkt. Die Aussagen, die den anderen belasten, werden für richtig gehalten, nicht aber die Rechtfertigungen, daß sie dem anderen keine Verletzung zugefügt hatten. Hierbei stützt sich das Gericht auf die ärztlichen Atteste. Das Gericht begründet ausführlich, warum es den Beschuldigtenangaben nur in einer Richtung glaubt.

Auffallend ist die große Aktivität der Verteidigung des Bruders. Schon bei der ersten Hauptverhandlung wird eine Anzeige gegen die Schwester angekündigt und auch ein Attest über die Verletzung des Bruders selbst vorgelegt. Tatsächlich erreicht die Verteidigung, daß auch ein Strafverfahren gegen die Schwester eingeleitet wird. Auf Antrag der Verteidigung wird nun auch die Mutter vernommen. Die Verteidigung bestreitet, daß die Verletzung der Schwester durch die Auseinandersetzung herbeigeführt wurde und beantragt daher die Einvernahme ihres Arztes. (Allerdings lehnt das Gericht diesen Antrag ab.) Und tatsächlich erreicht die Verteidigung, daß auch die Schwester wegen der Übertretung der Körperverletzung verurteilt wird.

Die Verletzte machte die Anzeige bei der Polizei, weil sie die Bestrafung des Bruders und eine Entschädigung wegen der Schmerzen wollte. Sie rechnete nicht damit, daß sie selbst angezeigt, gegen sie ein Strafverfahren eingeleitet und sogar verurteilt werde.

So hat das Erstgericht wohl die Normadäquanz ausgesprochen. Es wurde der Bruder verurteilt und über ihn eine Strafe verhängt. Am Ende war aber auch eine Normadäquanz, die sie nicht wollte und an die sie gar nicht dachte. Diese Normadäquanz bestand darin, daß das Gericht feststellte, sie selbst habe den Tatbestand der Körperverletzung gesetzt, und damit die rechtlichen Folgen, nämlich die Strafe, verband.

Ich sprach bereits von der regen Aktivität der Verteidigung des Bruders, die einen großen Erfolg herbeiführte. Die Verteidigung wollte nun einen noch größeren Erfolg. Nach der Verurteilung der Schwester wollte sie im Berufungswege die Entlastung ihres Mandanten erreichen. Sie behauptete, der Bruder habe in Notwehr gehandelt. Die Angriffe der Schwester habe er dadurch abgewehrt, daß er ihre Arme festhielt. Dadurch seien auch ihre Verletzungen am Oberarm entstanden. Dieser Konstruktion stand aber die vom Erstgericht getroffene Feststellung entgegen, daß die Schwester auch in der Beckengegend verletzt wurde. Hierzu erklärte die Verteidigung, daß von dieser Verletzung in der Anzeige noch keine Rede war, nicht einmal in der ersten Hauptverhandlung. Erst in der letzten Hauptverhandlung sei von der Gegenseite ein Attest über diese neuen Verletzungen gelegt worden. Dies sei verdächtig und es bestehen ernstliche Zweifel über diese zusätzlichen Verletzungen. Das Berufungsgericht folgte aber nicht diesen Ausführungen und bestätigte vollinhaltlich das Erstrichterliche Urteil. Somit blieb auch die Normadäquanz gewahrt. Seit dem Vorfall verstrichen 20 Tage, bis die Rechtssache gerichtsanhängig, 4 Monate, bis das Urteil gegen die Zweitbeschuldigte, und 7 Monate, bis auch die Verurteilung des Erstbeschuldigten rechtskräftig wurde.

c) Rechtsfall 8: Die Haftung des Bauführers

E BG Innsbruck vom 8. 7. 1969 — 9 U 823/69 —
E LG Innsbruck vom 20. 11. 1969 — Bl 338/69 —

Rechtsnorm: § 335 StG: Jede Handlung oder Unterlassung, von welcher der Handelnde schon nach ihren natürlichen, für jedermann leicht erkennbaren Folgen, oder vermöge besonders bekanntgemachter Vorschriften, oder nach seinem Stande, Amte, Berufe, Gewerbe, seiner Beschäftigung oder überhaupt nach seinen besonderen Verhältnissen einzusehen vermag, daß sie eine Gefahr für das Leben, die Gesundheit oder körperliche Sicherheit von Menschen herbeizuführen oder zu vergrößern geeignet sei, soll, wenn hieraus eine schwere körperliche Beschädigung (§ 152) eines Menschen erfolgte, an jedem Schuldtragenden als Übertretung mit Arrest von einem bis zu sechs Monaten geahndet werden.

Sachverhalt: Ein Bauführer hatte es unterlassen, an einem Rohbau die nötigen Absicherungen vorzunehmen. Ein Mann, der bei Regen in dem Rohbau Schutz suchte, stürzte über die ungeschützte Stiege in den Keller. Er wurde verletzt und nahm erst nach fünf Wochen seine Arbeit wieder auf.

Ein Ehepaar wird an einem Apriltag um 22 Uhr auf der Straße von einem Regen überrascht. Sie stellen sich in einem noch im Rohbau befindlichen Geschäftslokal, das sich am Gehsteig befindet, unter. Der Rohbau ist nicht abgesperrt und dessen Betreten verbietet keine Tafel. Als der Mann einige Schritte zurück macht, stürzt er über die ungesicherte Stiege in den Keller. Er zieht sich dabei eine Verletzung der linken Hand zu. Die Untersuchung an der Klinik ergibt den Verdacht einer Fraktur des linken Handgelenkes. Dem Mann wird eine Fingerschiene angelegt und Ruhigstellung verordnet. Die ärztliche Kontrolle ergibt dann, daß keine Fraktur eingetreten war. Fünf Wochen nach dem Unfall beginnt der Mann wieder zu arbeiten.

Zwölf Tage nach dem Unfall hatte der Verletzte die Anzeige bei der Polizei erstattet.

Die Polizei erhebt, daß es sich um einen Rohbau handelt, der wegen Zahlungsschwierigkeiten des Hauseigentümers eingestellt worden war. Sie eruiert, welche Baufirma den Bau erstellte und wer der verantwortliche Bauführer war.

Die Staatsanwaltschaft stellte gegen den Bauleiter den Strafantrag wegen Übertretung gegen die Sicherheit des Lebens nach § 335 StG.

Man wirft also dem Bauleiter vor, daß er es unterließ, die vom ebenerdigen Rohbau in den Keller führende Stiege gegen Absturz zu sichern.

Er wendet sich an seinen Anwalt. Er erklärt diesem, daß er nicht schuldig sein könne. Er legt dem Anwalt die Innsbrucker Bauordnung mit den Worten auf den Schreibtisch: „Sehen Sie selbst nach. In der Bauordnung ist keine Regelung enthalten, die eine Absicherung von Rohbauten vorsieht, an denen nicht mehr gearbeitet wird."

Bei der Hauptverhandlung wird aber der Bauführer dennoch schuldig gesprochen. Wieso ist es dazu gekommen?

Der Bauführer hatte sich bei Gericht wie in der Kanzlei seines Anwaltes gerechtfertigt. Er hatte noch ausdrücklich erklärt, daß er am Rohbau keine Absicherungen vorgenommen hatte. Seine Arbeiten wären im Herbst abgeschlossen gewesen; der Unfall war im Frühjahr.

Sein Chef, der Inhaber der Baufirma, sagte als Zeuge aus, es sei Sache des bauführenden Baumeisters, Sicherungsvorkehrungen zu treffen.

Der Baumeister wiederum gab an, es sei ohne weiteres möglich, daß nach den Arbeiten jemand von seinen Arbeitern eine Barriere angebracht hat, die dann wieder von Unbefugten entfernt wurde.

Nach Ansicht des Gerichtes könne sich der Beschuldigte nicht darauf verlassen, daß nach der Bauordnung keine Bestimmung bestehe, daß Rohbauten, an denen nicht weiter gebaut wird, abgesichert werden müssen. Es gehe nicht an, sich auf den Standpunkt zu stellen: Wer sich in die Gefahr begibt und darin umkommt, ist selbst schuld. Vielmehr hat nach dem allgemein anerkannten Ingerenzprinzip derjenige, der eine Gefahr für andere, wenn auch in Ausübung eines Rechtes, herbeiführt, dafür zu sorgen, daß diese Gefahrenlage nicht zu Schäden für andere führt.

Allerdings sieht das Gericht keine schwere körperliche Beschädigung im Sinne des § 335 StG, sondern nur eine leichte Körperverletzung nach § 431 StG gegeben. Der Knochen sei nicht gebrochen und die gerichtsmedizinischen Sachverständigen nehmen die Dauer der Arbeitsunfähigkeit in der Regel erheblich kürzer an als der Verletzte tatsächlich zu Hause bleibt und seinen Beruf nicht ausübt. Das Gericht verhängte über den Bauleiter eine Geldstrafe von S 800,—, im Uneinbringlichkeitsfalle 6 Tage Arrest.

In der Schuldberufung führt der Verteidiger aus: Der auf der gegenständlichen Baustelle beschäftigte Polier des Baumeisters hat unmittelbar bei Einstellung der Bauarbeiten den Kellerabgang dadurch abgesichert, daß er mehrere Schragen aufstellte und diese untereinander mit Balken verläßlich verband. Damit steht fest, daß zum Zeitpunkt, als der Beschuldigte seine Funktion als Bauleiter an der gegenständlichen Baustelle beendet hatte, die einzige allenfalls in Frage kommende Gefahrenstelle ausreichend abgesichert war. Deshalb fiel ihm bei seiner letzten Begehung auch offensichtlich keine Besonderheit hinsichtlich Absicherungsmaßnahmen auf. Als Beweis führt der Verteidiger den Baupolier an.

Das Berufungsgericht nimmt in dieser Richtung neue Beweise auf. Es begnügt sich aber nicht mit dem angebotenen Baupolier, sondern vernimmt auch den Inhaber der Baufirma, den Bauleiter des Bauunternehmens und läßt überhaupt alle im Zeitpunkt der Einstellung des Baues Beschäftigten vernehmen.

Die neu aufgenommenen Beweise ergeben nun, daß im Herbst die Baustelle abgesichert war. Die Absicherung war allerdings später von Unbefugten entfernt worden.

Das Berufungsgericht vertritt nun folgende Auffassung: Mag auch der Angeklagte seinerzeit seine Pflichten verletzt haben, weil er es dem Zufall überließ, ob diese eine Absicherung anbrachten oder nicht, so war dadurch keine Gefahrenlage entstanden, weil ja ein Arbeiter den Keller abgesichert hatte. Der Angeklagte ist daher von da an für das weitere Schicksal dieser Absicherung nicht mehr verantwortlich gewesen.

Weil somit nicht erwiesen ist, ob er die ihm zur Last gelegte Tat begangen hat und durch die erwiesenen Handlungen und Unterlassungen des Angeklagten der Tatbestand einer Übertretung nach § 431 StG nicht hergestellt wird, war der Angeklagte freizusprechen.

Zum Rechtsfall 8

Der Leser einnert sich an den Rechtsfall 6. Ihm wird auffallen, daß im Rechtsfall 8, wenn man von den besonders gefährlichen Verhältnissen im Hinblick auf die Straßenbahn und von der Trunkenheit absieht, der gleiche Gesetzeswortlaut zur Anwendung kommt. Und doch sind die Rechtsfälle sehr verschieden. Ein angeheiterter Straßenbahnlenker fährt in einen PKW. — Ein Mann betritt einen Rohbau und stürzt über eine ungesicherte Stiege in den Keller.

Im Rechtsfall 6 wußte jeder sofort, wer der Täter ist. Im Rechtsfall 8 mußte zunächst geprüft werden, wer in einem solchen Falle überhaupt haftet und der Täter erst eruiert werden. Als solcher wurde jemand ausfindig gemacht, der ein halbes Jahr gar nicht mehr an die Baustelle gekommen war.

Es fällt auf, daß die Verteidigung in erster Instanz sich ziemlich passiv verhält. Der Beschuldigte rechtfertigt sich so, wie er sich auch ohne Verteidigung verantwortet hätte. Er beruft sich darauf, daß keine Bestimmung besteht, daß Rohbauten, an denen nicht mehr gearbeitet wird, abgesichert werden müssen.

Nur in einem Punkte hatte die Verteidigung Erfolg. Sie hatte einen medizinischen Befund darüber beantragt, daß keine schwere Verletzung vorlag und eine geringere als dreiwöchige Berufsausübung gegeben war. Das Gericht stellte fest, daß der Verletzte keine schwere Körperbeschädigung erlitten hatte. Anfänglich bestand wohl der Verdacht einer Fraktur, aber schließlich stellten die Ärzte fest, daß es sich um keinen Bruch handelte. Wenn auch der Beschuldigte erst nach fünf Wochen die Arbeit wieder aufnahm, liege doch keine längere als dreiwöchige Berufsunfähigkeit vor. Hier teilte das Gericht die Auffassung der Verteidigung und hielt die Aufnahme eines Beweises gar nicht für notwendig.

Mit dem Urteil wurde somit die Gesetzesadäquanz festgestellt. Allerdings nicht im vollen Umfange. Die Anklagebehörde hatte die Bestrafung wegen schwerer Körperverletzung beantragt. Wegen der angenommenen leichten Körperverletzung kam aber ein niedrigerer Strafsatz zur Anwendung.

In zweiter Instanz allerdings entwickelt die Verteidigung eine große Aktivität. Erst jetzt behauptet sie, daß im Zeitpunkt, als der Beschuldigte seine Funktion als Bauführer beendet hatte, die Gefahrenstelle abgesichert war. Die Verteidigung bietet als Beweis die Vernehmung des Baupoliers an, der selbst die Absicherung vorgenommen hatte. Diese Behauptung hätte die Verteidigung bereits in erster Instanz aufstellen und auch hierzu Beweise anbieten können. Hätte sie das getan, so wäre vermutlich schon in erster Instanz ein für den Beschuldigten günstiges Urteil erflossen.

Warum führt die Verteidigung diesen Sachverhalt erst jetzt ins Treffen? Zuerst war sie wie der Beschuldigte der Ansicht, daß in dem konkreten Fall überhaupt keine Verpflichtung bestand, den Bau abzusichern. Das Gericht war aber dieser Auffassung nicht gefolgt. Die Verteidigung war nun bemüht, den Schuldspruch mit Erfolg zu bekämpfen. Vor der Abfassung der Berufung fragte sie den Beschuldigten, ob nicht doch im Herbst eine Absicherung des Baues vorgenommen worden war. Der Beschuldigte konnte sich zuerst nicht erinnern. Dann fiel ihm ein, daß ihm erzählt worden war, es sei eine Absperrvorrichtung angebracht worden. Er ging nun der Sache nach. Tatsächlich hatte der Baupolier eine Absicherung vorgenommen. Der Beschuldigte selbst hatte sich darum nicht gekümmert.

Bei der Beweisaufnahme begnügte sich das Berufungsgericht nicht mit dem Beweisangebot der Verteidigung. Es vernahm also nicht nur den Baupolier, sondern auch den Inhaber der Baufirma, den Bauleiter des Bauunternehmens und schließlich alle Arbeiter, die am Bau tätig waren. Es wurde also nicht nur ein Zeuge, sondern sechs Zeugen vernommen.

Das Berufungsgericht billigte nicht etwa das Verhalten des Beschuldigten. Auch das Landesgericht machte ihm den Vorwurf, daß er das Ingerenzprinzip verletzt und es einfach den Arbeitern überlassen hatte, ob sie eine Absicherung vornehmen. Weil nun tatsächlich ein Arbeiter eine Absperrung angebracht hatte, sei nach Ansicht des Berufungsgerichtes durch die Unterlassung des Beschuldigten keine Gefahrlage entstanden. Diese Gesetzesauslegung führte zu dem Freispruch.

Im Rechtsfall 6 war durch ein Sicherheitsorgan das Verkehrsunfallkommando vom Unfall verständigt worden, wodurch es dann zur Anzeige kam. Im Rechtsfall 8 hatte der Verletzte die Anzeige erstattet, um die Schadensgutmachung zu erreichen. Er hatte sich als Privatbeteiligter dem Strafverfahren angeschlossen und den Zuspruch eines Teilbetrages aus dem Titel des Schmerzensgeldes beantragt. Schon das

Erstgericht hatte ihn aber auf den ordentlichen Rechtsweg verwiesen, weil das Ausmaß seiner Verletzung nicht genau feststand und auch ein zivilrechtliches Mitverschulden anzunehmen ist.

Einen Monat nach dem Unfall war die Sache gerichtsanhängig. Das Urteil zweiter Instanz erging 7 Monate nach dem Unfall.

d) Rechtsfall 9: Der Gewohnheitsdiebstahl

E LG Innsbruck vom 26. 6. 1968 — 13 Vr 859/68 —
E OGH vom 29. 10. 1968 — 10 Os 131/68 —

Rechtsnormen: §§ 171, 176 I a, 179 StG: Wer um seines Vorteiles willen eine fremde bewegliche Sache aus eines anderen Besitz, ohne dessen Einwilligung entzieht, begeht einen Diebstahl. Beläuft sich die Summe des Gestohlenen über S 25 000 oder hat sich der Täter das Stehlen zur Gewohnheit gemacht, so soll auf fünf- bis zehnjährigen schweren Kerker erkannt werden.

Sachverhalt: Ein vierundzwanzigjähriger Bäckerlehrling hatte innerhalb zweier Wochen fünf PKWs im Gesamtwert von S 167 200 gestohlen und einen weiteren Kraftwagen im Werte von S 20 000 zu stehlen versucht. Er war bereits viermal wegen des Verbrechens des Diebstahls (darunter auch drei Autodiebstähle) verurteilt worden.

Am 26. 6. 1968 verurteilte ein Innsbrucker Schöffengericht den Bäckergesellen wegen des Verbrechens des Gewohnheitsdiebstahles (und Rückfalldiebstahl) zu dreieinhalb Jahren schweren Kerkers.

Bei den gestohlenen Kraftfahrzeugen handelte es sich um unversperrt abgestellte Autos, an denen der Zündschlüssel noch steckte. Der Angeklagte war mit den Wagen so lange gefahren, bis das Benzin ausging. Er ließ dann die PKWs einfach stehen. Als er in Innsbruck einen weiteren Kraftwagen stehlen wollte, wurde er vom Eigentümer gestellt. Ein Polizist im Dienst, der durch die zusammenlaufenden Passanten aufmerksam gemacht worden war, sprach die Verhaftung aus. Bei seiner polizeilichen Vernehmung legte er ein Geständnis ab. Er gestand auch die fünf vorausgegangenen Autodiebstähle, von denen die Polizei noch nicht gewußt hatte, daß er der Täter ist. Sämtlichen Eigentümern waren die Fahrzeuge zurückgestellt worden.

Das Gericht begründete den Gewohnheitsdiebstahl wie folgt: Der Angeklagte war in der Zeit von 1959 bis 1966 viermal wegen Diebstahls abgestraft worden. Darunter waren drei Autodiebstähle. Trotz dieser Abstrafungen hat der Angeklagte innerhalb 14 Tagen neuerlich fünf PKWs gestohlen und einen PKW zu stehlen versucht. Daraus ergibt sich deutlich, daß ihm bereits ein ausgeprägter Hang zum Stehlen (von PKWs) innewohnt, dem er bei jeder sich bietenden Gelegenheit auch ohne äußere Veranlassung erliegt. Er muß daher nicht als Rückfalldieb, sondern auch als Gewohnheitsdieb im Sinne des § 176 I a StG angesehen werden.

Was heißt Gewohnheitsdiebstahl?

Es geht hier nicht nur um eine rechtliche, sondern auch um eine psychologische und eine soziale Frage. Die Definition, die *Theodor Rittler* gibt, ist eine vorwiegend psychologische: „Den Gewohnheitsdieb kennzeichnet, daß er infolge wiederholter Diebstähle dem Reiz zu stehlen keinen psychischen Widerstand entgegenzustellen vermag, daß er hemmungslos dem Reize folgt, daß das Stehlen ihm zur zweiten Natur, zu einem Charakterzug seines Wesens geworden ist[4].“ Es ist eine psychologische Aufgabe, diesen Hang zum Diebstahl zu ergründen. Es genügt nicht, nur das äußere Erscheinungsbild des Verbrechens, etwa die Zahl der begangenen Autodiebstähle, zu untersuchen, sondern es muß die innere Beziehung des Verbrechers zum Diebstahl erforscht werden. Es ist auch ein soziales Problem, weil der Gewohnheitsverbrecher eine besondere Gefahr für die Gesellschaft bedeutet und diese vor seinem hemmungslosen Drang, fremdes Eigentum zu verletzen, geschützt werden muß.

Als der Verteidiger sich mit der Frage des Gewohnheitsdiebstahls auseinandersetzte, kam er zu dem Ergebnis, daß ein solcher in diesem Rechtsfalle nicht vorlag.

Der Verteidiger bekämpfte die Qualifikation des Gewohnheitsdiebstahles im Ersturteil mit dem Nichtigkeitsgrund des § 281 (1) StPO und machte damit geltend, daß die Tat durch unrichtige Gesetzesauslegung einem Strafgesetz unterzogen wurde, welches darauf keine Anwendung findet. Er führte aus: Die gewohnheitsmäßige Verübung eines Diebstahls kennzeichnet sich dadurch, daß dem Täter bereits ein Hang zum Stehlen innewohnt, dem er *bei jeder* sich ihm darbietenden günstig scheinenden Gelegenheit unterliegt. Sie läßt ihn auch ohne äußere Veranlassung und ohne aufstoßende Gelegenheit Diebstähle verüben. Das Erstgericht hätte berücksichtigen müssen, daß der Angeklagte jeweils nur dann ein fremdes Fahrzeug in Betrieb genommen habe, wenn er aufgrund seines Geldmangels keine andere Möglichkeit hatte, seine beabsichtigten Reisepläne auszuführen. Keineswegs hat er jedoch jede sich bietende Gelegenheit zum Diebstahl von Kraftfahrzeugen genützt. Weiter ergibt sich aufgrund des Ergebnisses des Beweisverfahrens,

[4] *Theodor Rittler*, Lehrbuch des Österreichischen Strafrechts, Bd. 1, 1933, S. 133.

daß sämtliche von ihm gestohlenen Fahrzeuge unversperrt waren. Es ist jedoch bei äußerer Veranlassung und aufstoßender Gelegenheit kein Gewohnheitsdiebstahl anzunehmen.

Vorsorglich hatte der Verteidiger mit der Nichtigkeitsbeschwerde eine Strafberufung verbunden.

Der Oberste Gerichtshof gab der Nichtigkeitsbeschwerde Folge, verneinte den Gewohnheitsdiebstahl und setzte die Strafe auf zweieinhalb Jahre herab.

Der OGH befaßte sich in seiner Begründung sehr ausführlich mit der Frage, warum in diesem Rechtsfall kein Gewohnheitsdiebstahl vorliegt: Die Verbrechenseignung des Gewohnheitsdiebstahles stellt darauf ab, jene zusätzlichen Elemente der *inneren* Tatseite zu erfassen, die — bei sonst gleichen Voraussetzungen — den Schuldgrad des Täters erhöhen und daher aus kriminalpolitischen Erwägungen eine entsprechende Strafschärfung erfordern. Der Deliktstypus des Gewohnheitsdiebstahls will die innere Einstellung des Rechtsbrechers als Charakterzug und Lebensform, mit anderen Worten: sein gesamtes asoziales Verhalten treffen und betrachtet den darin gelegenen Hang zum Verbrechen als Grund der erhöhten Strafwürdigkeit (vgl. *Nowakowski*, S. 123). Die mehreren Vorstrafen des Angeklagten wegen Diebstahls (auch von Kraftfahrzeugen) reichen für die Qualifikation des Gewohnheitsdiebstahls nicht aus. Andere Umstände, an denen ein schon eingewurzelter, mit Charakterschwäche und Haltlosigkeit einhergehender innerer Hang zum Stehlen zu erschließen war, lassen sich aus den Urteilsgründen nicht entnehmen. Vielmehr sind aus den Urteilsfeststellungen Kriterien zu erkennen, die einer Tatbeurteilung des Gewohnheitsdiebstahls geradezu entgegenstehen: So die nahezu dreiviertel Jahr andauernde Rückfallsfreiheit des Angeklagten nach seiner letzten Strafverbüßung in Verbindung mit der Tatsache, daß alle gestohlenen Fahrzeuge zur Tatzeit sowohl unbeaufsichtigt als auch unversperrt abgestellt waren und daher — wie die Beschwerde zutreffend hervorkehrt — durch fremde Nachlässigkeit aufgestoßene Tatgelegenheit boten. Ferner geht aus den Urteilsannahmen mit hinreichender Deutlichkeit hervor, daß der Angeklagte die Kraftfahrzeuge deshalb gestohlen hatte, um seine damaligen Reiseabsichten verwirklichen zu können.

Zum Rechtsfall 9

Bei Übertretungen entscheiden in erster Instanz die Bezirksgerichte. Die Berufung ist, wie bereits zu ersehen war, an die Landesgerichte zu richten. Ist bei Verbrechen und Vergehen mit keiner höheren Strafe als ein Jahr zu rechnen, entscheidet in der Regel, und zwar jeweils auf

Antrag des Staatsanwaltes, ein Einzelrichter im vereinfachten Verfahren. Gegen sein Urteil ist eine volle Berufung, also wegen Nichtigkeit, Schuld und Strafe, an das Oberlandesgericht möglich. Bei Verbrechen mit einer Strafdrohung bis zu zehn Jahren entscheiden die Schöffengerichte. In diesem Falle ist das Rechtsmittel der Nichtigkeitsbeschwerde an den Obersten Gerichtshof vorgesehen. Mit der Strafberufung hat sich das Oberlandesgericht zu befassen. Wird die Strafberufung mit der Nichtigkeitsbeschwerde verbunden, entscheidet der Oberste Gerichtshof über beide Rechtsmittel.

Man sieht also, daß es in Strafsachen — im Gegensatz zum Zivilverfahren — immer nur zwei Instanzen gibt.

Bei Gewohnheitsdiebstahl beträgt der Strafsatz fünf bis zehn Jahre. Daher war im Rechtsfall 8 das Schöffengericht zuständig. Das Schöffengericht besteht aus einem Senat von zwei Berufsrichtern und zwei Laienrichtern. Allerdings wäre es verfehlt, von einem wirklichen Volksgericht zu sprechen, denn die Schöff en werden durch die Berufsrichter vielfach beeinflußt. Dies geschieht allerdings nicht absichtlich, sondern weil die Schöffen begreiflicherweise die Autorität der Berufsrichter respektieren. Die Außenstehenden werden nie erfahren, wie die Schöffen entscheiden. Die Beratungsprotokolle werden in einem geschlossenen Kuvert dem Urteil angeheftet.

Bei der Darlegung des Rechtsfalles 9 habe ich es vermieden, das Prozeßrechtliche besonders hervorzuheben. Ich habe nichts über die umfangreichen polizeilichen Erhebungen, nicht über das Verfahren vor dem Untersuchungsgericht, ja, nicht einmal über den Prozeßverlauf berichtet. Die Untersuchung beschränkte sich hier auf die reine Rechtsfrage.

Ich habe bereits in meinen Bemerkungen zum Rechtsfall 6 dargelegt, daß im Strafverfahren der persönlichen Seite des Angeklagten eine besondere Bedeutung zukommt. In einem Zivilprozeß wird über keine Partei ein Leumund eingeholt. Es wird auch nicht erhoben, ob eine Partei Vorstrafen hat. Selbst die finanzielle Situation bleibt in der Regel unbeachtet. Im Strafprozeß muß sich der Richter ein genaues Bild über die Persönlichkeit des Angeklagten machen. Die Psychologie greift sehr weit in die Strafrechtspflege hinein. Sicherlich spricht auch im Zivilprozeß die Psychologie eine Rolle. Schon bei der Würdigung einer Zeugenaussage wirken psychologische Momente mit. Aber im Strafrecht sind psychologische Fragen noch bedeutsamer. Ich habe bereits aufgezeigt, daß das Problem des Gewohnheitsdiebstahles ein psychologisches Problem ist. So spricht der OGH von der inneren Tatseite und von dem Befreitsein psychischer Hemmungen rechtlicher und moralischer Art. Schon der Ausdruck „Hang“ zum Verbrechen verrät, wie nahe in diesem Falle Recht und Psychologie kommen. Aber es sind auch soziale Probleme. Der Oberste Gerichtshof deutet dies an, wenn er vom asozialen Verhalten des Gewohnheitsdiebes und in diesem Zusammenhang von erhöhter Strafwürdigkeit und kriminalpolitischen Erwägungen spricht.

Kehren wir nun zum Ausgangspunkt, zur rechtlichen Norm zurück:

„Der Täter sich das Stehlen zur Gewohnheit gemacht hat." Diese knappe Fassung sagt sehr wenig. Was heißt hier Gewohnheit? Das Gesetz gibt keine Antwort. Der Begriff des Gewohnheitsdiebstahles wurde erst geprägt durch die Literatur. Daher zitierte das oberstgerichtliche Urteil eine Reihe von Rechtsgelehrten. Der Begriff wurde aber auch durch die Rechtsprechung bestimmt. Es wird auf vier oberstgerichtliche Entscheidungen Bezug genommen. Man sieht, welcher subtilen Auslegung es bedarf, ob bei einem sehr einfach gehaltenen Gesetzeswortlaut das Gesetz zur Anwendung kommt. Der Hausverstand könnte einem sagen: Wenn einer vier Diebstahlsvorstrafen hat, noch fünf Diebstähle begeht und einen weiteren Diebstahl versucht, er sich den Diebstahl zur Gewohnheit gemacht hat. Aber die Spruchpraxis untersucht hier sehr viele Momente. Sie begnügt sich nicht mit der Untersuchung der äußeren Tatseite.

Dieser Rechtsfall ist ein Beispiel dafür, wie Gerichte den gleichen Sachverhalt rechtlich verschieden beurteilen. Dieser Straffall hat seine Entsprechung im Rechtsfall 3, in dem alle drei Instanzen den Sachverhalt anders würdigten. Im Rechtsfall 9 mußte die anfängliche Normadäquanz der Norminadäquanz weichen.

Interessant ist, daß dieser Rechtsfall mit der doch sehr schwierigen Materie sehr früh zum Abschluß kam. Die Rechtssache wurde nach einem Monat nach der strafbaren Handlung gerichtsanhängig und nach 8 Monaten durch das oberstgerichtliche Urteil abgeschlossen.

e) Rechtsfall 10: Die Brandlegung

E LG Innsbruck, 18. 9. 1967 — 10 Vr 2878/66 —
E OLG Innsbruck, 30. 11. 1967 — Bs 456/67 —

Rechtsnormen: §§ 166, 167 c StG: Das Verbrechen der Brandlegung begeht derjenige, der eine Handlung unternimmt, aus welcher nach seinem Anschlage an fremdem Eigentume eine Feuerbrunst entstehen soll, wenngleich das Feuer nicht ausgebrochen ist oder keinen Schaden verursacht hat.

Wenn das Feuer ausgebrochen und ein erheblicher Schaden entstanden ist, soll der Täter lebenslang mit schwerem Kerker bestraft werden.

Sachverhalt: Ein landwirtschaftlicher Arbeiter setzt den Gutshof seines früheren Dienstherrn in Brand. Der Hof brennt fast vollkommen nieder. Es entsteht ein Schaden von annähernd S 600 000,—.

Vor dem Geschwornengericht steht ein unbeholfener, aufgeregter, schwerfällig wirkender Mann von 36 Jahren.

Der Angeklagte ist schwachsinnig. Schon als Kind ist er zurückgeblieben. Er lernt erst mit zweieinhalb Jahren gehen und mit drei Jahren sprechen. Er bleibt viermal in der Volksschule sitzen. Der Vater geht dem Trunke nach und kümmert sich wenig um den Buben. Die Mutter kann sich bei der großen Schar von sieben Kindern nur unzureichend um den Jüngsten kümmern. Der Knabe bleibt geistig unentwickelt. Er weiß auch heute nicht, wieviel sieben mal sieben ist. Von der Länge eines Kilometers fehlt ihm jede Vorstellung. Er erlernte keinen Beruf. Als Landarbeiter wird er nur zu primitiven Beschäftigungen herangezogen. Er wechselt immer wieder den Dienstposten. Schon mit sechzehn Jahren fällt er durch sein boshaftes, tückisches Wesen auf. Er zeigt sich sexuell oft enthemmt, belästigt Frauen, liefert Zornausbrüche und begeht allerlei Bosheiten. Wegen eines Trunkenheitsexzesses kommt er in die Heilanstalt, wo er sich fast ein Jahr aufhalten muß. Dort fällt er wegen seines störrischen Wesens auf.

Ist dieser Mensch für seine Tat strafrechtlich verantwortlich? Ist er zurechnungsfähig?

Der Gerichtspsychiater antwortet auf diese Frage des Vorsitzenden; Beim Angeklagten muß man von einem Schwachsinn höheren Grades sprechen. Sein Intelligenzgrad beträgt 65 Prozent der Normalintelligenz. Er ist charakterlich ausgesprochen erregbar, rachsüchtig und verschlagen. Die Geistesschwäche erreicht aber nicht ein solches Ausmaß, daß man von einer Aufhebung der Kritik- und Urteilsfähigkeit sprechen könnte. Er hat zwar ein sehr geringes Wissen, sehr langsame und schwerfällige Denkleistungen, er hat aber doch ein gewisses Maß an pfiffiger Schläue und Anpassungsfähigkeit, so daß er unterscheiden kann, was erlaubt und verboten ist und was Recht und Unrecht ist. Seine Einsichtsfähigkeit und seine Möglichkeit, danach zu handeln, ist demnach zwar vermindert, aber durchaus nicht aufgehoben.

Wegen welcher Tat hat sich der Schwachsinnige zu verantworten?

In einem Gasthaus hatte er 5 bis 6 Bier und ein paar Stamperln Schnaps getrunken. Gegen 20 Uhr bricht er auf, um den Bauernhof seines früheren Dienstherrn in Brand zu setzen. Beim Strohschuppen hebt er ein Brett aus. Durch diese Öffnung kann er bis zum Stroh gelangen, ohne den Stadel betreten zu müssen. Er zündet zwei Streichhölzer an und hält diese zum leicht brennbaren Material. Er wartet, bis aus dem Strohhaufen der Rauch aufsteigt. So hat er die Gewißheit, daß es richtig brennt. Dann eilt er zu dem etwa 200 m entfernten Hof seines jetzigen Dienstgebers und versteckt sich dort in der Scheune.

Warum tat er dies?

Er hatte an dem Hof, den er in Brand setzte, sechs Wochen gearbeitet. Der Jungbauer behandelte ihn schlecht. Bei einer Holzarbeit nannte er den Angeklagten wegen einer Ungeschicklichkeit bei der Handhabung des Zugpferdes einen Krüppel. Er verläßt unter einem Vorwand den Hof und kehrt nicht mehr dorthin zurück. Seit damals trägt der Angeklagte gegen den Jungbauern einen Zorn in seiner Brust, der sich bei jeder späteren Begegnung mit ihm aufs neue vertieft. In einem Gasthaus nennt der Jungbauer den Angeklagten einen Tachinierer. Noch mehr haßt er nun den Jungbauern. Mit der Brandlegung wollte er ihm heimzahlen.

Der Sachverständige führt in seinem Gutachten aus, daß die Alkoholisierung tatauslösend war. Eine Volltrunkenheit liege nicht vor.

Der Verteidiger fragt den Sachverständigen: Können Sie mit hundertprozentiger Gewißheit ausschließen, daß bei der Alkoholisierung im Hinblick auf die schon vorhandene Bewußtseinsstörung eine so starke Trübung des Bewußtseins aufgetreten ist, die dem Angeklagten die Zurechnungsfähigkeit nahm?

Der Sachverständige: Der Angeklagte ist nicht bewußtseinsgetrübt, sondern intelligenzvermindert. Sein Denkvermögen ist zwar gering, sein Bewußtsein aber vorhanden. Das Kriterium „Vollrausch" stützt sich auf die Bewußtseinsfrage. Im Vollrausch befindet sich der Täter in Bewußtlosigkeit im Sinne der Medizin.

Zur Brandlegung selbst erklärte der Sachverständige für Psychiatrie: Es ist ein typisches Delikt eines rachsüchtigen, triebhaft enthemmten, impulsiven Schwachsinnigen. Es wird sehr oft von stiefmütterlich behandelten intellektuell Unterbegabten verübt. Es ist der Racheakt der kleinen und unbedeutenden Menschen. Es verschafft dem Täter ein Rache- und Lustgefühl, das er sonst als ewig Beiseitegeschobener und Verlachter nicht kennt.

Es wird der Jungbauer vernommen. Er kann sich an die Beleidigungen nicht mehr erinnern, sie aber auch nicht ausschließen. Als Zeuge sagt noch der letzte Dienstgeber aus. Er kann wohl über die Person des Angeklagten, nicht aber über die Tat Wesentliches aussagen.

Nach dem Ende des Beweisverfahrens verliest der Vorsitzende die an die Geschwornen zu richtenden Fragen. Neben der Hauptfrage, ob der Angeklagte das Verbrechen der Brandlegung im Sinne der Anklage begangen hat, lautet die Zusatzfrage: „Für den Fall der Bejahung der Hauptfrage: Hat der Angeklagte die Tat begangen, wobei er des Gebrauches der Vernunft ganz beraubt ist?“ Der Verteidiger beantragt die Stellung einer weiteren Zusatzfrage: „Für den Fall der Verneinung der ersten Zusatzfrage: War der Angeklagte im Zeitpunkt der Tat unzurechnungsfähig?“

Das Schwurgericht lehnt aber den Antrag ab, da die durch den Antrag umfaßte Problematik bereits durch die erste Zusatzfrage umfaßt werde.

Der Staatsanwalt beantragt in seinem Plädoyer eine strenge Bestrafung des Angeklagten. Die geistige Minderwertigkeit des Täters erheischt eine strenge Bestrafung, um ihm die Folgen seiner Tat entsprechend klar zu machen. Der Angeklagte ist bereits fünfmal vorbestraft und bereits zwei Jahre hinter Kerkermauern gesessen. Besonderen Eindruck haben aber diese Abstrafungen auf den Angeklagten nicht gemacht, denn sonst wäre der rasche Rückfall nicht erklärlich. Gerade wegen seiner abnormen Persönlichkeit handelt es sich um einen gefährlichen Menschen, bei dem ein Rückfall ins gleiche Verbrechen durchaus nicht ausgeschlossen werden könne. Der Sicherungsgedanke der Strafe erfordert die Verhängung einer längeren Strafe.

Die Verteidigung ist bemüht, die Zurechnungsfähigkeit des Angeklagten überhaupt in Zweifel zu stellen. Ein Mensch, der viermal in der Volksschule sitzen blieb, keinen Beruf erlernen konnte, nur bäuerliche Hilfsdienste verrichten kann, der sich bereits fast ein Jahr wegen Schwachsinns und Imbezillität in der Heilanstalt aufhalten mußte, ein Mensch, der nicht weiß, wie alt sein Vater ist, der den Unterschied zwischen Kind und Zwerg nicht kennt, der nicht weiß, warum man Weihnachten feiert — er sagt wegen der Germküchel —, ein solcher Mensch ist strafrechtlich nicht verantwortlich.

Und wenn Sie die Zurechnungsfähigkeit generell bejahen, müssen Sie fragen, ob sie im Zeitpunkt der Tat gegeben war. Sie müssen bedenken, daß der Angeklagte vor der Tat 5 bis 6 Bier und einige Schnäpse konsumiert hat. Zu dem hohen Grad des Schwachsinns tritt die Einwirkung des Alkohols. Der Sachverständige sagt zwar, mit Schwachsinn sei nur Intelligenzverminderung verbunden, nicht aber Verminderung des Bewußtseins. Kann man aber wirklich sagen, das Bewußtsein des Schwachsinnigen sei genau so klar, wie das eines ganz normalen Menschen? Man muß annehmen, daß mit der mangelnden Intelligenz auch das Bewußtsein vermindert ist? Und ist die Medizin heute wirklich so fortgeschritten, um mit Sicherheit sagen zu können, daß durch den starken Alkoholkonsum die Grenze, das Unrechtmäßige noch einzusehen, beim schwachsinnigen Angeklagten nicht überschritten wurde. Jedenfalls muß es ein Unterschied sein, ob ein Schwachsinniger unter starkem Alkoholeinfluß steht oder ein normaler Mensch. Die Unterscheidung von Intelligenz und Bewußtsein kann hier keine sichere Auskunft geben. Im Zweifel muß daher die mangelnde Unzurechnungsfähigkeit des Angeklagten im Zeitpunkt der Tat angenommen werden.

Wenn Sie aber die Zurechnungsfähigkeit schlechthin und auch die Sinnesverwirrung des Angeklagten bei Begehung der Tat verneinen, müssen Sie bei der Festsetzung der Strafe vor allem folgende Umstände berücksichtigen: das sofortige, umfassende, wiederholte und reuevolle Geständnis, die vernachlässigte Erziehung, die tristen Familienverhältnisse, der defekte Geisteszustand und schließlich das Verhalten des Jungbauern, der sich gerade gegenüber einem von der Umwelt isolierten und beschränkten Menschen nicht hätte so verhalten dürfen.

Die Geschwornen bejahen die Hauptfrage einstimmig mit Ja, die Zusatzfrage verneinen sie einstimmig. Das Geschwornengericht verurteilte den Angeklagten wegen des Verbrechens der Brandlegung zu fünf Jahren schweren Kerkers.

Der Staatsanwalt bringt eine Strafberufung an das Oberlandesgericht ein. Er führt wie im Plädoyer vor dem Geschwornengericht aus und macht auch geltend, daß ein reuevolles Geständnis nicht vorliege.

Das Oberlandesgericht führte aus: Die Frage, ob das vom Angeklagten abgelegte Geständnis reumütig war, hat das Erstgericht schließlich aufgrund des persönlichen Eindrucks, den es bei der Einvernahme gewonnen hat, bejaht und das Oberlandesgericht hat keine Veranlassung, an diesem vom Erstgericht gewonnenen Eindruck zu zweifeln. Das Oberlandesgericht gab aber der Strafberufung Folge und setzte die Strafe von fünf auf sieben Jahre hinauf. Nach Ansicht des Berufungsgerichtes entspricht die Strafe von nur fünf Jahren nicht der Schwere der Tat und der Täterpersönlichkeit. Bei der geistigen Primitivität des Angeklagten, der charakterlich ausgesprochen erregbar, rachsüchtig und verschlagen ist, ist eine strengere Strafe schon deshalb erforderlich, um ihm die Folgen der Tat entsprechend vor Augen zu führen und um ihn hinkünftig von weiteren Straftaten abzuhalten.

Zum Rechtsfall 10

Das Verbrechen der Brandlegung ist mit lebenslangem Kerker bedroht. Es hat daher ein Geschwornengericht über den Angeklagten zu urteilen. Das Geschwornengericht besteht aus der Geschwornenbank mit den acht Geschwornen und dem Schwurgericht bestehend aus drei

Berufsrichtern. Die Geschwornen entscheiden über die Schuld allein, über die Strafe gemeinsam mit den Berufsrichtern.

Hatte im Rechtsfall 9 die ins Psychologische gehende Frage des Gewohnheitsdiebstahls ohne Beiziehung eines Sachverständigen entschieden, hat sich im Rechtsfall 10 der Gerichtspsychiater eingehend mit der Frage der Zurechnungsfähigkeit auseinandersetzen müssen. Er bejahte die Zurechnungsfähigkeit. Es liege zwar ein hoher Grad von Schwachsinn vor, aber der Angeklagte sei fähig, zwischen Recht und Unrecht zu unterscheiden und habe auch die Möglichkeit, danach zu handeln.

Warum hat der Verteidiger trotzdem versucht, die Zurechnungsfähigkeit in Frage zu stellen?

Er ist verpflichtet, alles wahrzunehmen, was für den Angeklagten spricht. Daher unternimmt er es auch, die Geschwornen von der fehlenden Verantwortlichkeit des Angeklagten zu überzeugen.

Und wenn er dies nicht erreicht, sollen die Geschwornen doch die Sinnesverwirrung des Angeklagten im Zeitpunkt der Tat annehmen. Der Verteidiger hatte, wenn auch erfolglos, eine diesbezügliche Zusatzfrage gestellt. Er wollte die Aufmerksamkeit der Geschwornen darauf lenken, damit sie sich eingehend mit dieser Frage auseinandersetzen.

Und hat der Verteidiger auch mit beiden Versuchen keinen Erfolg, verfehlen seine Ausführungen nicht ihre Wirkung. Die Geschwornen sehen einen hohen Grad von Schwachsinn, schon nahe an der Grenze der Unzurechnungsfähigkeit. Diese stark verminderte strafrechtliche Verantwortlichkeit haben sie bei der Strafbemessung besonders berücksichtigt. Daher die relativ geringe Strafe.

Unmittelbar nachdem der Vorsitzende die Strafhöhe ausgesprochen hatte, bemerkte der Staatsanwalt zum Verteidiger — ihre Plätze sind in diesem Geschwornengerichtssaal nebeneinander —, die Strafe sei zu gering, er werde berufen.

Tatsächlich hatte die Strafberufung Erfolg. Die Laienrichter (allerdings gemeinsam mit den Berufsrichtern; wie die einzelnen Richter über die Strafe urteilten, ist uns nicht bekannt) haben eine geringere Strafe für richtig gehalten. Sie haben sich offensichtlich mehr von Gefühlsmomenten bestimmen lassen als der Berufungssenat bestehend aus drei Berufungsrichtern.

Die Strafe ist lebenslanger schwerer Kerker. Es kann aber das Gericht bei Einwendung des außerordentlichen Milderungsrechtes die Strafe bis zu einem Jahr herabsetzen.

Eine Normadäquanz ließ sich hier überhaupt nicht herstellen, weil eine lebenslange Strafe überhaupt nie verhängt wurde. In diesem Falle ist der Gesetzesbuchstabe tot. Aber in der Auseinandersetzung zwischen Verteidiger und Staatsanwalt ging es um die Höhe der Strafe. Hier sind die Argumente entscheidend. Und dieser Kampf wurde schließlich für die Staatsanwaltschaft entschieden.

Die Rechtssache war zwei Monate nach der Tat gerichtsanhängig und nach einem Jahr und einem Monat nach der Tat abgeschlossen.

f) Zusammenfassende Betrachtung der Strafrechtsfälle

Ich habe fünf Zivilrechtsfälle und fünf Strafrechtsfälle behandelt. Ich will zunächst das Unterschiedliche und dann das Gemeinsame im Verfahren dieser Rechtsfälle aufzeigen.

Das Unterschiedliche:

Eine *spontane Rechtsverwirklichung* ist im Strafverfahren ausgeschlossen. Der Staat allein hat den Strafanspruch. Eine Selbstbestrafung des Täters kann nicht erwartet werden. Auch eine *Rechtsverwirklichung aufgrund einer außergerichtlichen Intervention* ist im Strafrecht unmöglich. Eine Aufforderung an den Täter, sich selbst zu bestrafen, wäre sinnlos.

Somit sind die Realisierungsmöglichkeiten des Strafrechtes beschränkt. Das Verfahren vor dem Rechtsstab ist hier die Voraussetzung der Rechtsverwirklichung. Eine gerichtsfreie Strafrechtsverwirklichung existiert nicht, wie es eine gerichtsfreie Zivilrechtsverwirklichung gibt.

Von Privatanklagedelikten abgesehen, kann es nur auf Antrag der Staatsanwaltschaft zur Gerichtsanhängigkeit kommen. Es erfolgt eine Anzeige an eine Sicherheitsbehörde oder an die Staatsanwaltschaft selbst, und erst von dieser hängt es ab, ob ein gerichtliches Verfahren eingeleitet werden soll. Jede Klage im Zivilverfahren führt zur Gerichtsanhängigkeit, nicht aber jede Anzeige zur Einleitung eines Strafverfahrens.

Die Stellung des Staatsanwaltes ist von ganz besonderer Art. Wohl hat er im Zweifel auf eine Verurteilung des Täters hinzuwirken. Aber es ist nicht seine Aufgabe, mit allen Mitteln einen Schuldspruch und eine hohe Strafe über den Angeklagten zu erwirken. Er hat sein Amt objektiv auszuüben. Er hat vollkommen in dem Dienst der Wahrheitsfindung zu stehen. Wenn der Staatsanwalt im Rechtsfall 6 nicht seine Bedenken bezüglich des Tatbildes der Trunkenheit im Sinne § 337 b StG geäußert hätte, wäre der Beschuldigte auch wegen dieser Gesetzesstelle rechtskräftig verurteilt worden. So wurde aber vom Berufungsgericht das Vorliegen einer Alkoholisierung geprüft und schließlich verneint.

Im Zivilprozeß stehen sich zwei Anwälte gegenüber, die gar nicht diese Objektivität wahren dürfen. Ein Anwalt müßte sich disziplinarrechtlich verantworten, würde er aus Gründen der Wahrheitsforschung etwas vorbringen, was für seine Partei nachteilig wäre. Das heißt aber nicht, daß er alles Verwerfliche unterstützen müßte. Er könnte, wenn das Vorgehen seiner Partei mit seiner Rechtsauffassung und seinem Gewissen nicht vereinbar ist, ohne weiteres die Vollmacht zurücklegen. Aber solange er Vollmachtsträger ist, hat er bei Gericht restlos hinter seinem Mandanten zu stehen und alle Angriffs- und Verteidigungsmittel zu gebrauchen.

Dadurch, daß im Strafprozeß neben dem Richter ein zur Objektivität verpflichteter Staatsanwalt steht, ist eine größere Garantie für die Wahrheitsfindung gegeben.

Im Zivilprozeß geht es darum, daß eine bestimmte Geldsumme bezahlt, ein bestimmter Gegenstand ausgefolgt, ein bestimmter Zustand wiederhergestellt werde. Im Strafprozeß hat der Richter über den schuldigen Angeklagten eine Strafe auszusprechen. Hierbei hat er die Milderungs- und Erschwerungsumstände zu berücksichtigen. Das setzt voraus, daß er sich über die Persönlichkeit des Täters ein genaues Bild machen muß. Er hat sich mit dem Vorleben, dem Beruf, dem Familienleben des Angeklagten zu befassen. Das sind alles Momente, die im Zivilprozeß überhaupt nicht oder doch nur am Rande behandelt werden. Wie aus drei Straffällen zu ersehen ist, wurden im Rechtsmittelverfahren die Strafen geändert. Im Rechtsfall 10 hat das Berufungsgericht die Strafe von fünf Jahren auf sieben Jahre heraufgesetzt. Dieser Strafe hatte das Rechtsmittelgericht die gleichen Erschwerungs- und Milderungsumstände zugrunde gelegt, es hatte sie aber anders gewürdigt. Auch in den Rechtsfällen 6 und 9 wurden die Strafen geändert. Da in diesen Rechtsfällen bestimmte Deliktsqualifikationen in Fortfall kamen, mußte auch die Strafe herabgesetzt werden.

Im Strafprozeß spielt das Plädoyer eine wichtige Rolle. Im Zivilprozeß gibt es in erster Instanz überhaupt kein Plädoyer. In zweiter Instanz kommt es auch bei mündlicher Verhandlung vor, daß auf das Plädoyer verzichtet wird. Auch in dritter Instanz gibt es keine Vorträge der Parteien, da ja die Verhandlungen vor dem Obersten Gerichtshof nicht öffentlich sind. Im Strafprozeß ist der öffentliche Ankläger in seinem Plädoyer bemüht darzulegen, daß der Strafantrag bzw. die Anklage berechtigt und der Beschuldigte entsprechend zu bestrafen ist. Der Verteidiger wiederum hat die Gelegenheit, in seinem Vortrag die Beweisergebnisse für den Angeklagten günstig zu beleuchten, den von der Anklage behaupteten Sachverhalt in Frage zu stellen und zu fordern, daß das Gesetz nicht angewendet werde. Im Rechtsfall 10 hatte der Staatsanwalt zwanzig Minuten und der Verteidiger eine halbe Stunde gesprochen. Trotzdem steht im Verhandlungsprotokoll nur: „Der Ankläger beantragt die Verurteilung des Angeklagten im Sinne der Anklage. Der Verteidiger beantragt Freispruch oder doch milde Bestrafung." Daraus ersieht man, daß das Verhandlungsprotokoll nie ein richtiges Spiegelbild über den Prozeßverlauf geben kann. Mir sagte kürzlich ein in Strafsachen judizierender Oberlandesgerichtsrat, er lasse sich weder vom Plädoyer des Staatsanwaltes noch von dem des Verteidigers beeinflussen. Das mag bei vielen Berufsrichtern auch tatsächlich zutreffen. Anders steht es aber bei den Laienrichtern. Ihre Meinung wird vielfach von den Plädoyers mitgeformt. So war im Rechtsfall 10 die geringe Strafe entscheidend auf das Plädoyer des Verteidigers zurückzuführen, der sich Mühe gab, Umwelt, Tragik und Erbarmungswürdigkeit des Angeklagten besonders herauszustellen. Hingegen folgte der Berufungssenat des Oberlandesgerichtes dem an die Raison gerichteten Appell des Staatsanwaltes, zu verhindern, daß der Angeklagte allzu bald wieder rückfällig wird, und ihm daher eine entsprechend hohe Strafe aufzuerlegen.

In der nachstehenden Übersicht stelle ich die Dauer der Rechtsdurchsetzung in Zivilrechtssachen der in Strafrechtssachen gegenüber.

Zivilrechtsfälle

Rechtsfall	1	1½ Jahre	(4 Monate)
Rechtsfall	2	9 Monate	(1 Tag)
Rechtsfall	3	1 Jahr, 1 Monat	(14 Tage)
Rechtsfall	4	2 Jahre, 2 Monate	(2 Monate)
Rechtsfall	5	2½ Jahre	(6 Monate)

Strafrechtsfälle

Rechtsfall	6	7 Monate	(1½ Monat)
Rechtsfall	7	7 Monate	(20 Tage)
Rechtsfall	8	7 Monate	(1 Monat)
Rechtsfall	9	8 Monate	(1 Monat)
Rechtsfall	10	1 Jahr, 1 Monat	(2 Monate)

Es ist hier die Zeit angeführt, die vom Eintritt des Schadensereignisses oder der Fälligkeit bzw. Tatzeitpunkt bis zur Rechtskraft des Urteils verstrich. In Klammern ist die Dauer bis zur Gerichtsanhängigkeit angegeben.

Es fällt auf, daß diese Zeit in den Strafrechtsfällen eine kürzere ist. Dies ist vor allem darauf zurückzuführen, daß es in Strafsachen nur zwei Instanzen gibt. Die längste Dauer im Rechtsfall 10 ist damit verbunden, daß dieser Fall nicht mehr in der Frühjahrs-, sondern erst in der Herbstsession behandelt werden konnte.

Der Rechtsfall 1, wo übrigens nur in einer Instanz entschieden wurde, muß außer Betracht bleiben, weil die lange Prozeßdauer durch die Verzögerung der Vorlage der Belege durch den Kläger verursacht worden war. Aber schon im Rechtsfall 2, wo nur zwei Instanzen befaßt wurden, ist die Prozeßdauer schon verhältnismäßig lang.

Es ist aber nicht nur der kürzere Instanzenzug, der zu einer kürzeren Verfahrenszeit in Strafsachen führt. Das Verfahren vor den Strafgerichten ist gestraffter und konzentrierter. Es gibt nicht so viele Verhandlungen wie im Zivilverfahren. Insbesondere in Haftsachen haben die Richter die Strafsache besonders rasch zum Abschluß zu bringen. Das Gemeinsame in Zivil- und im Strafverfahren:

Wenn es auch Unterschiede gibt, so ist doch beiden Verfahrensarten vieles gemeinsam.

Sowohl im Zivil- wie im Strafprozeß muß der vom Kläger bzw. von der Staatsanwaltschaft behauptete Sachverhalt unter Beweis gestellt werden. Auch im Strafprozeß muß sich das Gericht mit den widersprechenden Aussagen auseinandersetzen. Im Rechtsfall 6 gab der Beschuldigte eine ganz andere Sachverhaltsdarstellung als die beiden Zeugen. Das Gericht mußte daher begründen, warum es den Angaben der Zeugen und nicht der Verantwortung des Beschuldigten Glauben schenkte. Im Rechtsfall 7 hatte das Gericht Bedenken, ob die Zeugin — es war die Mutter der beiden Beschuldigten —, objektiv richtig aussagte. Das Gericht erkannte sogleich, daß die Sympathien der Zeugin beim Sohn lagen. Es machte daher eine Reihe von Vorhalten, so daß das Ergebnis dieses Beweismittels ein anderes wurde, als hätte die Zeugin nur ausgesagt, was ihr gerade auf der Zunge lag. Über die Verletzungen selbst wußten nur die Beschuldigten auszusagen. Hier glaubte das Gericht den Beschuldigten nur so weit, als sie Angaben über die erhaltenen Verletzungen machten. Den Angaben aber über das Verhalten gegen den anderen schenkte es keinen Glauben. Aus dem Rechtsfall 8 war zu entnehmen, daß — ähnlich wie ich es im Rechtsfall 1 aufgezeigt hatte — das Gericht nicht etwa nur die Beweise aufnimmt, die vom Verteidiger beantragt wurden. Es hat hier noch weitere Zeugen von Amts wegen vernommen.

In den Rechtsfällen 8 und 9 folgten die Rechtsmittelgerichte den Ausführungen der Verteidigung und nahmen die beantragte Änderung des Urteiles vor. Auch im Rechtsfall 6 hatte der Verteidiger Erfolg. Dies wurde aber nicht etwa dadurch erreicht, daß die zweite Instanz die Begründung der Verteidigung übernahm, sondern einen anderen Mangel im angefochtenen Urteil fand und bei Behebung desselben im Endergebnis der Berufung stattgab. Analog war der Rechtsfall 2, in dem das Rechtsmittelgericht die Entscheidung anders begründete als der Beklagtenvertreter den Rekurs.

Das Rechtsmittelgericht übernahm in den Rechtsfällen 7 und 9 (wie in den Zivilrechtsfällen 2 und 4) die Feststellungen des Erstgerichtes. Im Rechtsfall 7 (wie im Zivilrechtsfall 4) verband es damit die gleichen rechtlichen Folgen. Im Rechtsfall 9 (wie im Zivilrechtsfall 2) beurteilte es den Sachverhalt rechtlich anders. In den Rechtsfällen 6 und 8 (wie im Zivilrechtsfall 3 und 5) traf die zweite Instanz andere Feststellungen und beurteilte auch die Rechtsfrage anders.

Somit kann man sagen, daß sich bezüglich des Vorganges, wie es zur Sachverhaltsdarstellung kommt, aber auch bezüglich der Tatsache, daß das Rechtsmittelgericht Feststellungen ändern oder auch gleiche Feststellungen anders beurteilen kann, es im Zivil- und im Strafprozeß keine Unterschiede gibt.

Im Zivilprozeß herrscht ein Kampf zwischen den Parteien, im Strafprozeß zwischen Staatsanwaltschaft und Verteidigung. Mag es auch vorkommen, daß sich der öffentliche Ankläger aus Gründen der Objektivität zugunsten des Angeklagten verhält, wie es im Rechtsfall 6 gezeigt wurde, so ist es in der Regel doch ein harter Kampf, der zwischen den beiden Vertretern geführt wird. Dies sieht man insbesondere im Rechtsfall 10, in dem der Staatsanwalt keinesfalls wollte, daß es bei fünfjähriger Strafe blieb. Den mehr gefühlsmäßigen Argumenten der Verteidigung stellte der öffentliche Ankläger mehr verstandesmäßige Gründe entgegen und konnte durchdringen. Auch im Rechtsfall 8 erkannte man diesen Kampf zwischen Verteidigung und Staatsanwaltschaft, indem die Verteidigung bemüht ist nachzuweisen, daß eine Voraussetzung des Tatbestandes fehlt. Nach drei Berufungsverhandlungen hat schließlich die Verteidigung Erfolg.

Auch die Anrufung der Strafgerichte bietet nur die *Möglichkeit*, daß es zu einer Rechtsdurchsetzung kommt. Es muß der Anklagebehörde gelingen nachzuweisen, daß der behauptete Sachverhalt vorliegt und mit diesem auch die Rechtsfolgen verbunden sind. Auf der anderen Seite versucht der Verteidiger mit allen Mitteln, den Sachverhalt anders darzustellen und die Anwendung des Gesetzes in Frage zu stellen.

Das Strafgericht hat mit Hilfe der Beweisaufnahmen zu ermitteln, ob der Tatbestand gegeben ist, und hat zu beurteilen, ob mit diesem Sachverhalt die rechtlichen Folgen verknüpft sind. Trifft dies zu, spricht es die Gesetzesadäquanz aus. Damit kann die Gesetzeswirklichkeit herbeigeführt werden.

Es kann auch der Fall eintreten, daß der Rechtsstab vom Rechtsfall keine Kenntnis nimmt. Der Nachbar stiehlt aus dem Garten Holzbretter. Der Bestohlene erstattet keine Anzeige. In diesem Falle ist es ausgeschlossen, daß das Gesetz zur Anwendung kommt. Das Gesetz kann nicht aktiviert werden.

Ich habe davon gesprochen, daß das Zivilgesetz bloß toter Buchstabe ist, wenn keine spontane Rechtsverwirklichung eintritt und die Rechtsverwirklichung weder aufgrund außergerichtlicher Intervention noch mit Hilfe des Rechtsstabes angestrebt wird.

Vom Strafgesetz ist zu sagen: Es kann *nur* mit Hilfe des Rechtsstabes verwirklicht werden. Wird der Rechtsstab nicht befaßt, bleibt er toter Buchstabe.

3. Verwaltungsrechtsfälle

E Amt der Tiroler Landesregierung vom 20. 12. 1966 — Ia 659/66 —
E Bundesministerium für Inneres vom 23. 1. 1967 — 270.387-33/67 —
E Amt der Tiroler Landesregierung vom 25. 6. 1968 — Ia 602/68 —
E Amt der Tiroler Landesregierung vom 2. 2. 1968 — Ia 185/68 —

a) Rechtsfälle 11—13: Namensänderungen

Rechtsnorm: §§ 1 und 3 (1) Gesetz über die Änderung von Familien- und Vornamen: Der Familienname kann nur auf Antrag geändert werden. Ein Familienname kann nur geändert werden, wenn ein wichtiger Grund eine Änderung rechtfertigt.

Sachverhalt: 1. Ein in der Republik Südafrika lebender Österreicher ist durch seinen Namen Kammerlander in seinem wirtschaftlichen Fortkommen behindert. Er will den Namen in Lander ändern.

2. Der Fliegerschüler Peter Nothdurfter sieht sich in seinem angestrebten Beruf als Pilot benachteiligt. Er will künftig Notte heißen.

3. Der Tischlermeister Mandelc will aus beruflichen Gründen seinen Namen in Mantlez ändern.

1. In der Anwaltskanzlei erscheint ein dreiunddreißigjähriger Mann mit dem Namen Kammerlander. Er war 1955 nach Südafrika gefahren. Er übt in Johannesburg den Beruf eines Uhrmachers aus. Er ist nach wie vor österreichischer Staatsbürger. 1959 verehelichte er sich mit einer Britin. Er hat die Absicht, in Südafrika zu bleiben und hier selbständig das Uhrmachergewerbe auszuüben. Er klagt darüber, daß die englisch-sprechende Bevölkerung sich sehr schwer tut, den Namen Kammerlander auszusprechen. Leute, die mit ihm zu tun haben, kürz-

ten selbst seinen Namen auf Lander ab. Man nannte ihn in Johannesburg nur mehr Lander. Im Interesse seines beruflichen Fortkommens hatte er durch das Innenministerium in Pretoria die Änderung seines Namens in Lander erzielen können. Er will, daß nun auch von seiner Heimatbehörde diese Namensänderung durchgeführt werde. Er bittet den Anwalt, die notwendigen Schritte einzuleiten.

Der Anwalt bringt bei der Landesregierung den Antrag auf Namensänderung ein. Die Begründung stimmt nahezu mit der obigen Informationsaufnahme überein.

Das Amt der Landesregierung weist den Antrag ab. Nach Ansicht der Behörde ist ein wichtiger Grund nur dann gegeben, wenn der bisherige Name anstößig oder lächerlich und daher geeignet ist, das wirtschaftliche Fortkommen des Namensträgers zu gefährden. Das Vorbringen der Partei, daß durch die Änderung des Familiennamens der Aufbau ihrer Existenz im englisch-sprachigen Raum erleichtert werde, entbehrt jeden Beweises und kann nach hieramtlicher Ansicht nicht als wichtiger Grund betrachtet werden. Es kann auch nicht als glaubhaft angenommen werden, daß der bisherige Name geeignet ist, das berufliche Fortkommen des Antragstellers, der den Beruf eines Uhrmachers ausübt, wesentlich zu erschweren.

Noch einmal erscheint der Uhrmacher in der Anwaltskanzlei. Er ist sehr bedrückt. Der Anwalt rät, auf alle Fälle ein Rechtsmittel zu ergreifen. Nun schreibt der Anwalt in der Begründung der Berufung ausführlicher über die Schwierigkeiten, unter denen sein Klient in Südafrika leidet: Bald stellte sich heraus, daß die englisch-sprechende Bevölkerung sehr große Schwierigkeiten hatte, seinen Namen auszusprechen. Sie konnte sich den Namen nicht merken. Wiederholt mußte er ihn buchstabieren. Schließlich gingen die Engländer daran, ihn nur mehr „Herrn K.“, den „Mann mit der Pfeife“ oder ähnlich zu bezeichnen, nur um zu umgehen, seinen Namen voll auszusprechen. Dabei scheute man gar nicht, sich über ihn lustig zu machen. Sein Name klingt nämlich, von Englischsprechenden ausgesprochen für diese äußerst komisch. Seine namensmäßige Behandlung im englisch-sprachigen Ausland wirkte sich auf seinen Gemütszustand sehr nachteilig aus, was zur Folge hatte, daß seine Arbeitsleistungen nachließen. In seiner Verzweiflung suchte er einen Arzt auf, der ihm riet, er solle eine Namensänderung vornehmen lassen. Er fand bei den Behörden in Pretoria Verständnis und erreichte beim Innenministerium in Pretoria die Änderung seines Namens in Lander. Da er nach wie vor österreichischer Staatsbürger ist und auch bleiben möchte, will er alles daransetzen, daß der Name, den er im englischsprachigen Ausland führt, auch mit dem Namen übereinstimmt, den er nach seinem Heimatrecht führen kann. Er kann nicht in Südafrika der Herbert Lander und in

Österreich der Herbert Kammerlander sein. Schon im Sinne der Ordnungsfunktion des Rechts muß einer Doppelnamigkeit und die Einheit seines Namens hergestellt werden. Er hat daher beim österreichischen Konsulat in Pretoria vorgesprochen. Hier hatte man ihm den Rat erteilt, in Österreich die Namensänderung zu beantragen, damit der Status der Doppelnamigkeit beseitigt werden kann. Um dies zu erreichen, ist er unter großen finanziellen Opfern eigens in seine Heimat gefahren, um die Übereinstimmung mit der in Südafrika durchgeführten Namensänderung die Umwandlung, oder besser gesagt, die Kürzung seines Namens zu erreichen. Zu seiner größten Überraschung und Enttäuschung fand aber seine Heimatbehörde weniger Verständnis als die südafrikanische Stelle. Ohne auf die menschliche Seite einzugehen, wies die Heimatbehörde seinen Antrag mit der Begründung von wenigen Sätzen ab.

Das Bundesministerium für Inneres gab der Berufung statt und bewilligte die Namensänderung in Lander. Im Bescheid der zweiten Instanz heißt es: Das Bundesministerium für Inneres hat in den vom Berufungswerber ins Treffen geführten Umständen, daß er wegen der im englisch-sprechenden Ausland mit seinem Familiennamen Kammerlander gehabten Schwierigkeiten durch das Innenministerium in Pretoria die Bewilligung zur Änderung seines Namens in Lander erhalten hat und es für sein weiteres wirtschaftliches Fortkommen von besonderer Wichtigkeit ist, den Status der Doppelnamigkeit zu beseitigen, den vom Gesetzgeber für die beantragte Namensänderung geforderten wichtigen Grund erblickt.

2. Der Name Nothdurfter stammt aus dem Ahrntal in Südtirol. Dort hält niemand den Namen für anstößig. Jeder weiß hier, daß der Name Niederdorfer bedeutet. Aber schon in Nordtirol klingt der Name nachteilig und viele, die diesen Namen tragen, wollen sich seiner entledigen.

So leidet unter diesem Namen ein 22jähriger Maturant der Gewerbeschule, der zur Zeit die Fliegerschule der Austrian Airlines besucht. Nach neunmonatiger Ausbildung und Absolvierung der vorgeschriebenen Prüfungen wird er Berufspilot sein. Er wird sogleich im Liniendienst eingesetzt werden. Nach ca. drei Monaten Flugdienst hat er fast nur mehr Auslandsflüge zu tätigen.

Beim Ausrufen seines Namens durch die Lautsprecher in den Flughäfen bereitet schon der Wortlaut des Namens für den Sprechenden — ganz besonders aber wenn sie Ausländer sind — große Schwierigkeiten. Da der Name häufig unrichtig ausgesprochen wird, versteht er ihn selbst oft schlecht, andere aber mitunter überhaupt nicht. Das hat zur Folge, daß es zu Verzögerungen und sogar zu verspäteten Abflügen kommen kann.

Der Name Nothdurfter veranlaßt zu unangenehmen Randbemerkungen. Er wird hierdurch insbesondere bei seiner Berufsausbildung gehemmt, ja oft schwer beeinträchtigt. Die verletzenden und taktlosen Äußerungen, die er immer wieder hören muß, treffen ihn seelisch hart, was oft zu Depressionen und damit verbundener Arbeitsunlust führt.

Der Fliegerschüler beantragt durch seinen Anwalt die Änderung seines Namens in Notte.

Das Amt der Tiroler Landesregierung bewilligt die Namensänderung.

3. Ein 26jähriger Tischlermeister ist sehr bestürzt, als ihm in seiner Werkstätte ein Postbote einen Bescheid der Landesregierung ausfolgt, wonach er nun nicht mehr Mantlec heißt, sondern sich Mandelc nennen muß.

Wie war es dazu gekommen? Die Behörde hatte davon Kenntnis erlangt, daß in Urkunden der Name einen verschiedenen Wortlaut hatte. Bei der Taufe seines Vaters war laut Geburtenmatrik des Pfarramtes Absam der Name des Großvaters mit Mantlez beurkundet. Bei der Trauung seiner Eltern war laut Auskunft des Pfarramtes Telfs der Name des Großvaters mit Mandelz angegeben. Die Behörde forschte weiter. Nach der Geburtsurkunde des Großvaters, ausgestellt vom Pfarramt Heilig Kreuz bei Trzic (früher Neumarktl), Jugoslawien, lautet der Familienname auf Mandelc. Daher berichtigte die Behörde den Namen nun auch auf Mandelc.

An das Amt der Tiroler Landesregierung richtet nun der Tischlermeister einen Namensänderungsantrag.

Im Antrag führt er aus: Die Geburtsurkunde sowie der Staatsbürgerschaftsnachweis des Antragstellers lauten auf Mantlez. (Andere Urkunden, wie z. B. Heiratsurkunde und Meldebestätigung, lauten auf Mantlec). Der offensichtlich slowenische Wortlaut „Mandelc“ als Familienname würde sich für den Antragsteller sehr nachteilig auswirken, da er ja unter dem bisherigen Namen bekannt wurde. Die slawische Form ist besonders in Tirol schwer auszusprechen. Der Antragsteller betreibt ein Tischlergewerbe. Die Führung des Namens „Mandelc“ hätte für ihn vor allem berufliche Nachteile. Sein Betrieb ist nämlich durch den bisherigen Wortlaut bekannt geworden. Es würde sich die berichtigte slawische Schreibweise auf den Umgang mit den Kunden und den Geschäftsfreunden, die seinen bisherigen Namen gewohnt sind, nachteilig auswirken.

Der Tischlermeister beantragt, den Namen in Mantlez zu ändern. Die Schreibweise Mantlec führt nämlich dazu, daß die Leute „Mantlek“

lesen, was ungewohnt ist und auch nicht schön klingt. Die Landesregierung gibt dem Antrag statt.

Zu den Rechtsfällen 11 bis 13

Der Uhrmacher, der Fliegerschüler und schließlich der Tischlermeister hatten ein Interesse, daß ihre Namen geändert werden. Ihrem Interesse konnte aber nur durch Bescheid der Behörde nachgekommen werden. Der Staat hat zu entscheiden, wie der Bürger sich nennt. Es ist also die Anrufung des Rechtsstabes die einzige Möglichkeit, die Namensänderung zu erwirken.

Vergleicht man im Rechtsfall 11 den Antrag an die Landesregierung mit der Berufung an das Innenministerium, ersieht man, daß der Antrag sehr knapp gehalten ist. Das Rechtsmittel hingegen ist sehr ausführlich verfaßt. Es werden hier auch neue Gesichtspunkte ins Treffen geführt: Der Berufungswerber war sehr bedrückt. Er suchte einen Arzt auf, der ihm riet, die Namensänderung zu beantragen. Nachdem ihm das Innenministerium in Pretoria die Namensänderung bewilligt hatte, hatte er zwei Namen: einer sollte für Südafrika, der andere für Österreich gelten. Diesen Zustand der Doppelnamigkeit gilt es abzuschaffen.

Es ist hier ähnlich wie im Rechtsfall 8, in dem der Rechtsvertreter erst in zweiter Instanz eine größere Aktivität entfaltet.

Auffallend ist, daß die beiden Bescheide sehr kurz begründet sind. Auffallend ist, daß der Verfahrensaufwand ein sehr geringer ist. Im Antrag waren die Personalurkunden des Uhrmachers sowie die Bewilligung des Innenministeriums in Pretoria beigelegt. Es kam aber zu keiner Verhandlung, weder in erster noch in zweiter Instanz. Die erste Instanz schenkt dem Vorbringen bezüglich der beruflichen Schwierigkeiten keinen Glauben, die zweite Instanz glaubt es.

Und auch hier sieht man wie im Zivil- und Strafverfahren: einen behaupteten Sachverhalt und eine behauptete rechtliche Wirkung; Erschwerung des wirtschaftlichen Fortkommens bei Beibehaltung des bisherigen Namens — bei diesem wichtigen Grund kann der Name geändert werden. Die erste Instanz verneinte aber den Sachverhalt und damit verweigerte sie die Anwendung des Gesetzes. Sie nahm Norminadäquanz an und somit war nach dem Erstbescheid die Verwirklichung der Rechtsnorm vereitelt.

Die zweite Instanz traf — ohne daß Beweise aufgenommen wurden — andere Feststellungen. Es bejahte die wirtschaftlichen Schwierigkeiten und sah darüber hinaus schwere Nachteile durch die Doppelnamigkeit. Mit diesem Sachverhalt verknüpfte es die rechtlichen Folgen: die Änderung des Namens. Somit wurde im Rechtsmittelweg die Gesetzeswirklichkeit erreicht.

Von der Antragstellung bis zur rechtskräftigen Erledigung vergingen vier Monate.

Warum hat die gleiche Behörde im Rechtsfall 12 anders entschieden als im Rechtsfall 11? In beiden Fällen wirkte sich der Wortlaut des Namens nachteilig aus. In beiden Fällen litten die Antragsteller unter den bisherigen Namen. In beiden Fällen ging es um wirtschaftliche bzw. berufliche Interessen. Es sind zwei Gründe für die abweichenden Entscheidungen. Im Rechtsfall 11 wurden im Antrag die wirtschaftlichen Schwierigkeiten nur flüchtig angedeutet. Der ganze Antrag bestand nur aus ein paar Zeilen. Hingegen war der Antrag im Rechtsfall 12 umfangreicher und ausführlicher begründet. Aber noch ein Moment spielt hier herein. Dem Rechtsfall 12 war der Berufungsbescheid des Rechtsfalles 11 vorangegangen. Die erste Instanz sah, daß die letztinstanzliche Rechtsprechung sich geändert hatte und „wichtige Gründe" im Sinne des Gesetzes nicht mehr so streng auslegte. Die erste Instanz mußte damit rechnen, daß der Anwalt des Antragstellers wieder Berufung einlegte, und sie wollte verhindern, daß neuerdings ein Bescheid von ihr geändert werde. So konnte im Rechtsfall 12 sogleich die Gesetzeswirklichkeit erreicht werden.

Der Vergleich besagt, daß es selbst bei der gleichen Behörde und bei gleichbleibender Besetzung die Entscheidung nicht immer voraussehbar ist. Diese mangelnde Voraussehbarkeit wird aber viele davon abhalten, die Rechtsverwirklichung überhaupt anzustreben.

Und es ist noch ein Unterschied zwischen beiden Rechtsfällen. Im Rechtsfall 11 kamen dem Antragsteller die Kosten doppelt so hoch. Im Verwaltungsverfahren werden ja der obsiegenden Partei nicht die Kosten ersetzt. Im Rechtsfall 12 hatte der Fliegerschüler außer der günstigeren Kostenfrage auch den Vorteil, daß die Angelegenheit innerhalb eines Monats zum Abschluß gebracht werden konnte. Somit hatte er eine billigere und schnellere Herbeiführung der Gesetzeswirklichkeit erreicht.

Es kann auch vorkommen, daß plötzlich der Name geändert wird, ohne daß der Betreffende es will. Hier war die Behörde von Amts wegen vorgegangen. Der Namensträger war bemüht, diesen Nachteil durch eine Namensänderung zu beseitigen. Nun war es nach den bisher bekannten Entscheidungen völlig ungewiß, ob die beantragte Änderung bewilligt werde. Die Behörde könnte auf dem berichtigten Namenswortlaut bestehen und argumentieren, daß die Berichtigung sinnlos wäre, wenn sie sofort wieder geändert werde. In diesem Falle war auch keine Anstößigkeit gegeben. Auch klang der Name nicht lächerlich.

Es waren somit drei Möglichkeiten: Entweder entscheidet die Behörde, daß der berichtigte slowenische Wortlaut beizubehalten ist und sich der Tischler künftig immer nur Mandelc nennen muß. Oder die Behörde stellt den bisherigen Wortlaut Mantlec wieder her. Als letzte Möglichkeit kann sie im Zuge dieser Änderung den für ihn günstigeren Wortlaut Mantlez bewilligen. Tatsächlich entschied sie sich für das letztere. Im Vergleich zu den beiden Vorentscheidungen ist dieser Bescheid verwunderlich, da ja der Name Mantlez gegenüber Mantlec wohl nur geringe wirtschaftliche Vorteile bringen kann.

Zwischen Antragstellung und Zustellung des Bescheides liegen drei Monate.

Die Nebeneinanderreihung dieser drei Namensänderungsfälle soll aufzeigen, daß es auch bei der gleichen Behörde oft schwer vorauszusehen ist, wie sie entscheiden wird.

b) Rechtsfall 14: Die Tankstellenkonzession

E Amt der Tiroler Landesregierung vom 27. 2. 1961 — IIa 505/5-61 —
E Bundesministerium für Handel und Wiederaufbau vom 9. 1. 1962 — 160.714-IV-22BA-1961 —
E Amt der Tiroler Landesregierung vom 25. 2. 1964 — IIa 226/12-62 —
E Bundesministerium für Handel und Wiederaufbau vom 30. 8. 1965 — 156.519-IV-22BA-1965 —
E Amt der Tiroler Landesregierung vom 25. 4. 1966 — IIa 491/1966 —
E Bundesministerium für Handel, Gewerbe und Industrie vom 11. 9. 1966 — 157.861-III-13-1966 —
E Verwaltungsgerichtshof vom 4. 12. 1968 — 1787/66 —

Rechtsnorm: § 25 Gewerbeordnung: Die Genehmigung der Betriebsanlage ist bei allen Gewerben notwendig, welche mit besonderen für den Gewerbebetrieb angelegten Feuerstätten, sonstigen Motoren oder Wasserwerken betrieben werden, oder welche durch gesundheitsschädliche Einflüsse, durch die Sicherheit bedrohenden Betriebsarten, durch üblen Geruch oder durch ungewöhnliches Geräusch die Nachbarschaft zu gefährden oder zu belästigen geeignet sind. Vor erlangter Genehmigung dürfen diese Betriebsanlagen nicht errichtet werden.

Sachverhalt: Eine Mineralölgesellschaft will an einer Durchzugsstraße in Innsbruck eine Tankstelle errichten.

Eine Mineralölgesellschaft erwirkt bereits im Jahre 1961 einen Bescheid der Tiroler Landesregierung, wonach für die Errichtung einer Tankstelle mit vier elektrisch betriebenen Zapfsäulen an einer Durchzugsstraße in Innsbruck die Genehmigung erteilt wurde. Östlich des

Stationsgebäudes sollen drei unterirdische Treibstoffbehälter mit einem Fassungsvermögen von je 10 000 Liter gebaut werden. Der Firma werden allein 27 Auflagen vorgeschrieben, die vornehmlich zum Schutz der Betriebssicherheit und zur Vermeidung einer Geruchsbelästigung in der Nachbarschaft eingehalten werden müssen. Es handelt sich zum Beispiel um genaue Bestimmungen über den Einbau der Tankkessel. Ich will nur einige der weiteren Bestimmungen herausgreifen: Die Kanaleinläufe müssen von der Zapfstelle mindestens 5 m entfernt sein. Die Lüftungsleitungen sind mindestens 2.50 m hoch zu führen und so anzuordnen, daß keine Flüssigkeitsdämpfe in Räume eindringen können. Rauchverbot und das Verbot des Hantierens mit offenem Licht ist bei der Tankstelle gut sichtbar anzuschlagen. Das Laufenlassen von Motoren ist durch Anschlag im Bereich der Tankstelle zu verbieten. Alle Öffnungen gegen die Außenluft müssen mit behördlich anerkannten Rückschlagsicherungen versehen sein. Zur Bedienung der Tankstelle und deren Einrichtungen dürfen nur mindestens 18 Jahre alte, mit der Handhabung vertraute Personen verwendet werden. Der Tankwarteraum ist während der kalten Jahreszeit in geeigneter Weise durch Heizkörper ohne offenen Glühdraht zu beheizen.

Durch diesen Bescheid sieht sich vor allem eine Anrainerin benachteiligt, die Eigentümerin einer unmittelbar an den Tankstellenbereich angrenzenden Villa mit Garten ist. Sie war bereits vor der ersten Instanz aufgefordert worden, einen evtl. Einspruch schriftlich einzubringen. Sie war sogleich dieser Aufforderung nachgekommen. Sie sah ihr Eigentum gefährdet und protestierte entschieden gegen die Errichtung der Tankanlage. Sie schrieb von der Beeinträchtigung durch den konstanten Lärm an- und abfahrender Autos. Ihr Eigentum befinde sich wegen des großen Benzinlagers in einer nicht zu unterschätzenden Gefahrenzone. Sie klagte auch über die mit einem solchen Betrieb verbundenen Abgase und Benzingeruch, was sich insbesondere auf ihren Gesundheitszustand äußerst schwerwiegend auswirke. Ihr Eigentum erfahre durch das geplante Objekt eine Wertminderung.

Der Bescheid hatte sich mit diesem Einspruch auseinandergesetzt: Dem Einspruch wegen übermäßiger Lärmbelästigung, Geruchsauswirkung und Feuergefahr wurde in den technischen Vorschreibungen im weiten Maße Rechnung getragen. Auf die darüber hinausgehenden Einwendungen war jedoch im Hinblick auf das öffentliche Interesse zur Errichtung einer Tankstelle in dem in Aussicht genommenen Standort sowie wegen der Unerheblichkeit des Vorbringens nicht weiter Bedacht zu nehmen.

Die Anrainerin wendet sich an einen Anwalt. Dieser macht in der Berufung an das Bundesministerium für Handel und Wiederaufbau geltend, daß ein Verfahrensmangel vorliegt, da seine Klientin bei der Verhandlung selbst nicht gehört wurde. Er zählt nochmals alle Gefahren auf, die mit der Errichtung der Tankanlage für seine Partei und ihr Eigentum verbunden sind. Er beantragt, der Betriebsanlage die Genehmigung zu versagen. Die Berufungsbehörde sieht diesen Verfahrensmangel gegeben und verhandelt an Ort und Stelle. Es erscheint die Anrainerin mit ihrem Vertreter. Dieser ist bemüht, auf die Gefahren und Nachteile des Objektes hinzuweisen. Für den Fall, daß die Genehmigung erteilt werden sollte, möge die Genehmigung sich nicht auf die Nachtzeit erstrecken. Der ebenfalls zur Verhandlung erschienene Amtssachverständige erstattet folgendes Gutachten: Im Hinblick auf den starken Kraftfahrzeugverkehr auf der Durchzugsstraße ist mit der Zufahrt von PKW zur Tankstelle mit keiner unzumutbaren Vermehrung der bereits vorhandenen Einwirkung von Lärm- und Geruchsbelästigung für die Anrainerin zu rechnen. Vom amtsärztlichen Standpunkt aus bestehen gegen die Genehmigung der Tankstelle keine Bedenken. Für die Nachtzeit ergäbe sich keine geänderte Situation.

Das Ministerium gibt der Berufung keine Folge. Es erteilt nur dem Konzessionswerber eine weitere Auflage. Um der Geruchsbelästigung weitestgehend entgegenzuwirken, ist in die Anlage eine Gaspendelleitung einzubauen.

Im Jahre 1962 errichtet nun die Mineralölgesellschaft nicht östlich, sondern westlich des Stationsgebäudes die Treibstoffbehälter. Diese Verlegung wird 1964 von der Landesregierung nachträglich genehmigt. Hiervon erhält die Anrainerin erst nach einem Jahr Kenntnis.

In großer Aufregung läuft die Anrainerin wiederum zu einem Anwalt. Sie weist darauf hin, daß nun die Treibstoffbehälter nur mehr 3 m von ihrer Grundgrenze und 8 m von ihrem Haus entfernt sind. (Nach dem ersten Bescheid war dies 20 m östlicher gewesen.) Sie bringt einen Zeitungsartikel über eine kürzlich erfolgte Explosion einer Tankstelle in Zürich, bei der 7 Personen verletzt wurden und ein Sachschaden von 800 000 Franken entstand.

Der Anwalt sieht in dem Vorgehen der Behörde einen ungesetzlichen Vorgang und bestärkt die Mandantin in ihrem Entschluß, ein Rechtsmittel zu ergreifen. In der Berufung führt der Anwalt aus: Der Bescheid wurde erst ein Jahr nach Ausstellung der Anrainerin zugestellt. Der Bescheid ist nicht als solcher bezeichnet und es fehlt jegliche Begründung. Es geht vor allem nicht hervor, warum der Treibstoffbehälter nicht im Osten, sondern westlich des Stationsgebäudes zu genehmigen ist. Dadurch erhöhe sich das Gefahrenmoment der Anrainerin. Auftragsgemäß legte der Anwalt den Zeitungsartikel über die Züricher Tankstellenexplosion bei.

Diese Berufung hatte Erfolg. Im Ministerialbescheid vom 30. 8. 65 hieß es, daß entschiedene Sache gem. § 68 (1) AVG vorliege und daher die Verlegung der Treibstoffbehälter nicht bewilligt werden könne. Es fehle dem Erstbescheid auch jegliche Begründung. Wörtlich heißt es in dem Berufungsbescheid: Ein mit dem früheren Begehren inhaltlich gleiches Begehren nicht mehr sachlich abgesprochen zu werden braucht und jedenfalls dann, wenn einem Dritten aus dem rechtskräftig gewordenen Bescheid Rechte erwachsen sind, nicht mehr abgesprochen werden darf. Letzteres trifft aber im vorliegenden Fall zu, weil die Anrainer der in Rede stehenden Betriebsanlage nach Maßgabe des im Genehmigungsbescheid vom 27. 2. 1961 zugrundeliegenden Planes, demzufolge die Kessel östlich des Stationsgebäudes zu verlegen sind, eine zu ihren Gunsten lautende rechtskräftige Entscheidung erwirkt hatten. Die Betriebsinhaberin hat in ihrer Eingabe keine Tatsachen angeführt, die eine wesentliche Änderung des Sachverhaltes, von dem die Behörde seinerzeit ausgegangen ist, darstellen würde. Im übrigen würde durch die nachträgliche Genehmigung der Verlegung der Treibstoffbehälter eine Beeinträchtigung der Rechte der Anrainerin eintreten.

Am 26. 10. 1965 bringt die Mineralölgesellschaft den Antrag auf Genehmigung der Änderung der Anlage durch Verlegung der Treibstoffbehälter westlich des Stationsgebäudes ein. Sie begründet dies folgendermaßen: Im Osten befand sich eine Kiesgrube, die nach Erschöpfung mit Müll, Alteisen, Autowracks und sonstigem Gerümpel aufgefüllt wurde. Diese Tatsache war bei Einreichung und beim gewerbebehördlichen Lokalaugenschein allen Beteiligten unbekannt. Eine Garantie für eine ordnungsgemäße Lagerung der Behälter wäre somit nicht gegeben gewesen und hätte daher eine fachgerechte und ordentliche Ausführung nicht erfolgen können.

Wiederum kommt es zu einer Verhandlung an Ort und Stelle. Der technische Amtssachverständige gibt an, daß vom sicherheitstechnischen Standpunkt keine Einwände gegen die Verlegung der Behälter eingebracht werden können. Der Mindestabstand unterirdischer Treibstoffbehälter von der Grundgrenze hat 1 m zu betragen. Der tatsächliche Abstand beträgt aber 3 m. Zu den Bodenverhältnissen erklärt der Sachverständige: Die Behälter müssen standfest gelagert werden und alle Einflüsse, die eine Beschädigung der Schutzisolierungen hervorrufen können, ausgeschaltet werden.

Der Vertreter der Anrainerin beantragt die Vernehmung von vier Personen, die Angaben über die Bodenbeschaffenheit im westlichen Teil der Tankstelle machen können. Sie bestätigen übereinstimmend, daß die Bodenbeschaffenheit im Westen wie im Osten die gleiche ist.

Der nun dritte Bescheid der Landesregierung stützt sich auf den ersten Teil des Gutachtens des technischen Sachverständigen und genehmigt das Ansuchen. Auf die Bodenverhältnisse wird überhaupt nicht Bedacht genommen.

Wiederum ergeht eine Berufung an das Ministerium. Der Vertreter der Anrainerin macht geltend: Die Gegenseite versucht, durch ein verfahrenswidriges Vorgehen den rechtswidrigen Zustand aufrechtzuerhalten. Es kann nun nicht nach Jahren nachträglich die Rechtswidrigkeit in Nichtbeachtung des Bescheides der Erstinstanz vom 27. 2. 1961 dadurch saniert werden, daß sich die Antragstellerin auf Umstände beruft, die eine sogenannte Änderung bedeuten würden. Die Bodenbeschaffenheit ist im Osten und Westen die gleiche. Es kann daher von neu entstandenen Tatsachen keine Rede sein.

Das Ministerium verwirft mit Bescheid vom 11. 9. 1966 die Berufung und vertritt die Ansicht, daß die Sicherheitsmaßnahmen bei einer Verlegung gewahrt sind. Auf die Bodenbeschaffenheit geht der Bescheid mit keiner Silbe ein. Ein rechtskräftiger Betriebsanlagegenehmigungsbescheid könne gemäß § 32 GewO bei Vorliegen der darin enthaltenen Voraussetzungen (Änderung und Erweiterung) durchaus abgeändert werden.

Dieser Bescheid sei ungerecht, sagt die Anrainerin, er müsse mit allen Mitteln bekämpft werden. Die letzte Möglichkeit ist ein außerordentliches Rechtsmittel: die Verwaltungsgerichtshofbeschwerde. In dieser macht der Anwalt der Anrainerin geltend, daß res judicata mit dem Bescheid der Landesregierung vom 27. 2. 1961 vorliegt. Die Firma sei bescheidwidrig vorgegangen, indem sie eigenmächtig, ohne behördliches Verfahren zu beantragen und dessen Ergebnis abwartete, die Verlegung der Treibstoffbehälter vornahm. Billigt man ein solches Vorgehen, so besteht die Gefahr einer Rechtsunsicherheit. Man setzt sich über behördliche Anordnungen hinweg, schafft einen behördenwidrigen Zustand, der nachträglich einfach genehmigt wird. In der Beschwerde wird auch Nichtberücksichtigung aller Beweisergebnisse bzw. Aktenwidrigkeit geltend gemacht, da die Aussagen der bei der letzten Verhandlung über die Bodenbeschaffenheit vernommenen Zeugen nicht beachtet wurden.

Schließlich wird geltend gemacht, daß die Mindestabstände nach der Innsbrucker Bauordnung nicht eingehalten wurden.

Der Verwaltungsgerichtshof weist die Beschwerde als unbegründet zurück. Wenn sich die zweite Instanz nicht mit der Bodenbeschaffenheit auseinandersetzte, bildet dies keinen Begründungsmangel, weil diese Frage für die Zulässigkeit der mit dem angefochtenen Bescheid genehmigten Änderung nicht von rechtlicher Relevanz war. Dies deshalb nicht, weil die auf § 32 GewO gestützte Genehmigung der Änderung einer Betriebsanlage das Hervorkommen neuer Tatsachen nicht zur Voraussetzung hat. Da es sich somit um eine Änderung der Betriebsanlage handelt, könne mit dem Bescheid aus dem Jahre 1961 nicht res judicata vorliegen. Der Hinweis auf die Mindestabstände der Innsbrucker Bauordnung sei unbeachtlich, weil eine Versagung der behördlichen Genehmigung auf der Grundlage der bezogenen Gesetzesstelle nicht zulässig ist.

Zum Rechtsfall 14

Beabsichtigt jemand, eine Tankstelle zu errichten, kann er nicht einfach die Anlage bauen und in Betrieb setzen. Er muß um die gewerbebehördliche Genehmigung ansuchen.

Die Erlangung der Konzession kann dadurch erschwert werden, daß Personen dagegen opponieren, die sich in ihren Rechten benachteiligt fühlen. Mit aller Kraft wandte sich die Anrainerin gegen das geplante Objekt. Warum kämpfte sie mit solcher Verbissenheit und solcher Hartnäckigkeit gegen die Errichtung der Tankstelle? Sie war eine kleine Pensionistin. Mühsam hatte sie sich die Mittel für den Bau einer Villa erspart. Sie war ledig, alleinstehend. Das Haus war ihre einzige Freude und Stolz. Nun sollten durch die Tankstelle Geruchs- und Lärmeinwirkungen auf ihr Eigentum ausgehen. Nun sollte ihr Besitz der Gefahr einer Explosion ausgesetzt sein. Das mußte mit allen Mitteln verhindert werden.

Zwar waren schon im ersten Bescheid eine Reihe von Bestimmungen enthalten, die der Konzessionswerberin zum Schutz der Nachbarschaft auferlegt wurden. Doch diese Auflagen gaben der Anrainerin noch lange nicht die Gewißheit, daß sie neben der Tankstelle in Sicherheit werde leben können. Sie dachte an die Explosionen von Tankstellen, die auch in der Nachbarschaft großes Unheil anrichteten.

Dreimal hatte die erste Instanz dem Ansuchen der Erdölfirma stattgegeben. Jedesmal hatte die Anrainerin dagegen berufen und schließlich gegen den letzten bestätigenden Bescheid der zweiten Instanz den Verwaltungsgerichtshof angerufen.

Über acht Jahre hatte sich der Rechtsstab mit der gleichen Angelegenheit zu befassen.

Der Rechtsfall 14 ist ein Beispiel dafür, mit welch riesigem Aufwand ein Rechtsstreit geführt werden kann.

Man sieht auch, wie schwierig, unübersichtlich und verworren ein Rechtsfall sein kann.

Trotz aller Kompliziertheit erkennt man auch hier wieder die zwei Momente: Sachverhalt und rechtliche Folge. So wird im ersten Bescheid das Objekt beschrieben und damit die Rechtsfolge verknüpft: die gewerbebehördliche Genehmigung. Der Mineralölfirma war der Weg für die angestrebte Rechtsverwirklichung freigegeben.

Zunächst hatte die Anrainerin insofern Erfolg, als das Ministerium eine Verhandlung an Ort und Stelle anberaumte und ihr Gelegenheit bot, sich zu dem Objekt zu äußern. Doch dies war auch alles. Die Berufungsinstanz bestätigte den ersten Bescheid.

Man wird verstehen, daß die Anrainerin bestürzt war, als sie erfuhr, daß nun das Treibstofflager unmittelbar gegen ihre Grundgrenze verlegt wurde. Sie konnte nicht begreifen, daß diese Verlegung dann auch nachträglich von der Behörde genehmigt wurde. Etwas mußte hier nicht in Ordnung sein, sonst hätte man ihr nicht den Bescheid erst nach einem Jahr zugestellt.

Die Berufung hatte Erfolg. Das Ministerium vertrat die Ansicht, daß bereits entschiedene Sache vorliege und versagte die Genehmigung für die Verlegung der Treibstoffbehälter. Die Betriebsinhaberin habe auf keine neu entstandenen Tatsachen hingewiesen, die eine andere Entscheidung über das Begehren möglich erscheinen lassen.

Auf das hin brachte die Firma einen neuerlichen Antrag ein und begehrte, die Verlegung der Treibstoffbehälter als Abänderung des ursprünglichen Objektes zu genehmigen. Sie begründete die Verlegung mit Schwierigkeiten in der Bodenbeschaffenheit.

Es sind zwei Standpunkte, die sich gegenüberstehen. Der Standpunkt der Firma: Die ursprünglich vorgesehene Lage der Treibstoffbehälter konnte aus bodentechnischen Gründen nicht eingehalten werden. Wir haben daher die Kessel verlegt. Diese Änderung führt zu keinem Nachteil für die Anrainerin, denn es wurden zusätzliche Sicherheitsmaßnahmen getroffen. Nur durch die Verlegung ist der Tankstellenbetrieb möglich. Daher muß die Verlegung genehmigt werden. Der Standpunkt der Anrainerin: Es liegt ein rechtskräftiger Bescheid vor, wonach die Kessel im Osten einzubauen sind. Die eigenmächtige Umgehung des Bescheides kann nicht geduldet werden. Es kann auch nachträglich nicht ein gesetz- und bescheidwidriger Zustand saniert werden. Die ungünstige Bodenbeschaffenheit ist ein unbeachtlicher Vorwand. Durch die Verlegung ist mein Besitz noch größerer Gefahr ausgesetzt.

Die Anrainerin ist bemüht nachzuweisen, daß in der Bodenbeschaffenheit kein Unterschied zwischen dem westlichen und dem östlichen Teil besteht. Sie führt dazu auch Beweise.

Die Behörde sieht eine Änderung in der Anlage gemäß § 32 GewO. Mit dieser Änderung sind die gesetzlichen Bestimmungen bezüglich der zu wahrenden Sicherheit gewahrt. Folglich ist die Zustimmung zu erteilen. Die Bodenbeschaffenheit ist gar nicht zu prüfen. Diese Ansicht vertritt auch die zweite Instanz. Selbst der Verwaltungsgerichtshof hält die Frage der Bodenbeschaffenheit für die zu genehmigende Änderung für rechtlich unrelevant.

Das Ergebnis: Die Firma hat einen verfahrensrechtlichen Fehler dadurch begangen, daß sie einfach um die Genehmigung der Verlegung der Kessel angesucht hatte. Nach dem zweiten Erkenntnis der zweiten Instanz war sie bemüht, den Fehler wieder gutzumachen, indem sie um die Genehmigung der Änderung des Objektes ansuchte. Hierbei wäre sie gar nicht verpflichtet gewesen, den Grund, nämlich die mangelnde Bodenbeschaffenheit im Osten des Stationsgebäudes, anzuführen. Diese Frage ist für eine Änderungsgenehmigung gemäß § 32 GewO unbedeutsam. Für die Anwendung dieser Gesetzesstelle ist nur erforderlich, daß die nötigen Sicherheitsvorschriften eingehalten werden.

Für diese Studie ist die Frage nicht entscheidend, ob es statthaft ist, daß einfach die Behörde durch die Verlegung der Kessel vor vollendete Tatsachen gestellt wird. Nicht zu beschäftigen hat sich diese Studie mit der richtigen Lösung der Rechtsfrage. Wichtig ist das Wechselspiel, das Auf und Ab im Verfahrensablauf.

Es ist in diesem Rechtsfall auch die wirtschaftliche Seite zu beachten. Nach dem zweiten Ministerialbescheid hätte man annehmen müssen, daß die Behälter nach Osten verlegt werden müssen. Das wäre mit einem ungeheuren Aufwand für die Firma verbunden gewesen. Sie konnte daher ohne weiteres das Risiko eingehen, die Kosten für einen weiteren Verfahrensgang auf sich zu nehmen. Durch dieses Verhalten wurde die Anrainerin, die verbittert um ihr Recht kämpfte, gezwungen, am Verfahren teilzunehmen. Diese schöpfte auch alle Rechtsmittelmöglichkeiten aus. Dies traf sie natürlich finanziell viel härter als die wirtschaftlich starke Firma. Tatsächlich hatte sie nicht nur ihre Anwälte für die Vertretung vor der Behörde, im Verwaltungsgerichtshofverfahren, sondern auch die Kosten der belangten Behörde und der gegnerischen Firma zu bezahlen. Im Verwaltungsgerichtshofverfahren besteht nämlich Kostenersatzpflicht der unterlegenen Partei sowie im zivilrechtlichen Verfahren.

Zusammenfassende Betrachtung der Verwaltungsrechtsfälle

Ich habe nur vier Verwaltungsrechtsfälle angeführt. Mit Absicht habe ich die Verwaltungsstrafrechtssachen ausgeklammert. Nach der ausführlichen Behandlung der Strafgerichtsfälle hätten sie keine oder doch nur unzureichende neue Aspekte gebracht. Aus dem großen Gebiet des Verwaltungsrechtes habe ich Fälle herausgegriffen, bei denen es um die Durchsetzung von bestimmten privaten Interessen geht. Bei diesen Beispielen ging es mir insbesondere, um die Kontrollfunktion des Rechtsstabes in Verwaltungssachen aufzuzeigen.

Es gibt private Interessen, denen nur mit Hilfe des Rechtsstabes entsprochen werden kann. Es soll sich nicht einfach jeder nennen können, wie er es will. Der Staat soll ein Kontrollrecht haben und nur in wichtigen Fällen eine Änderung des Namens zulassen. Es würde zu einer Unsicherheit im Verkehr mit Menschen führen, wenn beliebig der Name geändert werden könnte. Solchem Unfug soll der Rechtsstab vorbeugen. Allerdings geht auch der Rechtsstab so weit, daß er Namen von Amts wegen berichtigt und, wie im Rechtsfall 13 gezeigt wurde, aus Gründen der Namenswahrheit eine Korrektur des Namenswortlautes vornimmt. Hätte sich der Betroffene nicht dagegen gewehrt und einen Änderungsantrag eingebracht, hätte er sich gegen seinen Willen anders nennen müssen.

Hat jemand ein Interesse, eine Tankstelle zu errichten, muß er auf die Allgemeinheit Rücksicht nehmen. Er hat Bau- und Verhaltensvorschriften einzuhalten, damit der Ausbruch eines Feuers und somit eine Explosion weitestgehend verhindert und Geruchseinwirkungen auf die Nachbarschaft möglichst vermieden werden.

Allgemein ausgedrückt heißt dies: Nur wenn mit der Ausübung dieser privaten Interessen auch die Interessen der Allgemeinheit in Einklang gebracht werden können, entscheidet der Rechtsstab im Sinne des Begehrens.

In diesen Interessenfällen wird der Rechtsstab aufgrund privater Initiative tätig. Auch hier behaupten die Antragsteller einen Sachverhalt und begehren die damit verbundenen rechtlichen Folgen: Die Änderung des Namens oder die Genehmigung der Tankstelle. Nun ist das Verfahren nicht mehr so streng formalistisch wie im gerichtlichen Verfahren. Es ist Sache der Behörde, ob und welche Beweise sie aufnimmt. In den Namensänderungsverfahren wurden außer Urkunden keine Beweise aufgenommen. Im Rechtsfall 11 hatte die erste Instanz die Angaben im Antrag, daß in Hinblick auf den Namen die wirtschaftliche Existenz auf dem Spiel steht, nicht geglaubt, in zweiter Instanz wurden sie geglaubt. Im Rechtsfall 14 wurden zur Klärung des Sachverhaltes Sachverständige beigezogen, insbesondere ein Bausachverständiger und ein amtsärztlicher Sachverständiger. Sie haben Gutachten über die nötigen Sicherungsvorkehrungen abgegeben. Und wenn es auch nicht so klar zutage tritt, so ist es doch immer ein Sachverhalt, der von der Behörde festzustellen ist. Und die Behörde hat zu prüfen, ob mit dem festgestellten Sachverhalt die beantragte rechtliche Wirkung einzutreten hat.

In den einzelnen Rechtsfällen sieht dies so aus:

Rechtsfall 11:

1. Instanz: keine wirtschaftlichen Nachteile durch die Beibehaltung des Namens — es liegt kein wichtiger Grund einer Namensänderung vor, weshalb dem Namensänderungsantrag keine Folge zu geben ist.

2. Instanz: es liegen wirtschaftliche Nachteile vor; außerdem besteht die Notwendigkeit zur Beseitigung der Doppelnamigkeit — es liegen wichtige Gründe vor, weshalb die beantragte Namensänderung zu bewilligen ist.

Rechtsfälle 12—13:

1. Instanz: es wird allerdings nur der bisherige Name genannt und die Gesetzesstelle angeführt, aufgrund dessen die Namensänderung bewilligt wird; trotz der knappen Fassung des Bescheides ist aber auch hier die Zweiteilung in Sachverhaltsdarstellung und Rechtsfolge erkennbar.

Rechtsfall 14:

1. Instanz: der Antragsteller hat um die Genehmigung der Tankstelle in Innsbruck ... bestehend aus ... angesucht (die Anlage wird genau beschrieben) — unter den angeführten Vorschreibungen wird die Genehmigung erteilt.

2. Instanz: Sachverhaltsdarstellung wie in erster Instanz — die Genehmigung für die Errichtung einer Tankstelle wird erteilt, wobei zu den Auflagen laut Bescheid der ersten Instanz noch eine weitere hinzukommt.

1. Instanz: die Treibstoffbehälter wurden gegen Westen verlegt — dieser Verlegung wird die nachträgliche Genehmigung erteilt.

2. Instanz: Sachverhaltsdarstellung wie in erster Instanz — der Verlegung wird die Genehmigung versagt.

1. Instanz: Betriebsanlage wurde geändert, indem die Treibstoffbehälter gegen Westen verlegt wurden — diese Änderung wird genehmigt.

2. Instanz: Sachverhaltsdarstellung und rechtliche Wirkung wie in erster Instanz.

Verwaltungsgerichtshof:

die zweite Instanz als belangte Behörde hat festgestellt, daß die Betriebsanlage geändert wurde, indem die Treibstoffbehälter gegen Westen verlegt wurden — sie hat diese

Änderung genehmigt — durch die Entscheidung der zweiten Instanz wurden weder verfahrensrechtliche Vorschriften noch materielles Recht verletzt.

In den Rechtsfällen 11 und 14 wurden Fehler, die den Antragstellern im Verfahren unterlaufen waren, nachträglich durch eine besondere Aktivität beseitigt. Es war zweifellos ein Mangel, daß im Antrag auf Namensänderung die Gründe, warum der Uhrmacher wirtschaftliche Nachteile durch die Beibehaltung des Namens hat, zu wenig ausgeführt waren. Auch war im Antrag nicht über die Doppelnamigkeit, die es im Interesse der Einheit des Rechts zu beseitigen gilt, die Rede. Diese Versäumnisse wurden in der Berufungsschrift nachgeholt. Die zweite Instanz sah dann die wirtschaftlichen Schwierigkeiten und die Nachteile der Doppelnamigkeit gegeben und entschied im Sinne des Antrages. Im Rechtsfall 12 wurde im vorhinein der Fehler vermieden und der Antrag ausführlich begründet. Er führte auch sogleich in erster Instanz zu einem Erfolg.

Auch im Rechtsfall 14 war der Erdölfirma ein formaler Fehler unterlaufen. Sie hatte nur um die nachträgliche Genehmigung der Treibstoffbehälter angesucht. Diese Genehmigung wurde zwar in erster Instanz erteilt, in zweiter Instanz aber kassiert. Der Konzessionswerber hatte dann einen weiteren Antrag eingebracht, der auf Änderung der Tankstelle lautete. Dies war wichtig, wie aus den Bescheiden erster und nunmehr auch zweiter Instanz hervorging. Auch der Verwaltungsgerichtshof bestätigte die Richtigkeit dieser Vorgangsweise.

Kantorowicz hat zutreffend darauf hingewiesen, daß mit dem Wechsel in der Person des die Entscheidungsgewalt Ausübenden, auch die Entscheidungen wechseln. Er hat dies sehr überzeugend ausgesprochen[5]. Er hat aber diesen Fall nicht empirisch untersucht. Solche empirischen Untersuchungen sind inzwischen erfolgt, wie wir vor allem aus einer rechtssoziologischen Arbeit von Adam *Podgórecki* entnehmen können[6]. Ich will mit dem Entscheidungsvergleich derselben Instanz aufzeigen, daß nicht nur bei verschiedener Besetzung der Instanzen mit verschiedenen Erkenntnissen zu rechnen ist, sondern selbst bei gleichbleibender Besetzung verschiedene Entscheidungen erfließen können. Wenn man bedenkt, daß die Behörde im Rechtsfall 11 keine wirtschaftlichen Schwierigkeiten in der Beibehaltung des Namens sah, ist man überrascht, daß sie im Wortlaut Mantlec eine größere Benach-

---

[5] *Hermann Kantorowicz*, Rechtswissenschaft und Soziologie — Ausgewählte Schriften zur Wissenschaftslehre, hrsg. von Thomas Würtenberger, 1962, S. 35.

[6] *Adam Podgórecki*, Dreistufen-Hypothese über die Wirksamkeit des Rechts, in Hirsch/Rehbinder, Studien und Materialien zur Rechtssoziologie, 1967, S. 279 f.

teiligung erblickte als im Wortlaut Mantlez. Die Begründung des Antragstellers bestand nur darin, daß „die Schreibweise Mantlec nämlich dazu führt, daß die Leute ‚Mantle*k*' lesen, was ungewohnt ist und auch nicht schön klingt".

Wenn ich die drei von der gleichen Behörde entschiedenen Fälle behandelte, so auch deshalb, um zu zeigen, daß auch bei ähnlichen Rechtsfällen nie eine Sachverhaltsgleichheit, auch keine annähernde, gegeben ist. Immer sind es andere Persönlichkeiten, andere Motive, andere Voraussetzungen, andere Situationen, andere Verhältnisse. Jeder konkrete Rechtsfall ist in einen bestimmten individuellen Rahmen gestellt. Gerade diese drei Namensänderungsfälle sollen darüber ein Bild vermitteln, wie lebendig in Wirklichkeit die Tatbestände sein können und welchen weiten Raum der gesetzliche Tatbestand bietet. In den beiden Wörtchen „wichtige Gründe" kann eine Fülle von bunten Möglichkeiten subsumiert werden. Doch hier bestehen Grenzen. Diese Aufgabe der Abgrenzung wird von jedem, der zu entscheiden hat, anders erfüllt werden. Sie wird aber auch von der gleichen mit der Entscheidung betrauten Person verschieden gelöst werden: je nach Alter, Erfahrung, Einfluß durch andere Entscheidungen und auch danach, wie der Antrag ihr präsentiert wird.

Um auf die Verschiedenheiten im Verfahrensgang hinweisen zu können, ist es im Rechtsfall 14 wiederum ein- und dieselbe Person, die in der gleichen Angelegenheit dreimal zu entscheiden hat. Sie sieht in der Betriebsanlage in jedem Stadium die gesetzlichen Voraussetzungen gegeben und läßt alle Einwände unbeachtet. Von ihr begangene Verfahrensmängel müssen von der zweiten Instanz berichtigt werden. Es kommt daher zu einem Verfahren an Ort und Stelle. Es wird die Anrainerin und ein ärztlicher Amtssachverständiger gehört. Wenn auch nur im kleinen Umfang, aber immerhin wird die Entscheidung der ersten Instanz korrigiert und noch eine weitere Schutzbestimmung aufgenommen. Und wieder ist es die erste Instanz, die das Vorgehen des Antragstellers voll billigt und die nachträgliche Genehmigung für die Verlegung des Treibstoffkessels erteilt, obwohl diese Verlegung im Antrag nicht begründet wurde. Die erste Instanz selbst unterläßt eine Begründung hierfür. Und als es zu einem weiteren Verfahren kommt, weil die Konzessionswerberin nun einen Antrag auf Änderung der Betriebsanlage einbringt, entscheidet die erste Instanz wiederum für die Firma. Diesmal allerdings wird ihr Erkenntnis von der Berufungsbehörde bestätigt, was auch vom Verwaltungsgerichtshof für richtig befunden wird.

Grundsätzlich ist zu sagen, daß auch die gleiche Instanz in gleichartigen und ähnlichen Fällen nicht immer gleich entscheiden wird. Tut sie es dennoch, muß damit gerechnet werden, daß die höhere Instanz die Entscheidung ändert.

Was besagen die vier Verwaltungsrechtsfälle?

Sie behandeln wie im Zivilverfahren private Interessen. Grundsätzlich besteht die Möglichkeit, daß die privaten Interessen im zivilen Verfahren auch außerhalb des Rechtsstabes verwirklicht werden können. Das ist aber im Verwaltungsverfahren ausgeschlossen. Hier hat der Rechtsstab eine Monopolstellung. Er überwacht, ob mit dem privaten Interesse auch das öffentliche Interesse gewahrt wird. Aber auch im Verwaltungsverfahren ist die Durchsetzung des Interesses mit einem Kampf verbunden. Es war ein Kampf, — wenn auch kein kontradiktorischer — den der Uhrmacher führt, um auch in seiner Heimat die Genehmigung der Namensänderung zu erwirken. Es war ein kontradiktorischer Kampf, den die Erdölfirma gegen die Anrainerin führte. Waren die Angriffe der Nachbarin auch im Endergebnis erfolglos, so führte ihr Einschreiten immerhin zu einer Verdreifachung der Verfahrensdauer. Die Firma mußte sich mit ihren Einwänden auseinandersetzen. Schließlich mußte sie gegen die Verwaltungsgerichtshofbeschwerde durch einen Anwalt Stellung beziehen und sich vor dem Verwaltungsgerichtshof vertreten lassen. Die Firma war gezwungen, alle Angriffe abzuwehren, denn sie wußte, was auf dem Spiele stand. Und auch im Verwaltungsgerichtshofverfahren besteht wie im Zivilprozeß Kostenersatzpflicht des Unterlegenen. (Im übrigen Verwaltungsverfahren allerdings muß die Partei selbst ihre Kosten tragen, auch dann, wenn sie obsiegt.)

Verwaltungsverfahren und Strafverfahren kommen sich insofern nahe, als beide einen staatlichen Monopolanspruch zu wahren haben. Im Strafverfahren hat der Rechtsstab den staatlichen Monopolanspruch auf Bestrafung zu wahren (im Strafverwaltungsverfahren, das aus den bereits dargelegten Gründen hier nicht behandelt wurde, geht dieser Monopolanspruch auf die Verwaltungsbehörden über). Der Staat hat aber auch einen Monopolanspruch, daß bei der Ausübung bestimmter privater Interessen die Interessen der Allgemeinheit gewahrt werden. Diese Aufgabe kommt dem Rechtsstab im Verwaltungsverfahren zu. Im Verwaltungs- und im Strafverfahren gibt es keine Kostenersatzpflicht. Der freigesprochene Bauführer hat die Verteidigerkosten genau so zu tragen wie der Uhrmacher, der erst in zweiter Instanz die Namensänderung erwirkt hat, das Honorar für das Einschreiten seines Anwaltes. Eine Regelung in Güte ist im Strafverfahren, wenn man von den Privatanklagedelikten absieht, nicht denkbar. Auch im Strafverfahren ist eine vergleichsweise Regelung nur sehr beschränkt möglich. So hätte es wohl zu einem Ausgleich zwischen der Mineralölfirma und der Anrainerin kommen können. Ein solcher war auch versucht worden, indem die Anrainerin eine Entschädigung erhalten hätte sollen. Sie hatte aber zu große Ansprüche gestellt, so daß die Vergleichsverhandlungen zu keinem Ergebnis führen konnten. Aber ein Vergleich bezüglich der Sicherungsvorschriften kann es nicht geben, denn diese sind zwingend vorgeschrieben und davon darf nicht abgegangen werden. Der Rechtsstab hat die Sicherungsvorkehrungen in seiner Entscheidung zu bestimmen und für ihre Einhaltung zu wachen. Eine vergleichsweise Regelung ist in Namensangelegenheiten unmöglich. Es kann nicht ein Vergleich darüber abgeschlossen werden, daß der Fliegerschüler nunmehr statt Nothdurfter Notte heißt. Es muß ein Verfahren abgewickelt und geprüft werden, ob mit der Änderung die gesetzlichen Bestimmungen erfüllt sind.

Über die Dauer der Verwaltungsverfahren läßt sich nichts Eindeutiges sagen. Im Rechtsfall 12 war in einem Monat die Rechtswirklichkeit herbeigeführt worden. Im Rechtsfall 14 dauerte der gesamte Verfahrensgang über acht Jahre. Man kann also sagen, daß unter Umständen die Rechtsdurchsetzung sehr hinausgezogen wird und erst nach einem aufwandreichen und kostspieligen Verfahren erreicht werden kann.

4. Ergebnis der Studie

Kantorowicz hat die besondere Bedeutung des Zivilrechts für die Rechtssoziologie hervorgehoben[7]. In seinem Sinne bin ich vom Zivilrecht ausgegangen und habe dieses Rechtsgebiet besonders eingehend behandelt. *Kantorowicz* forderte aber auch die Befassung mit dem Straf- und dem öffentlichen Recht[8]. Ich habe mich daher auch mit diesen Rechtsdispizlinen in der Studie auseinandergesetzt.

Obwohl *Weber* die besondere Bedeutung des Verwaltungsrechtes erkannte, wird es aus seiner rechtssoziologischen Betrachtung fast völlig ausgeklammert. In der Regel wird in der Rechtssoziologie entweder nur das Zivilrecht oder nur das Strafrecht behandelt.

In dieser Studie wird, soviel ich weiß, das erstemal der Versuch unternommen, die drei Rechtsgebiete in einer Sicht zu behandeln.

Die Gegenüberstellung dieser drei Rechtsarten macht eines deutlich: Das Zivilrecht hebt sich besonders dadurch ab, daß es eine Rechtsanwendung außerhalb des Rechtsstabes zuläßt. Dieser gerichtsfreie Sektor des Rechts, den es also nur im Zivilrecht gibt, wurde von Rechts-

---

[7] *Hermann Kantorowicz* (Anm. 5), S. 66.

[8] Siehe *Thomas Würtenberger*, Vorwort zu Hermann Kantorowicz (Anm. 5), S. 9.

soziologen besonders hervorgehoben und überbetont. *Ehrlich* sah darin das lebende Recht[9]. Auch *Jean Carbonnier*, ein Rechtssoziologe neuerer Zeit, sieht die Bedeutung des Rechts im gerichtsfreien Raum[10]. Die Vertreter dieser Auffassungen bedienen sich rhetorisch sehr wirkungsvoller Aussprüche. Untersucht man ihre Arbeiten, findet man, daß sie sich nicht mit dem gesamten Recht beschäftigen.

Und dieser gerichtsfreie Rechtssektor — in meiner Studie umfaßt er die spontane Rechtsverwirklichung und die Rechtsverwirklichung aufgrund von Intervention — kann nur in Beziehung auf die Rechtsdurchsetzung mit Hilfe des Rechtsstabes betrachtet und verstanden werden. Es handelt sich um mögliche Vorstufen der Rechtsverwirklichung. Wenn das Gesetz nicht im gerichtsfreien Raum verwirklicht wird, besteht eine weitere Möglichkeit, dies mit Hilfe des Rechtsstabes zu erreichen.

Ehrlich war es auch, der die Bedeutung des Strafrechts bagatellisierte, weil es nur wenige Ausnahmen der Gesellschaft treffe[11]. Von einem Ausnahmefall könnte man von dem schwachsinnigen Brandstifter im Rechtsfall 10 und vielleicht auch von dem Rückfalldieb im Rechtsfall 9 sprechen. Anders aber ist es mit den Rechtsfällen 6—8, die von einem Verkehrsdelikt, von Streitigkeiten mit tätlichen Verletzungen und von der Haftung eines Bauführers handeln. Es sind Fälle, die sich häufig zutragen und daher auch Gegenstand einer rechtssoziologischen Untersuchung sein müssen, soll das Recht nicht nur splitterhaft, sondern möglichst umfassend begriffen werden.

Und das lebende Recht muß auch das Verwaltungsrecht einschließen, denn es ist ein großer Kreis von privaten Interessen, die nur über die Verwaltungsbehörden verwirklicht werden können.

So sieht man, daß es völlig unzureichend ist, sich nur auf den gerichtsfreien Raum zu beschränken und sogar die Rechtsdurchsetzung vor den Zivilgerichten unbeachtet zu lassen. Weicht man nun gar der Rechtsverwirklichung vor den Strafgerichten und den Behörden aus, heißt das, daß das Strafrecht und das Verwaltungsrecht als nicht existent aufgefaßt werden, denn beide Rechtsarten sind überhaupt nur vor den Strafgerichten bzw. vor den Behörden existent. Die gerichtsfreie Rechtsbetrachtung hat nur ein Bruchstück des Rechts zum Gegenstand — niemals aber, so sehr es auch betont und immer wieder behauptet wird, das lebende Recht.

---

9 *Eugen Ehrlich*, Grundlegung der Soziologie des Rechts, 1967, S. 399.

10 *Jean Carbonnier*, Die großen Hypothesen der theoretischen Rechtssoziologie, in Hirsch/Rehbinder, Studien und Materialien zur Rechtssoziologie, 1967, S. 148 f.

11 *Eugen Ehrlich* (Anm. 9), S. 54 f.

Die Rechtslebendigkeit habe ich versucht, durch die behandelnden Rechtsfälle zu vermitteln. Ich habe es vermieden, nur Auszüge aus Urteilen zu bringen. Ich habe Verfahren behandelt, an denen ich bis auf drei selbst als Anwalt mitgewirkt hatte. Mir war also der Verfahrensgang noch sehr lebendig vor Augen. Ich versuchte, diese Unmittelbarkeit in den Darstellungen zum Ausdruck zu bringen und somit die Vielgesichtigkeit des Rechts etwas bunter einzufangen. Immer war es mein Bemühen, bei der Behandlung von Rechtsfällen von der Rechtsnorm auszugehen. Denn das mir gestellte Thema hieß die Rechtsnorm und ihre Wirklichkeit. Ich mußte daher auf die gegenständliche Rechtsmaterie eingehen und auch die vertretenen Rechtsansichten darlegen, um den Vorgang der Änderung der Rechtsmeinungen in den Instanzen aufzeigen zu können. Allgemeine Soziologen werden darin Schwierigkeiten sehen, wenn ich auch in den Erläuterungen im Anschluß an die Darstellung des Rechtsfalles bemüht war, den Rechtsänderungsvorgang verständlich zu machen. Hätte ich die Darstellung dahingehend simplifiziert, daß ich nur sagte, die Rechtsmeinung A wird in die Rechtsmeinung B geändert, hätten mir Juristen und auch Rechtssoziologen mit Recht einen Vorwurf gemacht. Um streng wirklichkeitsgetreu die empirische Studie auszuarbeiten, wollte ich zuerst am Beginn jeden Rechtsfalles einen Grundriß über den genauen Verhandlungsverlauf voranstellen. Ich hatte auch schon bereits die Grundrisse für alle Zivilrechtsfälle und zwei Strafrechtsfälle ausgearbeitet. Ich mußte dann aber sehen, daß die Studie zu umfangreich geworden und die Übersichtlichkeit verloren gegangen wäre. Ich habe mich daher begnügt, diese Grundrisse nur für die Rechtsfälle 1 und 3 in einem Anhang zu bringen. So soll damit im Rechtsfall 1 gezeigt werden, wie es zur Bildung des Urteils kommt und im Rechtsfall 3 überdies der rechtstechnische Vorgang bei einem dreifachen Rechtszug. Anstelle der geplanten Voranstellung der Grundrisse vor jeden Rechtsfall habe ich eine Zusammenfassung des Verfahrensablaufes vorgenommen, wobei ich nicht immer von der Klage, Anklageanschrift bzw. Antrag ausgegangen bin. Ich habe hier etwas variiert, um dadurch ein wenig Auflockerung bei den nicht immer sehr spannenden Rechtsfällen zu erreichen. Die erläuternden Bemerkungen erfolgten in erster Linie im Hinblick auf die Fragestellung, die Rechtsnorm und ihre Realität.

Zu der Auswahl der Rechtsfälle möchte ich bemerken: Ich war, wie schon erwähnt, bemüht, Fälle zu behandeln, an deren Ergebnis ich selbst mitgewirkt hatte. In den Zivil- und den Strafrechtsfällen habe ich je drei Bezirksgerichtsfälle und je zwei Gerichtshoffälle gewählt. Im Zivilrecht habe ich zunächst einen Rechtsfall ohne Rechtsmittel, dann einen Fall mit einem Rechtsmittel und schließlich drei Rechtsfälle mit drei Rechtsmitteln behandelt. Bei den Strafrechtsfällen hatte ich, es ist durch die Spezialisierung der Praxis bedingt, zuviel Fälle von Verkehrsdelikten, in denen ein Rechtsmittel eingebracht worden war. Es stammen nur die Rechtsfälle 6 und 10 aus meiner Kanzlei. Von den übrigen drei Fällen haben mir die Richter, die entschieden hatten und die ich über meine Arbeit unterrichtet habe, die Gerichtsakten zur Verfügung gestellt. Dadurch war es möglich, neben drei bezirksgerichtlichen Strafsachen eine Schöffengerichts- und eine Geschwornengerichtssache zu behandeln. So konnte ich das Strafrecht möglichst vielseitig beleuchten. Im Verwaltungsrechtsverfahren konnte ich mich nach der Befassung mit dem umfangreichen Studienmaterial aus dem Zivil- und Strafrecht auf drei Fälle aus dem Namensrecht sowie einen größeren Fall aus dem Gewerberecht beschränken. Mit diesen vier Rechtsfällen ging es mir, den Leser mit der Praxis des Verwaltungsgerichtsverfahrens vertraut zu machen, wenn es um die Durchsetzung bestimmter privater Rechte mit Hilfe der Behörde geht.

Ich war ausgegangen von der Rechtssystematik und Rechtsdogmatik. Daher habe ich zunächst die Rechtsdurchsetzung im Zivil-, im Straf- und im Verwaltungsrecht getrennt untersucht. Es waren dabei wohl Unterschiedlichkeiten aufgefallen. Im Zivilrecht waren es vor allem: Die Möglichkeit der außergerichtlichen Rechtsverwirklichung, in der Regel drei Instanzenzüge, der Kostenersatz im Falle eines Unterliegens, die Möglichkeit, den Rechtsstreit in Güte zu bereinigen. Im Strafverfahren fielen auf: Die größere Objektivität durch die Einrichtung der Staatsanwaltschaft, die raschere Verhandlungsführung, die größere Bedeutung des öffentlichen Vortrages, das Befassen mit den persönlichen Verhältnissen der Partei. Weiters war zu beachten, daß es nur zwei Instanzen gibt. Im Verwaltungsverfahren ging es vor allem um die Prüfung, ob das angestrebte private Interesse mit dem öffentlichen Interesse im Einklang steht; ich habe von den zwei Instanzenzügen, und der Möglichkeit eines außerordentlichen Rechtsmittels gesprochen.

Die Rechtssoziologie hat aber nicht an einer starren Rechtssystematik festzuhalten, sondern soll diese überschreiten. So soll sich diese Studie nicht mit der Aufgabe begnügen, für das Zivil-, das Straf- und Verwaltungsverfahren im besonderen Aussagen zu machen. Die Studie soll vielmehr Aussagen für die Verwirklichung der Rechtsnorm im allgemeinen machen. Dies ist um so mehr möglich, als trotz der Unterschiede in den drei Verfahrensarten eine weitgehende Übereinstimmung, wie bereits aufgezeigt wurde, besteht.

Ich habe mich bereits in einem eigenen Abschnitt mit der Frage der Methodik auseinandergesetzt. Zu dieser Frage muß ich nun noch einmal zurückkommen. Wohl habe ich mich bemüht, Rechtsfälle von drei Rechtsgebieten und vor verschiedenen Arten des Rechtsstabes zu behandeln. Ich wollte damit eine möglichst breite Basis der Rechtsbetrachtung erreichen. Trotzdem können diese Untersuchungen nur die Grundlagen für Hypothesen liefern. Die Ergebnisse müssen alle einen hypothetischen Charakter haben. So soll diese Studie eines einzelnen als eine Vorarbeit für weitere im Teamwork durchzuführende umfangreichere Untersuchungen aufgefaßt werden, die sichere Aussagen machen können.

Zunächst will ich folgendes zusammenfassen: Bei der rechtlichen Norm handelt es sich um Worte, die besagen, daß bei einem bestimmten Sachverhalt bestimmte Folgen einzutreten haben. Die Rechtsnorm ist bloßer Buchstabe ohne Beziehung zur Wirklichkeit. Dabei ändert sich nichts, wenn ein konkreter Tatbestand im Sinne des Gesetzes eintritt. Immer noch stehen Rechtsnorm und Wirklichkeit, also der gegebene Sachverhalt, beziehungslos nebeneinander. Es kann aufgrund des konkreten Sachverhaltes die konkrete gesetzliche Folge nicht eintreten, somit keine Rechtsverwirklichung herbeigeführt werden. Erst wenn der konkrete Tatbestand mit dem normativen Tatbestand in Beziehung gebracht wird, besteht die Möglichkeit einer Rechtsverwirklichung. Dieses In-Beziehung-Bringen setzt eine Initiative voraus, daß Kräfte aktiviert werden. (Es ist im zivilen gerichtsfreien Raum die Aktivität des Schuldners, sogleich die Rechtswirklichkeit zu erfüllen oder die Aktivität des Gläubigers, aufgrund seiner Intervention die Durchsetzung des Gesetzes zu erreichen.) Der die Durchsetzung der Rechtsnorm anstrebt, behauptet vor dem Rechtsstab, daß ein Tatbestand im Sinne der Rechtsnorm gegeben ist und begehrt den Ausspruch der Rechtsfolgen. Er schildert den Sachverhalt und bietet für seine Behauptungen Beweise an. Der Gegner hat die Möglichkeit, unter Anführung von Beweisen den Sachverhalt zu bestreiten und darauf hinzuwirken, daß die Rechtsfolgen versagt bleiben. Der Kläger, der Ankläger bzw. der Antragsteller, also die aktiv Beteiligten, versuchen mit aller Kraft, ihrer Ansicht zum Erfolg zu verhelfen. Die Gegenseite versucht wiederum mit aller Kraft, diese Ansicht zu bekämpfen. Es ist Sache des Rechtsstabes, welche Beweise er zuläßt. Er kann von Amts wegen auch andere als die beantragten Beweise aufnehmen. Der Rechtsstab hat sich mit den gesamten Beweisergebnissen auseinanderzusetzen, also mit den Aussagen der Zeugen, den Angaben der Parteien bzw. des Angeklagten, dem Gutachten des Sachverständigen und den Urkunden. Sind Widersprüche in den Beweisergebnissen, hat der Rechtsstab anzugeben, warum er bestimmten Beweisergebnissen Glauben schenkt, andere aber für unwahr hält. Aufgrund der aufgenommenen Beweise trifft der Rechtsstab die Sachverhaltsdarstellung. Diese ist in der Regel viel umfassender und gründlicher als die Darstellung des aktiv Beteiligten. Nach den durchgeführten Beweisaufnahmen kann nun der Sachverhalt genauer umschrieben werden. Der vom Rechtsstab festgestellte Sachverhalt kann mit dem vom Einschreiter behaupteten übereinstimmen, kann aber auch davon abweichen. Stimmen die Tatsachenfeststellungen überein und hat nach Ansicht des Rechtsstabes die begehrte Rechtsfolge einzutreten, spricht er die Normadäquanz aus und ermöglicht somit die Rechtsdurchsetzung. Kommt aber der Rechtsstab aufgrund übereinstimmender oder abweichender Tatsachenfeststellung zu einer Vereinigung der angestrebten Rechtsfolgen, liegt Norminadäquanz vor und es wird somit die Verwirklichung der rechtlichen Norm vereitelt.

Das obsiegende Urteil ist nichts Endgültiges. Immer noch hat der andere Teil die Möglichkeit, die Sachverhaltsdarstellung oder die rechtliche Beurteilung zu bekämpfen. Im Wege des Rechtsmittelverfahrens kann es zu einer anderen Tatsachenfeststellung und damit zu einer anderen rechtlichen Beurteilung kommen. Es ist aber auch möglich, daß die Rechtsmittelinstanz aufgrund der Tatsachenfeststellungen der ersten Instanz, die es übernimmt, zu einer anderen Rechtsauffassung gelangt.

Nach manchen Verfahrensvorschriften ist sogar ein dritter Instanzenzug möglich. Das Erkenntnis der zweiten Instanz kann abgeändert und der Sachverhalt eine andere rechtliche Würdigung erfahren.

Entscheidend ist immer der Ausspruch der letzten Instanz. Er ist die Resultante einer Reihe von Faktoren. Ich will mich nun mit den einzelnen Faktoren auseinandersetzen.

Es ist zunächst die *Aktivität der Beteiligten* zu nennen.

Inwieweit hatte die Aktivität der Beteiligten auf den Verfahrenserfolg Einfluß? Im Rechtsfall 1 überwog das Interesse des Klägers. Er wollte die Schadensgutmachung. Hingegen hatte der Beklagte kein Interesse am Prozeß. Im Falle einer Verurteilung hätte sowieso die Versicherung die Leistung vollbringen müssen; sie stellte auch den Anwalt. Der Beklagte war nicht einmal zur Verhandlung gekommen und hat auch nicht gegen das für ihn ungünstige Urteil berufen. Hier führte die größere Aktivität des Klägers zum Erfolg. Im Rechtsfall 2 war anfänglich das Interesse des Klägers ein großes. Als aber der Kläger in eine andere Wohnung zog, ließ sein Interesse nach. Hingegen hatte die Beklagte ein großes Interesse, sich vom Vorwurf der Besitzstörung zu befreien. Ihre größere Aktivität führte schließlich zum Erfolg. Im Rechtsfall 6 hatte der beschuldigte Straßenbahnfahrer ein großes Interesse, die über ihn ausgesprochene Strafe nicht zu verbüßen. Daher mußte sein Anwalt alles unternehmen, um eine bedingte Strafe zu erreichen. Dies ist ihm dann auch gelungen. Im Rechtsfall 7 war die Aktivität des Verteidigers des Bruders auffallend groß. Er erstattete Anzeige wegen des gleichen Delikts gegen die Schwester. Er konnte erreichen, daß gegen sie ein Strafverfahren eingeleitet und sie somit in Beschuldigtenstellung gedrängt wurde. Und wenn ihm auch nicht alles, nämlich der Freispruch seines Mandanten gelang, konnte er immerhin die Verurteilung der Schwester erwirken. Im Rechtsfall 8 war zwar anfänglich die Verteidigung wenig aktiv, um so mehr entwickelte sie im Rechtsmittelverfahren eine rege Tätigkeit. Nach vier weiteren Verhandlungen konnte sie dann auch einen Freispruch erwirken. Die große Aktivität des Verteidigers im Rechtsfall 9 führte dazu, daß in zweiter Instanz die Qualifikation des Gewohnheitsdiebstahls verneint und die Strafe vom Obersten Gerichtshof von dreieinhalb auf zweieinhalb Jahre herabgesetzt wurde. Bei der Namensänderung im Rechtsfall 11 konnte durch die große Aktivität des Anwaltes schließlich im Rechtsmittelweg die Änderung des Namens erreicht werden.

So kann man sagen, daß *große Aktivität eines Beteiligten sehr oft zu einem Erfolg vor dem Rechtsstab führt.*

Zwei Fälle sind in diesem Zusammenhang bemerkenswert. Ich will sie herausgreifen. Im Rechtsfall 2 hatte im Rekurs der Beklagtenvertreter geltend gemacht, daß der Besitz des Klägers unecht und daher keine Besitzstörung vorgelegen sein könnte. Das Landesgericht aber gab dem Rekurs nur deshalb Folge, weil das eingeschränkte Klagebegehren unzulässig war. Also aus einem ganz anderen Grund. Im Rechtsfall 6 hatte der Verteidiger im Wege der Strafberufung eine bedingte Verurteilung angestrebt. Der bedingte Ausspruch einer Strafe wäre aber bei dem Trunkenheitsdelikt nicht möglich gewesen. Im Zuge der Berufung wurde von Amts wegen eine Überprüfung des Ersturteiles vorgenommen und dabei ein Mangel in der Feststellung des Alkoholgehaltes des Blutes erblickt. Das Berufungsgericht verneinte das Tatbild der Berauschung im Sinne des § 337 b StG und ermöglichte dadurch die Verhängung einer bedingten Strafe.

Man kann somit sehen, daß *eine große Aktivität auch dann zum Erfolg führen kann, wenn das Vorgehen unrichtig begründet bzw. fehlerhaft ist.*

Ich habe auch einen Fall behandelt, in dem eine große Aktivität entwickelt wurde, die aber zu keinem Erfolg führte. Im Rechtsfall 3 war die Aktivität des Klagevertreters wohl ebenso stark wie die des Beklagtenvertreters. Die Klageseite aber mußte unterliegen, weil sie anstatt mit Kündigung mit Räumungsklage vorgegangen war.

Somit ersieht man, daß *Aktivität allein nicht zum Erfolg führen muß, sondern nur eine Voraussetzung hierfür ist.*

Im Rechtsfall 1 hätte der Beklagte ohne weiteres ein Rechtsmittel einbringen und behaupten können, daß er entschuldbar von der Verhandlung ferngeblieben war. Dies hätte er im Rahmen des Berufungsgrundes der Mangelhaftigkeit des Verfahrens geltend machen können. Da er dies unterließ, war es nicht möglich, daß das Urteil geändert und allenfalls eine Verschuldensteilung ausgesprochen wurde.

Im Rechtsfall 10 wurde vom Verteidiger kein Rechtsmittel eingebracht, wohl aber vom Ankläger. Somit wurde nicht von allen Möglichkeiten der Verteidigung Gebrauch gemacht. Sein Anwalt hätte zumindest versuchen können, im Rahmen einer Nichtigkeitsbeschwerde die fehlende Unzurechnungsfähigkeit allgemein oder im Zeitpunkt der Tat geltend zu machen. Er hätte immer noch hilfsweise mit Strafberufung die Herabsetzung der Strafe beantragen können. Durch eine solche Aktivität hätte er jedenfalls Aussicht gehabt, daß die Strafe von der zweiten Instanz in der Höhe von fünf Jahren bestätigt und nicht, wie es tatsächlich geschah, auf sieben Jahre erhöht wurde.

Es kann somit gesagt werden, daß *mangelnde Aktivität die Möglichkeit nimmt, die rechtliche Situation zu verbessern. Sie kann zum Nachteil des passiv Bleibenden führen.*

Was führt nun zu größerer Aktivität? Ich habe in der zusammenfassenden Darstellung der Zivilrechtsfälle gesagt, daß ein größeres Interesse am Ausgang des Rechtsstreites zu einer größeren Aktivität führt. Dieser Satz ist aber nur zum Teil richtig. Auch der Brandleger im Rechtsfall 10 hatte ein starkes Interesse, daß seine Strafe nicht erhöht werde. Trotzdem unternahm sein Vertreter nichts, um ein härteres Urteil zu vermeiden. Warum? Es fehlten dem Brandleger die Mittel, seinem Interesse nachzukommen. Der Brandleger war vermögenslos und hatte kein Einkommen, da er ja bereits 9 Monate in Haft war. Der Anwalt war ihm als Armenverteidiger zugeteilt worden.

Somit kann *dem Interesse an der Rechtswahrnehmung dann nicht Rechnung getragen werden, wenn die Mittel dazu fehlen.*

Wie stand es mit den wirtschaftlichen Voraussetzungen der Aktivität in den übrigen Rechtsfällen?

Im Rechtsfall 1 hatte der Kläger ein großes Interesse am Ausgang des Prozesses. Er konnte unbesorgt den Prozeß führen, denn er hatte eine Rechtsschutzversicherung abgeschlossen, die im Falle eines Unterliegens seine Anwaltskosten zu tragen hatte.

Im Rechtsfall 2 war im weiteren Prozeßverlauf das Interesse des Beklagten ein größeres. Dieser war gut situiert und konnte das Prozeßrisiko ohne weiteres auf sich nehmen.

Im Rechtsfall 3 waren die Klägerinnen interessiert, daß die Wohnung frei wird, damit zu einem mehrfach höheren Zins vermietet werden kann. Der Beklagte wiederum war interessiert, die Wohnung mit dem niedrigen Zins zu behalten. Die Klägerinnen konnten in ihrer guten wirtschaftlichen Situation das Kostenrisiko — übrigens verteilte es sich auf drei Personen — auf sich nehmen. Den Kläger, der ein LKW-Fahrer ist, hätte die Kostenersatzpflicht härter getroffen. Aber es stand die Wohnung auf dem Spiel, die für ihn einen größeren Vermögenswert bedeutete. Daher übernahm er das Risiko des Prozesses.

Im Rechtsfall 4 war die Klägerin durch einen Unfall in eine wirtschaftlich bedrängte Situation gekommen. Ihr bedeutete der Betrag von S 29 171,52 sehr viel. Um diesen Betrag zugesprochen zu erhalten, wollte sie das Prozeßrisiko auf sich nehmen. Der Beklagte war ein 73jähriger ehemaliger Gewerbetreibender, der sich mit dem Ankauf einer Eigentumswohnung eine Altersversorgung in Form von Mietzinseinnahmen schaffen wollte. Nachdem er nun nur mehr ein Viertel des Mietzinses erhielt, sollte er auch noch den bisher zuviel erhaltenen Mietzins von S 29 171,52 zurückzahlen. Der Beklagte war nicht übermäßig gut situiert. Er ließ sich aber in den Prozeß ein und übernahm das Risiko.

Im Rechtsfall 5 war das Interesse am Prozeß auf beiden Seiten nicht übermäßig groß. Die Streitteile hatten im Prozeß nicht übermäßig viel zu gewinnen bzw. zu verlieren. Aber sie konnten den Rechtsstreit bis zur letzten Instanz führen, weil sie beide gut situiert waren.

Im Rechtsfall 6 gehörte der Straßenbahnfahrer einer Berufsorganisation an, die die Kosten der Verteidigung übernahm.

Im Rechtsfall 7 war der Erstbeschuldigte Kraftfahrer. Er konnte eher den Kostenaufwand tragen als die Zweitbeschuldigte, die Hausfrau war und deren Mann nicht viel Verständnis für den Prozeß aufbrachte. Daher war auch auf seiner Seite eine weitaus größere Aktivität entwickelt worden, was sich auch erfolgmäßig auswirkte.

Im Rechtsfall 8 war der Bauführer ohne weiteres in der Lage, die Prozeßkosten zu tragen. Überdies war er haftpflichtversichert. Gerade wegen einer eventuellen zivilen Haftung wurden auch die großen Anstrengungen unternommen, die schließlich zum Erfolg führten.

Im Rechtsfall 9 war der Angeklagte mittellos. Ein Verwandter streckte ihm die Mittel vor, so daß er alle Mittel ausschöpfen und auch Erfolg haben konnte.

Im Rechtsfall 11 bedeutete dem Uhrmacher die Änderung des Namens so viel, daß er gerne die Kosten auf sich nahm, wozu er auch in der Lage war.

Im Rechtsfall 12 wurden die Kosten für die Namensänderung vom Vater des Flugschülers — er war Schuldirektor — getragen, der selbst der Namensänderung sehr aufgeschlossen gegenüberstand.

Im Rechtsfall 13 hatte der Tischlermeister einen gutgehenden Betrieb und konnte leicht die Kosten zahlen.

Im Rechtsfall 14 war es der Mineralölfirma ein leichtes, die Kosten auf sich zu nehmen. Sie war auch genötigt, alle Rechtsmöglichkeiten auszuschöpfen, denn die Verlegung der Treibstoffbehälter in den Osten des Tankstellenbereiches wäre mit ungeheuren Kosten verbunden gewesen. Dies mußte mit allen Mitteln verhindert werden. Mit großen Opfern mußte die Anrainerin, die nicht übermäßig gut situiert war, die Kosten auf sich nehmen. Doch ihr bedeutete die Versagung der Genehmigung so viel, daß sie keinen Aufwand scheute.

Es sind für das Aktivwerden vor dem Rechtsstab Mittel erforderlich. Sie werden von finanziell Schwachen oft mit schweren Opfern aufgebracht.

Ich habe bereits gesagt, daß Aktivität allein nicht zum Erfolg führen muß, sondern nur eine der Voraussetzungen hierfür ist.

Bedeutsam für den Verfahrensausgang ist, *wie die Durchsetzungsmittel*, die zur Einleitung des Verfahrens vor dem Rechtsstab führen, *gestaltet werden*. Bedeutsam ist also, wie die Klage, die Anklageschrift (auch schon die Anzeige) und schließlich der Antrag an die Verwaltungsbehörde verfaßt werden, welche Sachverhaltsdarstellung gegeben, welche Beweise hierfür angeführt und welche rechtlichen Folgen begehrt werden.

Sicherlich steht auch damit eine Aktivität in Zusammenhang, wie es im Rechtsfall 12 ersehbar ist, in dem eine umfangreiche Begründung für den Namensänderungsantrag ausgearbeitet wurde. Aber es muß zu der Aktivität noch etwas hinzukommen: Es ist vor allem auch das Gesetz richtig anzuwenden.

Im Rechtsfall 3 war das Durchsetzungsmittel, die Räumungsklage, verfehlt. Bei dem vorliegenden Sachverhalt hätte der Klagevertreter eine Kündigung einbringen müssen. Trotz größter Aktivität konnte dieser Fehler nicht gutgemacht werden. Der Klage mußte schließlich der Erfolg versagt werden. *Es muß für ein bestimmtes Begehren auch das richtige Durchsetzungsmittel angewendet werden.*

Im Rechtsfall 11 hatte der Anwalt im Namensänderungsantrag ein entscheidendes Moment nicht aufgezeigt: die Doppelnamigkeit. Das war der Grund, warum die Erstbehörde den Antrag zurückwies. *Es muß alles für den Rechtsfall Wichtige erkannt und im Durchsetzungsmittel aufgezeigt werden.* Bei der Behandlung des Rechtsfalles 12 hatte der

Anwalt aufgrund seiner Erfahrungen aus dem Rechtsfall 11 den Antrag entsprechend begründet.

Aber nicht nur auf die Gestaltung der Durchsetzungsmittel, die zur Einleitung des Verfahrens vor dem Rechtsstab führen, kommt es an, sondern auch wie die Durchsetzungsmittel im weiteren Verlauf des Verfahrens gebraucht werden. Im Rechtsfall 2 hatte der Klagevertreter schon bei der ersten Streitverhandlung erklärt, daß seine Partei aus der bisherigen Wohnung ausgezogen sei und daher das Klagebegehren auf den Ausspruch der erfolgten Besitzstörung einschränke. Der Fehler des Klageanwaltes führte dazu, daß es zur Abweisung der Klage kam.

Sind für ein bestimmtes Durchsetzungsmittel die Voraussetzungen nicht oder nicht mehr gegeben, kann es zu keinem Erfolg führen.

Bedeutsam sind auch die *Reaktionen des Gegners auf die Durchsetzungsmittel.* Es ist bedeutsam, welche Tatsachenbehauptung er aufstellt, welche Beweise er dazu anbietet und wie er den Fall rechtlich beurteilt. Im Rechtsfall 7 hatte der Vertreter des Erstbeschuldigten behauptet, dieser sei von der Schwester verletzt worden und ein ärztliches Attest angeboten. Er hat selbst gegen die Schwester Anzeige erstattet und die Verurteilung der Schwester beantragt. So war die Verteidigung selbst in Angriff gegangen.

Bedeutsam ist, *ob* und *wie* der unterlegene Teil ein Rechtsmittel ergreift. Ob der Unterlegene ein Rechtsmittel ergreift, ist Sache der Aktivität. Dies allein genügt aber, wenn man von den Rechtsfällen 2 und 6 absieht, nicht. Im Rechtsfall 4 war der Beklagtenvertreter mit allen Mitteln bemüht, die Rechtsauffassung des Erstgerichtes zu bekämpfen. Ausführlich machte er geltend, daß eine freie Mietzinsvereinbarung vorlag, der Anspruch bereits verjährt war und schließlich aus einem ungültigen Vertrag kein Forderungsanspruch abgeleitet werden könne. Dieses ausführliche Vorbringen war aber nicht geeignet, das Berufungsgericht dazu zu bewegen, von der Rechtsmeinung des Erstgerichtes abzugehen. Die zweite Instanz hielt trotz der Einwände des Beklagtenvertreters die Rechtsauffassung des Landesgerichtes für richtig und verwarf die Berufung. Im Rechtsfall 5 hatte der Klagevertreter aufgezeigt, daß das Erstgericht den Honoraranspruch von S 47 000,— nur aufgrund der Angaben des Beklagten anerkannte. Die Aussagen des Beklagten, die Teppiche seien ihm geschenkt worden, seien von allen Zeugen widerlegt worden. Mit Geschick zog nun der Klagevertreter den Schluß, daß man dem Beklagten, dessen Glaubwürdigkeit schwerstens erschüttert wurde, bezüglich des Honoraranspruches über eine immerhin beachtliche Höhe nicht bedenkenlos glauben könne. Es seien daher die Beweiswürdigung und die Feststellung des Erstgerichtes unrichtig. Es gelang auch tatsächlich dem Klagevertreter, das Berufungsgericht von der mangelnden Glaubwürdigkeit des Beklagten zu überzeugen. Es kam zu einer Beweiswiederholung. Das Berufungsgericht erachtete nunmehr nur eine Gegenforderung von S 13 000,— für nicht ganz ausgeschlossen, sprach aber auch dieser den Charakter der Aufrechenbarkeit ab. Im Rechtsfall 8 gelang dem Verteidiger eine blendende Konstruktion. Mit viel Scharfsinn zeigte er auf, daß durch den Beschuldigten trotz seiner Säumigkeit gar keine gefährliche Situation herbeigeführt wurde, da im Zeitpunkt der Beendigung seiner Tätigkeit die Baustelle abgesichert war. Er bot daher den Polier als Zeugen an. Diese Konstruktion verwirkte nicht den Eindruck auf das Berufungsgericht. Es nahm Beweise bezüglich der Absicherung auf. Nachdem die Beweisergebnisse tatsächlich ergaben, daß eine Absperrung vorgenommen wurde, folgte das Gericht der Rechtsauffassung des Verteidigers und sprach den Bauführer frei. Im Rechtsfall 9 erkannte der Verteidiger infolge ausgezeichneter Gesetzeskenntnis, daß trotz der häufigen Diebstähle kein Gewohnheitsdiebstahl vorlag, da dem Täter der Hang, ohne besondere Motive Diebstähle zu begehen, fehlte. Diese Ausführung hielt der Oberste Gerichtshof für richtig und verneinte die Qualifikation des Gewohnheitsdiebstahls.

Ob von einem Rechtsdurchsetzungsmittel Gebrauch gemacht wird und *ob* ein Rechtsmittel ergriffen wird, ist Ausfluß der Aktivität. Hinter dem *Wie* aber stehen noch weitere Faktoren. Welche sind das? Zunächst möchte ich die *Normkenntnis* nennen.

Ausgezeichnete Gesetzeskenntnis fiel beim Verteidiger im Rechtsfall 9 auf. Mangelnde Gesetzeskenntnis lag beim Klagevertreter im Rechtsfall 2 vor, der nicht wußte, daß ein Ausspruch nur über eine erfolgte Besitzstörung unzulässig ist. Mangelnde Gesetzeskenntnis war auch beim Klagevertreter im Rechtsfall 3, der anstatt eine Kündigung eine Räumungsklage einbrachte.

Schließlich ist es auch *Scharfsinn,* wie es im Rechtsfall 8 zu ersehen war, *Geschicklichkeit,* ich erinnere an Rechtsfall 5, und *Erfahrung,* erkennbar in Rechtsfall 12.

Alle diese Faktoren sind geistige Faktoren. Sie wirken neben der Aktivität, sind aber auch oft mit diesen innig verknüpft. Ich möchte diese geistigen Faktoren *Fertigkeiten* nennen.

Es gibt aber auch *Faktoren, die außerhalb der Wirkungsphäre der beteiligten Parteien liegen.*

So ist es bedeutsam, *welche Beweise tatsächlich vom Rechtsstab zugelassen werden.* Das Gericht hat selbst eine Sachverhaltsdarstellung zu treffen. Es hat die hierzu notwendigen Beweise aufzunehmen. Hierbei kann es Beweise, die es für unerheblich erachtet, ablehnen. Im Rechtsfall 2 beantragen beide Parteien einen Augenschein. Einen solchen hielt aber das Gericht für überflüssig. Im Rechtsfall 7 beantragte der Verteidiger des Erstbeschuldigten die Einvernahme des Arztes der Zweitbeschuldigten zum Beweis darüber, daß sich diese die Verletzung selbst zugefügt hatte. Das Gericht ließ aber diesen Beweis nicht zu. Das Gericht kann aber auch Beweise, die von den Parteien gar nicht beantragt wurden, aufnehmen. Im Rechtsfall 6 hatte die zweite Instanz von Amts wegen einen gerichtsmedizinischen Sachverständigen, der den Alkoholgehalt im Blut des Beschuldigten im Zeitpunkt der Tat feststellen sollte, bestellt. Aufgrund seines Gutachtens verneinte das Berufungsgericht das Tatbild der Berauschung im Sinne des § 337 b StG. Im Rechtsfall 14 hatte das Bundesministerium für Handel und Wiederaufbau bei der Verhandlung an Ort und Stelle aus eigener Veranlassung einen ärztlichen Amtssachverständigen beigezogen. Aufgrund seines Gutachtens hatte das Ministerium aus gesundheitlichen Gründen gegen die Errichtung der Tankstelle keine Bedenken.

Bedeutsam ist, *wie der Rechtsstab die Beweisergebnisse würdigt und zu welcher Tatsachenfeststellung er gelangt.* Im Rechtsfall 5 hatten der Geschäftsführer und der Prokurist der klagenden Firma ausgesagt, daß die Teppiche nur im Hinblick auf die Realisierung des Geschäftes dem Beklagten übergeben worden waren. Der Zeuge N und der Beklagte gaben an, daß sie die Ausfolgung der Teppiche als einen großzügigen Akt der Firma auffaßten. Das Gericht folgte aber nicht den Angaben des Beklagten und des Zeugen N, sondern schenkte dem Geschäftsführer und dem Prokuristen Glauben. Das Gericht begründete dies damit, daß selbst der Zeuge N auf Aufforderung den für seine Mandantin erhaltenen Teppich bezahlte. Das Gericht traf die Feststellung, daß keine Schenkung vorlag, sondern die Teppiche nur unter der Bedingung übergeben wurden, daß es zur Realisierung der Geschäfte kam. Das Gericht hätte aber auch dem Beklagten Glauben schenken und dies folgendermaßen begründen können: Bei dem Zeugen N handelt es sich um einen angesehenen Münchner Anwalt. Der Angeklagte macht einen guten Eindruck. Man kann also ihren Angaben bedenkenlos folgen. Es erscheint auch nicht sehr wahrscheinlich, daß ein so großes Unternehmen, wie es die klagende Firma ist, die Teppiche unter einer ausdrücklichen Bedingung übergab. Es ist wahrscheinlicher, daß die Teppiche im Hinblick auf den tatsächlich abgeschlossenen Vertrag übergeben wurden. Wenn auch der Vertrag nicht realisiert wurde, besteht kein Grund zur Rückgabe der Teppiche. Wenn der Zeuge N die erhaltenen Teppiche bezahlt hatte, so geschah dies aus persönlichen Gründen seiner Mandantin. Es kann noch nicht bedeuten, daß keine Schenkung vorlag.

Bedeutsam ist, *welche Rechtsansicht der Rechtsstab mit dem getroffenen Sachverhalt verknüpft.* Im Rechtsfall 3 sah das Erstgericht einen gemeinsamen Haushalt des Vormieters mit dem Beklagten innerhalb der letzten zwei Jahre gegeben. Somit waren die Mietrechte auf den Beklagten übergegangen, weshalb kein titelloser Gebrauch der Wohnung vorlag und das Klagebegehren abzuweisen war. Im Rechtsfall 5 stellte das Gericht fest, daß die Gegenforderung des Beklagten mit S 47 000,— zu Recht besteht und machte die Herausgabe der Teppiche von der Zug-um-Zug-Leistung der Gegenforderung abhängig. Im Rechtsfall 11 stellte die Erstbehörde fest, daß keine wichtigen Gründe vorlagen und versagte der Namensänderung die Bewilligung. Im Rechtsfall 12 aber sah die gleiche Behörde die wichtigen Gründe gegeben und bewilligte die Namensänderung.

Bedeutsam ist schließlich, *ob die Rechtsmittelinstanz die geltend gemachten Anfechtungsgründe für richtig hält oder sie verwirft, ob sie die Feststellungen der ersten Instanz für richtig oder hinreichend erachtet und ob sie abweichend von der ersten Instanz der vom Rechtsmittelwerber vertretenen Rechtsauffassung folgt.* Im Rechtsfall 3 hielt das Berufungsgericht die Feststellungen des Erstgerichtes für unrichtig und unzureichend. Es wiederholte das Beweisverfahren und stellte nun fest, daß in den letzten beiden Jahren ein gemeinsamer Haushalt nicht vorlag. Es verneinte somit den Übergang der Mietrechte an den Beklagten, sah in dessen Benützung der Wohnung einen titellosen Gebrauch und gab dem Räumungsbegehren statt. Im Rechtsfall 9 übernahm die zweite Instanz die Feststellungen des Erstgerichtes, sah aber einen Gewohnheitsdiebstahl nicht gegeben. Es kann auch vorkommen, daß sich eine Instanz auf die Spruchpraxis der höheren Instanz beruft und in diesem Sinne entscheidet, die höhere Instanz aber von der bisherigen Auffassung abweicht und eine andere Entscheidung trifft. Dies war im Rechtsfall 5 geschehen.

Die letztlich bindende Entscheidung ist also die Resultante einer Reihe von Faktoren. Diese lassen sich in drei Gruppen zusammenfassen:

Es ist die *Aktivität* der beteiligten Parteien, die bedingt ist durch den Aufwand wirtschaftlicher Mittel, hinter der also wirtschaftliche Macht steht.

Es sind *geistige Faktoren,* Fertigkeiten der beteiligten Parteien. Also insbesondere Gesetzeskenntnis, Scharfsinn, Geschicklichkeit, Erfahrung der Parteien bzw. ihrer Vertreter.

Von diesen beiden Faktoren hängt es ab, ob und wie die Rechtsdurchsetzungsmittel gestaltet, ob und wie die Abwehr- und Verteidigungsmittel gebraucht, ob und wie Rechtsmittel ergriffen werden.

Schließlich sind es *Faktoren außerhalb der Wirkungssphäre der beteiligten Parteien.* Es ist nämlich für die endgültige Entscheidung auch von Bedeutung, wie das Gericht tätig wird, welche Beweise es zuläßt, wie es die Beweisaufnahmen durchführt, wie die Beweisergebnisse ausfallen, wie es die Beweisergebnisse würdigt, welche Tatsachenfeststellungen es trifft und welche rechtlichen Folgen es damit verbindet, schließlich wie die Rechtsmittelinstanz sich zur Anfechtung der Entscheidung der Vorinstanz verhält, ob sie aufgrund der Feststellungen der Vorinstanz oder aufgrund eines geänderten Sachverhaltes zu einer gleichen oder geänderten Rechtsauffassung wie die Unterinstanz gelangt.

Zusammenfassend ist zu sagen: Ruft jemand den Rechtsstab an, hat er nur die *Möglichkeit,* die Durchsetzung des Rechtes zu erreichen. Er legt den Sachverhalt dar, bietet Beweise hierfür an und begehrt aufgrund des Sachverhaltes eine bestimmte Rechtsfolge. Der Gegner bestreitet den Sachverhalt unter Anbietung von Beweisen und macht eine andere Rechtsauffassung geltend. Aufgabe des Rechtsstabes ist es, durch Beweisaufnahmen zu ermitteln, wie tatsächlich der Sachverhalt war und mit diesen Rechtsfolgen zu verbinden.

Die Einwirkungsmöglichkeit des Einschreiters ist nur eine beschränkte. Er kann alle nur denkbaren Durchsetzungsmittel im Verfahren zur Anwendung bringen, muß aber damit rechnen, daß der Gegner von den Abwehr- und Verteidigungsmitteln im vollen Umfang Gebrauch macht. Aber es kommt gar nicht allein auf das Kräfteverhältnis zwischen dem Einschreiter und dem Gegner an. Es wirken auf den Verfahrensausgang auch Faktoren, auf die die Parteien selbst keinen Einfluß haben. So ist es bedeutsam, welche von den beantragten Beweisen der Rechtsstab zuläßt, ob er von Amts wegen noch andere Beweise aufnimmt, wie er die Beweise durchführt, was das Ergebnis der Beweise ist und wie der Rechtsstab die Beweise würdigt.

Und sollte der Rechtsstab in seiner Entscheidung den vom Einschreiter behaupteten Sachverhalt als gegeben annehmen und damit die begehrten rechtlichen Folgen verbinden, so haben doch eine Reihe von Faktoren mitgewirkt, auf die der Einschreiter gar keine Einwirkungsmöglichkeit hatte. Und er muß immer noch damit rechnen und kann es nicht verhindern, daß sein unterlegener Gegner ein Rechtsmittel einbringt, um aufgrund der Feststellungen erster Instanz oder aufgrund zu ändernder Feststellungen eine andere rechtliche Beurteilung zu erwirken. Erst wenn die zweite Instanz das Rechtsmittel verwirft und das Erkenntnis der ersten Instanz bestätigt, ist endgültig Normadäquanz ausgesprochen und die Gesezeswirklichkeit ermöglicht.

Wird aber der Rechtsstab nicht angerufen, kann eine Beziehung zwischen dem konkreten Tatbestand und der Rechtsnorm nicht hergestellt werden, konkreter Tatbestand und rechtliche Norm stehen beziehungslos nebeneinander. Die Rechtsnorm bleibt toter Buchstabe. Sie kann nicht verwirklicht werden.

§ 3 Rechtsideologie und Rechtswirklichkeit

Die Gebiete der Rechtssoziologie sind:

1. die Entstehung der Rechtsnorm,
2. die Anwendung der Rechtsnorm,
3. die Durchsetzung der Rechtsnorm.

Ich habe mich in dieser Arbeit nur mit der Anwendung der rechtlichen Norm beschäftigt. Ebenso bedeutsam ist aber die Entstehung der Rechtsnorm. Soll die Rechtssoziologie auf diesem Gebiet Brauchbares leisten, ist einmal Voraussetzung, daß sie erkennt, wie die Rechtsnorm zur Anwendung kommt. Sie muß erkennen, welche Faktoren auf die Rechtsnorm einwirken. Sie muß mit den Ergebnissen der Analysen des komplizierten Verfahrens vertraut sein, damit sie dem Gesetzgeber sagen kann, was aus dem wird, was er beschließt. Das heißt, für die Soziologie der Gesetzgebung ist ein rechtsempirisches Studium der Rechtsanwendung unerläßlich. Aber die Soziologie der Gesetzgebung muß selbst ein empirisches Studium auf ihrem Gebiet betreiben. Interessante Einzelarbeiten sind bereits vorhanden[1]. Doch diese Arbeiten lassen wegen ihres speziellen Gegenstandes nur beschränkte Anwendungsmöglichkeiten zu. Auch hier sind empirische Arbeiten notwendig, die auf den drei Rechtsgebieten, dem Zivil-, dem Straf- und dem Verwaltungsrecht zu machen sind, damit man zunächst die Besonderheiten in der Gesetzesentstehung auf den verschiedenen Rechtsgebieten ersehen kann. Aber auch eine umfassende Schau ist erforderlich, um eine geeignete Grundlage für den Gesetzgebungsprozeß zu schaffen. Damit könnte auch die Ergänzung zu einer alle Rechtsgebiete umfassenden Soziologie der Anwendung der Rechtsnorm geschaffen werden.

Bedeutsam ist aber auch die Durchsetzung der Rechtsnorm, mit der ich mich in meiner Arbeit ebenfalls nicht beschäftigt habe. Mit dem Ausspruch des Rechtsstabes, daß Rechtswirklichkeit einzutreten hat, ist noch nicht die rechtliche Norm durchgesetzt. Wenn das Gericht erkennt, daß der Beklagte binnen 14 Tagen S 6 500,— an den Kläger zu zahlen hat, heißt das noch lange nicht, daß der Beklagte binnen dieser Zeit die

[1] Z. B. *Anita Grandke, Herta Kuhrig* und *Wolfgang Weise*, Die öffentliche Meinung in der Deutschen Demokratischen Republik zur Entwicklung der Familie und des Familienrechts und ihr Einfluß auf den Inhalt des neuen Familiengesetzbuches, in Hirsch/Rehbinder, Studien und Materialien zur Rechtssoziologie, 1967, S. 310—322.

Zahlung leistet. Es kann bei ihm Zahlungsunwilligkeit vorliegen. Er läßt es daher auf eine Exekution ankommen. Er kann aber auch in Zahlungsschwierigkeiten sein, so daß auch die Exekution zu keinem Erfolg führt. Der Ausspruch, daß der Beschuldigte eine einmonatige Arreststrafe zu verbüßen hat, heißt noch lange nicht, daß er die Strafe auch verbüßen wird. Er kann vor Antritt der Strafe ins Ausland fliehen. Er kann haftunfähig sein. Er kann wegen seines hohen Alters und der Einmaligkeit der Tat im Gnadenweg eine Strafnachsicht erreichen. Er kann sich die Strafverbüßung ersparen, wenn die Verurteilung unter eine Amnestie fällt. Die Verwaltungsbehörde spricht mit Bescheid eine Namensberichtigung aus. Der Betroffene kümmert sich nicht darum und nennt sich weiterhin Mantlec statt Mandelc. Erst wenn die Behörde Exekution durch Verhängung einer Geldstrafe und Androhung weiterer Geldstrafen führt, zwingt sie ihn, den berichtigten Namen anzuwenden. Somit sieht man, daß mit dem Urteil, dem Straferkenntnis und dem Bescheid der Verwaltungsbehörde erst die Möglichkeit der Rechtsverwirklichung geschaffen wird. Wenn der aus der Entscheidung Verpflichtete die Leistungspflicht nicht einhält, ist die zwangsweise Durchsetzung oft der einzige Weg, daß er dem Spruch des Rechtsstabes nachkommt. Auch auf dem Gebiet der Rechtsdurchsetzung sind rechtsempirische Arbeiten notwendig. Doch diese dürfen sich nicht auf einzelne Durchsetzungsarten beschränken. Auch hier wären umfassende Arbeiten notwendig, die sich auf Zivil-, Straf- und Verwaltungsrecht beziehen, damit sie das Grundsätzliche der Rechtsdurchsetzung aufzeigen können.

Wenn umfassende empirische Arbeiten auf allen drei Gebieten der Rechtssoziologie vorliegen, wird es besser möglich sein, die Zusammenhänge zwischen den verschiedenen Gebieten der Rechtssoziologie aufzuzeigen, was auch für das Verständnis der verschiedenen Teilgebiete förderlich sein wird. Es wird besser möglich sein, die rechtliche Norm in seiner Wirklichkeit zu erfassen und seine besondere Bedeutung im Sozialleben zu ergründen.

Ich kann hier nur von den Ergebnissen der empirischen Studie auf dem Gebiet der Rechtsanwendung ausgehen. Ich will aber trotzdem versuchen, einen Beitrag zur Rechtssoziologie zu leisten und einiges Grundsätzliches auszusagen.

1. Rechtsnorm als Buchstabe

Die Rechtsnorm ist Buchstabe. Ihr Wortlaut besagt, daß mit einem bestimmten Sachverhalt bestimmte Folgen einzutreten haben. Ihrem Wortlaut nach unterscheidet man also einen Sachverhalt und Folgen.

Die Rechtsnorm spricht aus, daß der Ehegatte der Ehegattin den anständigen Unterhalt zu verschaffen hat. Die Rechtsnorm spricht aus, daß wer einen Diebstahl begeht, bestraft werden soll. Die Rechtsnorm spricht aus, daß aus wichtigen Gründen der Name geändert werden kann.

A weigert sich, seiner Ehegattin B den Unterhalt zu leisten. Wird nun auch schon A zur Unterhaltsleistung an B verhalten? A begeht einen Diebstahl. Wird er nun auch schon bestraft? A will seinen Namen, der ihm nachteilig ist, ändern. Tritt auch schon die Namensänderung ein? Die Rechtsnorm muß nicht auch verwirklicht werden. Ist der konkrete Tatbestand gegeben, sind noch nicht damit die Rechtsfolgen verbunden.

Es bietet also die Rechtsnorm nur eine Chance, daß sie auch verwirklicht wird.

Zahlt A der B keinen Unterhalt, bleibt die Rechtsnorm wirkungslos. Wird A wegen des Diebstahls nicht bestraft, steht die Rechtsnorm in keiner Beziehung zur Wirklichkeit. Wird der Name des A nicht geändert, bleibt die Rechtsnorm ohne Anwendung.

In diesen Fällen stehen der konkrete Tatbestand und der rechtliche Tatbestand beziehungslos nebeneinander. Es geht von der Rechtsnorm keine Wirkung auf die Wirklichkeit aus. Die Rechtsnorm bleibt bloßer Buchstabe.

Somit bietet die Rechtsnorm noch keine Gewähr dafür, daß sie auch befolgt wird.

A erleidet durch B einen Verkehrsunfall. Sein Wagen ist beschädigt. Nach der Rechtsnorm ist B zum Schadensersatz verpflichtet. Allein durch diese normative Bestimmung kommt es noch nicht zur Schadensgutmachung.

Der Besitz des A wird durch B gestört. Nach der Rechtsnorm ist niemand befugt, den Besitz eines anderen eigenmächtig zu stören, und es kann der Gestörte die Untersagung des Eingriffes und den Ersatz des Schadens fordern. Allein aufgrund dieser Gesetzesstelle wird noch nicht der frühere Zustand hergestellt.

Wenn A den B vorsätzlich am Körper leicht beschädigt, ist er nach der Rechtsnorm wegen der Übertretung der körperlichen Beschädigung zu drei Tagen bis sechs Wochen Arrest zu bestrafen. Allein aufgrund der normativen Bestimmung wird noch keine Strafe über ihn verhängt.

Der Bauführer A hat es durch Fahrlässigkeit unterlassen, einen Rohbau abzusichern. B betritt den Bau und verletzt sich. Nach der Rechtsnorm steht Gefährdung durch fahrlässige Unterlassung unter Strafe.

Die diesbezügliche normative Bestimmung allein führt zu keiner Bestrafung des Bauführers.

Die Mineralölfirma A will eine Tankstelle im Stadtbereich errichten. Die Rechtsnorm sieht die Genehmigung einer derartigen Betriebsanlage unter bestimmten Voraussetzungen vor. Allein die normative Bestimmung führt auch bei Vorliegen der Voraussetzungen noch nicht zur Genehmigung.

Was muß geschehen, daß die Rechtsnorm nicht bloßer Buchstabe bleibt, sondern Wirklichkeit werde?

2. Rechtsnorm als Wirklichkeit

Die Rechtsnorm wird dann verwirklicht, wenn mit dem konkreten Sachverhalt auch die in der Rechtsnorm vorgesehenen Folgen eintreten.

Die geschriebene Rechtsnorm räumt nur eine Chance ein, daß die Folgen auch tatsächlich realisiert werden.

Die Rechtsnorm als Buchstabe besagt nur, daß bei einem konkreten Sachverhalt die normative Folge eintreten *könnte*. Die Rechtsnorm als Wirklichkeit ist die Erfüllung der normativen Folge.

A hat B eine Reparaturrechnung zweimal bezahlt. Hierzu sagt der Buchstabe der Rechtsnorm: „Wenn jemandem aus einem Irrtum eine Sache geleistet wurde, so kann die Sache zurückgefordert werden." Die Wirklichkeit der Rechtsnorm ist die Rückgabe des irrtümlich Geleisteten. Dies kann spontan durch den B, aufgrund einer außergerichtlichen Intervention des A oder mit Hilfe des Rechtsstabes erfolgen.

A erpreßt B und erzwingt die Preisgabe von Geschäftsgeheimnissen. Der Buchstabe der Rechtsnorm sagt: Wer jemanden durch Gewaltausübung oder Gewaltandrohung zu einer Handlung zwingt, ist wegen des Verbrechens der Erpressung zu bestrafen. Die Normwirklichkeit ist hergestellt, wenn A tatsächlich wegen des Verbrechens der Erpressung bestraft wird.

A führt in einer Stadt einen Bau aus, wobei er bis 3,5 m an die Grundgrenze herankommt. Die bezügliche Bestimmung der Bauordnung dieser Stadt lautet: Der Mindestabstand von der Grundgrenze hat 5 m zu betragen. Normwirklichkeit tritt aber erst ein, wenn die Baubehörde die Weiterführung des Baues untersagt und auf der Einhaltung des Mindestabstandes besteht.

Bei der Verwirklichung tritt die Rechtsnorm aus ihrer abstrakten Isoliertheit heraus. Sie verbindet sich mit der Wirklichkeit und führt in der Wirklichkeit eine Änderung herbei: Die Zurückgabe des zuviel

Bezahlten, die Bestrafung des Erpressers, die Erzwingung des Mindestabstandes.

Nicht jede Wortnorm findet für den konkreten Sachverhalt ihre Erfüllung in der Wirklichkeit. Aber ist es die Wortnorm, aufgrund derer die Normverwirklichung möglich wurde.

Die Wortnorm ist somit die Grundlage und der Ausgangspunkt der Verwirklichung der Rechtsnorm. Sie ist aber noch nicht selbst die Verwirklichung der Rechtsnorm.

In der Verwirklichung erreicht die Rechtsnorm die höchste Stufe. Sie ist die Sinnerfüllung der Rechtsnorm. Je öfter die Verwirklichung der Rechtsnorm bei Vorliegen des Tatbestandes erreicht wird, um so wirksamer ist sie. Wenn sie hingegen nicht oder nur sehr selten eine Verwirklichung findet, ist es eine sterile Norm. Sie hat nicht die Möglichkeit, ihrer Bestimmung gemäß in die Welt der Tatsachen einzugreifen. Sie kann nicht ihre Aufgabe als Ordnungselement der Gesellschaft erfüllen.

Das Phänomen der Buchstabennorm, der Wortnorm also, ist ein verhältnismäßig einfaches. Es ist mit dem Wortlaut der Norm verhaftet. Das Phänomen der Realnorm hat sich nicht auf die wortmäßige Erfassung zu beschränken. Zunächst ist das Augenmerk auf den konkreten Tatbestand zu richten. Dieses ist in Beziehung zur rechtlichen Norm zu bringen und auch zu verwirklichen. Solange dies nicht erreicht wird, klaffen zwei Bereiche auseinander, die bestimmungsgemäß zu verbinden sind. Es liegt Vereitelung der Rechtsnorm vor. Wird aber die Verbindung zwischen Norm und Wirklichkeit hergestellt, kann tatsächlich von lebender Rechtsnorm gesprochen werden. Die Rechtsnorm hat im konkreten Fall ihre Erfüllung erreicht.

3. Rechtsnorm als Ideologie

Es ist noch nicht lange her, daß man zwischen dem Buchstaben und der Wirklichkeit der Rechtsnorm unterscheidet. Der Anstoß hierzu kommt von der Soziologie. Ihr geht es um die Erfassung der sozialen Wirklichkeit; beim Recht als soziale Erscheinung um die Erfassung der Rechtswirklichkeit. Verhältnismäßig spät kommt es zu dieser Unterscheidung. Wie ist das möglich? Der Gesetzgeber verband mit der Vorstellung der Rechtsnorm eine Ideologie. Er sah mit der Rechtsnorm auch die Rechtsnorm schon verwirklicht. Diese Ideologie war so stark, daß er gar nicht daran zweifelte, daß die Rechtsnorm bei einem konkreten Sachverhalt tatsächlich erfüllt wird. Diese Ideologie war so stark, daß er sich über die Verwirklichung der Rechtsnorm selbst keine ernstlichen Gedanken machte.

Hirsch hat den markanten Satz aufgestellt: „Die Soziologie ist eine *entschleiernde Wissenschaft*, deren Vertreter den Mut aufbringen müssen, das durch ... Ideologien verschleierte Bild der sozialen Wirklichkeit zu schauen, zu begreifen und wirklichkeitsgemäß zu schildern[2]."

Soll eine Entschleierung des Rechts vorgenommen werden, um zu der Rechtswirklichkeit vorzustoßen, muß die Ideologie, die mit der Rechtsnorm verbunden ist, weggenommen werden. Es muß die Ideologie, die „Gedankenreihe, die der Wirklichkeit nicht entspricht[3]", von der Rechtsnorm entfernt werden. In der Rechtssoziologie wird in Zusammenhang mit der Rechtsordnung von Rechtsidealität gesprochen[4]. Wenn ich von der Ideologie der Rechtsnorm spreche, verstehe ich die Annahme, daß mit der Rechtsnorm auch schon ihre Erfüllung gegeben ist. Eine solche Ideologie ist mit einer Reihe von Voraussetzungen verknüpft: Kenntnis der Rechtsnorm, Anrufung des Rechtsstabes, Einsatz von Machtmitteln, Voraussehbarkeit der Entscheidung des Rechtsstabes und somit Transparenz aller für das Prozeßgeschehen bedeutender Momente.

Im folgenden will ich mich mit der Frage beschäftigen, inwieweit diese Voraussetzungen in der Wirklichkeit gegegeben sind.

4. Kenntnis der Rechtsnorm

Von *Kantorowicz* sind die Worte: „... das Gebäude unserer Rechtsauffassung bisher ruht auf der Fiktion, daß das ganze staatliche Recht jedermann bekannt sei. Diese Fiktion widerspricht den Tatsachen auf die krasseste Art. Die Wahrheit ist, daß niemand das ganze Recht in seinem unübersehbaren Umfang kennt, wenige einen Teil, die meisten nichts von ihm kennen[5]."

Die Rechtsnorm könnte nur dann voll angewendet werden, wenn es jedem in der Rechtsgemeinschaft bekannt wäre.

---

[2] *Ernst E. Hirsch*, Das Recht im sozialen Ordnungsgefüge, 1966, S. 243.

[3] *Theodor Geiger*, Arbeiten zur Soziologie, Methode — Moderne Großgesellschaft — Rechtssoziologie — Ideologiekritik, 1962, S. 413.

[4] *Theodor Geiger*, Vorstudien zur Soziologie des Rechts, 1964, S. 205 und *Ernst E. Hirsch*, Rechtssoziologie, in Gottfried Eisermann, Die Lehre von der Gesellschaft — Ein Lehrbuch der Soziologie, 1969, S. 177.

[5] *Hermann Kantorowicz*, Rechtswissenschaft und Soziologie — Ausgewählte Schriften zur Wissenschaftslehre, hrsg. von Thomas Würtenberger, 1962, S. 17.

Die Kenntnis der Rechtsnorm ist abhängig vom Alter und von der Erfahrung. Sie ist aber auch abhängig vom Bildungsgrad und von der Intelligenz. Dies geht deutlich aus den von *Eckhoff, Sveri* und *Norseng* durchgeführten empirischen Untersuchungen über das norwegische Hausangestelltengesetz, das 1948 in Kraft trat, hervor[6].

Tritt nun ein konkreter Tatbestand ein und soll die damit verbundene rechtliche Folge geltend gemacht werden, setzt dies Kenntnis der Rechtsnorm voraus. Fehlt diese, wird die Rechtsnorm nicht angewandt werden können.

Oft ist es die Sprache der Juristen, die den Adressaten der Rechtsnorm unverständlich bleibt. Nun könnte sich der einzelne denen zuwenden, die das Monopol der Rechtsnormkenntnis innehaben — den Juristen. Aber schon das Erkennen, ob eine rechtliche Chance besteht, erfordert gewisse Geistesgaben. Dazu kommt noch, daß die Beratung durch den Juristen mit Kosten verbunden ist.

Diese Rechtsberatung ist aber mit einem weiteren Nachteil verbunden. Der Rechtssuchende muß den Sachverhalt erst darlegen. Hier können sich Fehlerquellen ergeben, die durch unrichtige Darstellung des Falles entstehen. Aber selbst der Jurist beherrscht nicht eine volle Rechtskenntnis: „Nicht einmal der Jurist, der jahrelang Rechtswissenschaft studiert und sich berufsmäßig mit dem Recht beschäftigt, ... kennt die staatliche Rechtsordnung bis in alle Einzelheiten[7]."

Somit erreicht die Rechtsnorm nur einen Teil der Adressaten.

Die Anwendung der Rechtsnorm kann von denen nicht erwirkt werden, die infolge ihrer Geistesgaben und ihres Bildungsstandes die mit der Rechtsnorm verbundene Chance nicht erkennen können.

Selbst die Beiziehung von Juristen ist keine Gewähr für eine Rechtsdurchsetzung, da nicht einmal der Jurist sich im „Hexenkessel juristischer Probleme" voll zurechtfinden kann[8].

Die Kenntnis der Rechtsnorm ist also eine Voraussetzung, daß es zur Anwendung der Rechtsnorm kommt. Sie ist aber nur *eine* Voraussetzung, die mit der Ideologie der Rechtsnorm verbunden ist. Die folgenden Abschnitte sollen sich mit den weiteren Annahmen der Ideologie auseinandersetzen.

---

[6] Siehe *Vilhelm Aubert*, Einige soziale Funktionen der Gesetzgebung, in Hirsch/Rehbinder, Studien und Materialien zur Rechtssoziologie, 1967, S. 284—309.

[7] *Ernst E. Hirsch*, Das Recht im sozialen Ordnungsgefüge, 1966, S. 75.

[8] *Wilhelm Wengler*, Über die Unbeliebtheit der Juristen, in Hirsch/Rehbinder, Studien und Materialien zur Rechtssoziologie, 1968, S. 238.

5. Der Weg zum Rechtsstab

Mit der Kenntnis der Rechtsnorm allein ist es noch nicht getan. Es ist ein weiterer Schritt erforderlich, damit es auch tatsächlich zur Rechtsdurchsetzung kommen kann. Weigert sich der Schuldner zu zahlen, stellt der Beschädiger den früheren Zustand nicht her, so muß der Rechtsstab angerufen werden. Hat der Dieb ohne Einwilligung eine fremde bewegliche Sache aus eines anderen Besitz entzogen, so muß dies dem Rechtsstab angezeigt und die Bestrafung des Beschuldigten beantragt werden. Will jemand eine Tankstelle errichten, muß er beim Rechtsstab die Genehmigung einholen.

Was heißt Anrufung des Rechtsstabes? Nicht der Gläubiger und der Schuldner allein regeln das Rechtsverhältnis. Ein Organ mit Durchsetzungsgewalt entscheidet, ob der vom Kläger behauptete Sachverhalt vorliegt oder nicht, entscheidet, ob die begehrte Folge einzutreten hat.

Der Bestohlene kann nicht einfach Selbstjustiz üben und den Dieb nach seinem Gutdünken bestrafen. Er hat nur die Möglichkeit, die Tat dem Rechtsstab anzuzeigen und die Einleitung eines Verfahrens gegen den Dieb zu erreichen. Gelingt der Beweis der Tat, wird der Dieb wegen des Delikts verurteilt und bestraft. Gelingt der Beweis nicht, wird er von der Anklage freigesprochen.

Der Rechtsstab hat zu prüfen, ob die gesetzlichen Voraussetzungen für die Errichtung der Tankstelle gegeben sind. Liegen diese vor, erteilt er die Genehmigung.

Die Anrufung des Rechtsstabes bedeutet Aufwand. Der Rechtssuchende muß Mittel aufbringen. Er muß sich in der Regel von einem Rechtsbeistand beraten lassen. Der Rechtssuchende muß Zeit opfern.

Sagte ich, daß Kenntnis der rechtlichen Norm eine der Voraussetzungen der Rechtsverwirklichung ist, so ist die zweite Voraussetzung die Anrufung des Rechtsstabes. Wird dies unterlassen, kann die Durchsetzung der Rechtsnorm nicht erreicht werden. „Laws will not enforce themselves“[9] — Gesetze werden nicht von selbst wirksam.

Es muß also die Rechtsnorm bekannt sein, es muß ihr Sinn erfaßbar sein. Es muß der Rechtsstab befaßt werden, damit er feststellt, ob mit dem behaupteten Sachverhalt auch die geltend gemachte Rechtsnorm zur Anwendung kommt.

Wird aber der Rechtsstab nicht angerufen, so begibt sich der Rechtssuchende der Möglichkeit, daß sein Rechtsanspruch durchgesetzt werde. Die Rechtsverwirklichung ist — wenn man von der gerichtsfreien Rechtsdurchsetzung im Zivilrecht absieht — nur über die Brücke des

---

[9] *Roscoe Pound*, Social Control through Law, 1968, S. 61.

Rechtsstabes möglich. Wird aber diese Brücke nicht beschritten, kann die Beziehung zwischen Rechtsnorm und Wirklichkeit nicht hergestellt werden.

6. Rechtsnorm und Macht

Wenn in der Rechtssoziologie von Macht die Rede ist, bezieht sie sich auf die Entstehung der Rechtsnorm. Ich habe bereits in dem Abschnitt „Was ist Recht?“ aufgezeigt, daß die Rechtsordnung ein Ergebnis des Machtkampfes und Ausdruck der Machtverhältnisse ist. Aber auch bei der Ausübung der Rechtsnorm spielt das Moment der Macht eine bedeutende Rolle. Ich war in meiner Studie zu dem Ergebnis gekommen, daß ein wesentlicher Faktor der Rechtsverwirklichung wirtschaftliche Macht ist. Fehlt diese, kann eine Rechtswahrnehmung nicht erfolgen. Werden die wirtschaftlichen Mittel aufgebracht, geschieht dies oft unter harten Opfern. Wirtschaftliche Macht ist es, die hinter zwei Faktoren steht, hinter der Aktivität und hinter den Fertigkeiten. Aktivität und Fertigkeiten sind wesentliche Faktoren in dem Streit um die Rechtsdurchsetzung.

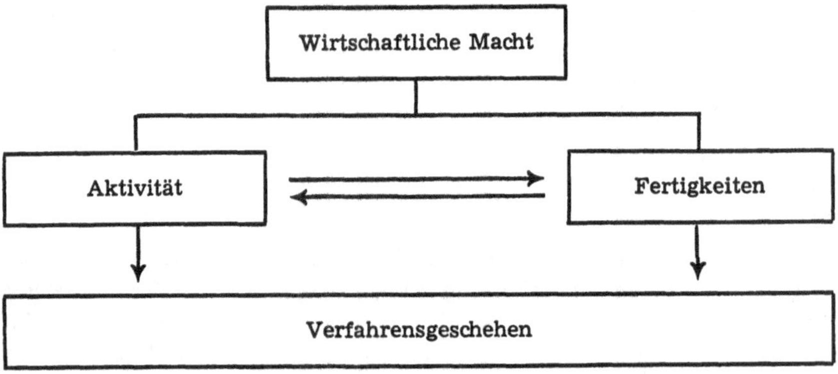

Abb. 1: Die drei Kräfte, die auf das Verfahrensgeschehen einwirken

Es ist vor allem wirtschaftliche Macht, die bei der Verwirklichung der Rechtsnorm einwirkt. Wirkt aber nicht auch politische Macht bei der Durchsetzung der Rechtsnorm mit? Sie wirkt insofern mit, als die Rechtsordnung selbst Ausdruck der politischen Macht ist. Auf die Rechtsdurchsetzung selbst hat die politische Macht insofern Einfluß, als es sich um politische Prozesse handelt und die wirtschaftlichen Mittel von der politischen Macht zur Verfügung gestellt werden. Von politischer Macht könnte man auch dann sprechen, wenn Berufsorganisationen den Rechtsschutz übernehmen. Auch in diesem Fall wirkt die politische Macht durch Leistung wirtschaftlicher Mittel. Ich halte es für richtig, nur von wirtschaftlicher Macht zu sprechen, denn auch die politische Macht kommt im Durchsetzungsverfahren nur durch wirtschaftliche Machtmittel in Erscheinung.

Ich habe im Abschnitt „Was ist Recht?" von drei Kräften gesprochen, die auf das Recht hinwirken: Macht, Wille und Geist. Nun ist es so, daß diese drei Kräfte nicht alle in gleicher Weise in Erscheinung treten. Macht, also die wirtschaftlichen Mittel, stehen im Hintergrund. Sie tritt durch die Kräfte der Aktivität und Fertigkeiten in Erscheinung, wobei man ohne weiteres Aktivität dem Willen und Fertigkeiten dem Geiste zuordnen kann.

Liest man eine Gesetzesstelle: „Jedermann ist berechtigt, von dem Beschädiger den Ersatz des Schadens, welcher dieser ihm aus Verschulden zugefügt hat, zu fordern", so sagt diese Formulierung nichts über die wirtschaftliche Seite der Normdurchsetzung. Der Gesetzgeber ist so überzeugt, daß jeder, der die Schadensgutmachung wünscht, auch die Mittel dazu hat. Er macht sich über die Machtmittel überhaupt keine Gedanken. Der Geschädigte kann aber nur dann berechtigt sein, wenn er die Mittel dazu hat. Ist er vermögend, spielt diese Frage keine Rolle. Ist er aber wirtschaftlich ungünstig situiert, muß er unter Opfern die Mittel dazu aufbringen. Tut er dies nicht, besteht für ihn diese Berechtigung gar nicht. Ist er nun gar wirtschaftlich schwach und kann auch unter Opfern die Mittel nicht aufbringen, ist die Berechtigung überhaupt nur Gesetzesbuchstabe.

Nun ist es ja so, daß für einen Rechtsstreit nicht nur eine Instanz vorgesehen ist. Es kann eine zweite, ja in bestimmten Fällen eine dritte Instanz angerufen werden. Dies bedeutet noch weitere Kosten. Eine volle Rechtswahrnehmung erfordert aber oft die Ausschöpfung der Rechtsmittel. So kann es sein, daß derjenige, der unter Opfern noch die Mittel für die untere Instanz aufbringen konnte, nicht mehr in der Lage ist, zusätzliche Mittel für die weitere Rechtsdurchsetzung aufzutreiben. Somit hat die Bestimmung, daß jeder befugt ist, der sich durch eine Entscheidung benachteiligt fühlt, eine höhere Instanz anzurufen, nicht für alle die gleiche Geltung.

Ein Prozeß ist Kampf. Er erfordert einen unaufhörlichen und andauernden Volleinsatz. Es genügt nicht, daß der Anwalt die Klage einbringt. Er muß in jeder Phase des Prozesses die notwendigen Aktivitäten setzen und Fertigkeiten anwenden. Geschieht dies nicht, wird die Rechtsdurchsetzung erschwert, wenn nicht gar vereitelt. Ich habe aufgezeigt, daß hinter der Aktivität und den Fertigkeiten wirtschaftliche Macht steht. Je mehr Machtmittel zur Verfügung stehen, um so günstiger sind die Erfolgsaussichten. In einem Scheidungsprozeß ist ein Ehebruch in der Regel sehr schwer nachzuweisen. Wird ein Detektivunternehmen bezahlt und beauftragt, ist ein solcher Beweis nicht unmöglich; zumindest kann der Beweis einer Ehestörung erbracht werden.

Im Strafprozeß wird es einen Unterschied ausmachen, ob der Angeklagte nur den Tarif zu zahlen bereit ist oder mit dem Anwalt das Dreifache an Honorar vereinbart. Das letztere bedeutet: der Anwalt wird nicht seinen Konzipienten zur Verhandlung schicken, sondern selbst bei Gericht erscheinen. Das bedeutet: der Anwalt wird andere Sachen liegen lassen und sich gründlichst einen ganzen Tag lang vorbereiten. Der Verteidiger wird bemüht sein, aus den Entlastungszeugen herauszuholen, was herauszuholen ist. Die Belastungszeugen wird er in Widersprüche verwickeln und ihnen entsprechende Vorhalte machen, was ihm bei der nun besseren Aktenkenntnis leichter möglich sein wird. Der Verteidiger wird eine Reihe weiterer Beweisanträge stellen und unter Umständen die Vertagung der Verhandlung erreichen. Im Plädoyer wird er gründlicher und ausführlicher sprechen. Denn er riskiert damit nichts für den Angeklagten, kann aber alles für ihn gewinnen. Und auch der Anwalt, der sich ein Erfolgshonorar für die Wiedererlangung eines entzogenen Führerscheines zahlen läßt, wird öfter intervenieren — schon um die Meinung des Referenten zu eruieren —, wird zu jeder Änderung der Aktenlage eine Stellung beziehen und seine Kraft dafür einsetzen, daß die Urkunde möglichst rasch wieder an seinen Klienten ausgefolgt wird.

In diesem Zusammenhang sagt *Ernst Jahoda:* „Das ‚Recht haben' droht von einem moralischen zu einem wirtschaftlichen Problem zu werden[10]."

7. Die Voraussehbarkeit

Die Rechtsnorm als Ideologie nimmt die Voraussehbarkeit der Entscheidung des Rechtsstabes an.

Was heißt Voraussehbarkeit? Von Voraussehbarkeit könnte dann gesprochen werden, wenn bei Vorliegen des konkreten Tatbestandes damit zu rechnen ist, daß der Rechtsstab die mit dem normativen Tatbestand verknüpfte Rechtsfolge ausspricht.

Warum ist eine Voraussehbarkeit nicht gegeben?

---

[10] *Ernst Jahoda,* Die dreifache Freiheit des Advokaten, Österreichische Juristen-Zeitung, 1968, S. 649.

Eine Voraussehbarkeit würde eine Transparenz aller Phasen des Prozeßgeschehens, aller für die Entscheidung bedeutenden Faktoren voraussetzen.

Wer den Rechtsstab anruft, dem müßte schon einmal der konkrete Tatbestand vollkommen transparent sein. Ihm müßten die rechtlichen Folgen, die damit verknüpft sind, transparent sein. Ihm müßte transparent sein, wie sich der Gegner verhalten wird, welche Tatsachen er behauptet, welche Beweise er anbietet, überhaupt welche Abwehrmittel er ergreift. Wer den Rechtsstab anruft, dem müßte transparent sein, welche Beweise der Rechtsstab zuläßt, wie er die Beweise durchführt, wie die Beweisergebnisse ausfallen, wie der Rechtsstab die Beweise würdigt, zu welcher Sachverhaltsfeststellung er kommt, und wie er diese rechtlich beurteilt. Es müßte ihm transparent sein, ob der Gegner ein Rechtsmittel ergreift, wie die höhere Instanz sich dazu verhält.

Der den Rechtsstab anruft, müßte also schon Einsicht in alle Elemente bzw. Phasen des Verfahrens haben. Aber selbst die Momente, von denen er fest glaubt, sie zu überblicken, sind ihm gar nicht so transparent. Es fehlt ihm eine volle Tatbestandserfassung. Aber auch die Beurteilung der rechtlichen Seite aufgrund des Sachverhaltes, wie er ihn sieht, trifft nicht so sicher zu. Es ermangelt ihm die volle Erfassung der Rechtsnorm.

Was feststeht, ist nur die Möglichkeit, daß er mit seinem Anspruch durchdringen kann. Ihm fehlt aber der Einblick in die vielen Faktoren, die das Ergebnis des Verfahrens gestalten. Es sind nur ein paar Lichtschimmer, die ihm bei Anrufung des Rechtsstabes die Prozeßelemente in groben Umrissen erkennen lassen. Nicht mehr. Der Blick auf das gesamte Geschehen des Verfahrens ist ihm verdunkelt, wenn ihm dies auch gar nicht bewußt ist.

Das Problem der Voraussehbarkeit im Prozeß und im Verwaltungsverfahren wird wohl erkannt, aber meistens mit ein paar Worten abgetan. Dieses Problem ist aber zu bedeutsam, als daß es nur oberflächlich behandelt werden kann. Ich will daher bemüht sein aufzuzeigen, daß der Mangel an Transparenz viel größer ist als man vermutet.

Wenn es auch keine Voraussehbarkeit geben kann, so gibt es eine vermeintliche Voraussehbarkeit, die in fast jedem Verfahren vor dem Rechtsstab eine Rolle spielt. A ist fest überzeugt, mit seiner Rechtsansicht vor Gericht durchzukommen. Er maßt sich an, den Prozeßausgang vorauszusehen und rechnet mit einem Erfolg. Würde er es nicht, wäre die Prozeßführung für ihn sinnlos. Es ist also eine vermeintliche oder angemaßte Voraussehbarkeit. Sie stützt sich nur auf die Kenntnis des Sachverhaltes und auf die rechtliche Beurteilung des von ihm gesehenen Sachverhaltes. Man könnte sagen, daß eine Zweifaktorenvoraussicht (ich werde noch aufzeigen, daß nicht einmal diese vollkommen gegeben ist), sich eine Voraussicht schlechthin anmaßt, die aber eine Einsicht in sehr viele Faktoren erfordern würde.

Ich will mich im folgenden eingehend mit der Problematik der Transparenz beschäftigen. Unter Transparenz verstehe ich das „im vorhinein"-Erkennen aller für den Ausgang des Rechtsstreites relevanten Momente.

8. Transparenz

a) Transparenz und Erfassung des Tatbestandes

A wird von einem von einem Haus herabfallenden Dachziegel getroffen und schwer verletzt. A ist fest überzeugt, daß es das Haus Nr. 18 war. Er bringt daher gegen den Eigentümer dieses Hauses die Schadensersatzklage ein.

Dem A wird auf der Straße die Brieftasche gezogen. A ist fest überzeugt, daß es B war, und erstattet gegen ihn die Anzeige.

A will eine Tankstelle im Stadtgebiet errichten. Er ist fest überzeugt, daß alle Voraussetzungen für eine Genehmigung gegeben sind. Er beantragt bei der Behörde die Konzession.

Nun ist aber der Ziegel nicht vom Hause Nr. 18, sondern vom Nebenhaus Nr. 20 heruntergefallen.

Die Brieftasche wurde nicht von B gezogen, da dieser sich nachweisbar zur Tatzeit im Ausland aufhielt.

Unter dem Grund, auf dem die Tankstelle errichtet werden soll, läuft die Hauptgasleitung.

Der einen *Tatbestand* behauptet, ist oft gar nicht in der Lage, denselben zu erfassen. Es stellt sich dann heraus, daß er *gar nicht gegeben ist*, weil ihm der Blick auf die Wirklichkeit verstellt war. Der objektive Sachverhalt war ihm nicht transparent. Weil sich der Vorfall vor dem Hause Nr. 18 zugetragen hatte, war A der Meinung, daß der Ziegel von diesem Haus herabgefallen war. Er konnte nicht wahrnehmen, daß der Sturm den Ziegel vom Nebenhaus abgetragen hatte. Diese Phase des Ereignisses war ihm nicht transparent. Der Bestohlene war fest im Glauben, daß der Dieb der mehrfach vorbestrafte Sohn seines früheren Hausbesorgers war. Tatsächlich war ihm die Identität des Täters nicht transparent. Schließlich war dem Konzessionswerber die Tatsache verdeckt, daß durch den Grund eine Gasleitung läuft. Er war völlig ahnungslos, als er hievon bei der Verhandlung aufgeklärt wurde.

Es ist aber auch möglich, daß der vom Rechtssuchenden behauptete Sachverhalt gegeben ist, aber in Wirklichkeit ist es ein *modifizierter Tatbestand.*

A hatte bei B 100 Stück einer bestimmten Ware bestellt. B war der Meinung, daß diese Stückzahl dem A auch geliefert wurde. Tatsächlich waren nur 80 Stück vorrätig, so daß nur diese geliefert werden konnten. Die Staatsanwaltschaft ist der Meinung, daß der Triebwagenfahrer mit mehr als 0,8 Promille im Blut einen Unfall verschuldet hat. Hierbei vertraute sie auf das Gutachten des gerichtsmedizinischen Instituts. Der Fahrer hatte wohl den Unfall verschuldet, aber nicht in dem behaupteten Rauschzustand. Die Überprüfung des Gutachtens ergab, daß im Zeitpunkt der Tat eine Alkoholisierung des Beschuldigten von mehr als 0,8 Promille nicht nachzuweisen war. A glaubt, in gesundheitlicher Hinsicht die Voraussetzungen für die Erlangung des Führerscheines zu erfüllen. Die amtsärztliche Untersuchung ergibt aber, daß seine Augen übermäßig lichtempfindlich sind, und er nur mit Spezialgläsern das Fahrzeug lenken darf.

Es kann aber auch sein, daß der Rechtssuchende wohl richtig den Tatbestand erfaßt, aber noch ein *weiterer Tatbestand hinzutritt,* der zu einer anderen Würdigung der Gesamtsituation führen muß.

A klagt B zur Zahlung von S 1000,—, übersieht aber, daß B selbst eine Forderung gegen ihn hat.

A zeigt B wegen leichter Körperverletzung an. A ist sich aber nicht bewußt, daß bei der tätlichen Auseinandersetzung er selbst den B leicht verletzt hat.

Man sieht daraus, daß nicht einmal der Tatbestand vom Einschreiter selbst richtig erfaßt werden muß. Es besteht für ihn keine vollkommene Transparenz in der Tatbestandserfassung. Er sieht den Gegenstand subjektiv von seinem Gesichtspunkt, seiner Urteilsfähigkeit aus. Es ist ein beschränkter Betrachtungswinkel, aus dem eine klare Einsicht in die Wirklichkeit des Sachverhaltes nicht gegeben ist und eine objektive Beurteilung der Tatsachen oft in Frage gestellt werden muß.

So kann es vorkommen, daß der im Verfahren aktiv Beteiligte von der von ihm behaupteten Sachverhaltsdarstellung fest überzeugt ist, in Wirklichkeit aber der Tatbestand überhaupt nicht gegeben ist oder modifiziert vorliegt. Es kann aber auch sein, daß ein weiterer Sachverhalt besteht, der zu einer anderen Auffassung über das Gesamtereignis führt.

b) Transparenz und Erfassung der Rechtsnorm

Ich gehe zunächst von dem einfachen Fall aus, daß der vom Einschreiter behauptete Sachverhalt mit dem Sachverhalt übereinstimmt, den die Gerichte feststellen werden. Ist auch die vom Einschreiter damit verbundene rechtliche Folge richtig? Mit anderen Worten: Beurteilt er den Sachverhalt richtig?

Der Einschreiter bzw. sein Anwalt können sich bei der rechtlichen Beurteilung des Sachverhaltes *irren*.

Der Leser erinnert sich an den Rechtsfall 3. Hier hat der Klageanwalt folgenden Sachverhalt angenommen: Die Wohnung wurde vom Mieter verlassen, sein Sohn blieb zurück; dieser hatte in den letzten zwei Jahren nicht im gemeinsamen Haushalt mit seinem Vater gelebt. Der Klageanwalt sah nun einen titellosen Gebrauch des Sohnes. Das war aber ein Rechtsirrtum. Tatsächlich bestand immer noch das Mietverhältnis mit dem Vater, da dieser darauf nicht ausdrücklich verzichtet hatte.

Im Rechtsfall 2 bestand der Klageanwalt auf das Begehren, selbst nachdem seine Partei nicht mehr im Besitz des Streitobjektes war, die Besitzstörung festzustellen. Hier war der Klagevertreter in einem Rechtsirrtum. Ein solches Begehren ist unzulässig.

Im Rechtsfall 9 wurde von der Anklagebehörde angenommen, daß es sich um einen Gewohnheitsdiebstahl handelte, weil der Täter bereits vier einschlägige Vorstrafen hatte, zu denen nun die gegenständlichen fünf weiteren Diebstähle hinzukommen. Diese Auffassung stand aber im Widerspruch zur Rechtsprechung, wonach bei Gewohnheitsdiebstahl ein schon eingewurzelter, mit Charakterschwäche und Haltlosigkeit einhergehender innerer Hang zum Stehlen gefordert wird.

Bei den erwähnten Fällen war es der vom Einschreiter behauptete Sachverhalt, der auch von den Gerichten zur Grundlage der Rechtsbeurteilung gemacht wurde. Nun kann aber die Rechtsauffassung schon gar nicht transparent sein, wenn die Gerichte eine andere Sachverhaltsdarstellung treffen, als sie vom Einschreiter angenommen wurde.

Im Rechtsfall 8 wurde von der Anklagebehörde behauptet, daß sich der Bauführer um den Rohbau überhaupt nicht kümmerte und keine Absperrung vorgenommen hatte. Er habe daher den Unfall durch sein fahrlässiges Unterlassen herbeigeführt. Die Feststellung, daß im Zeitpunkt der Beendigung seiner Tätigkeit tatsächlich, wenn auch nicht vom Bauführer selbst, eine Absicherung vorgenommen worden war, führte zu einer anderen rechtlichen Beurteilung: Durch seine Unterlassung wurde keine Gefahrensituation herbeigeführt, weshalb ihn kein strafrechtliches Verfahren trifft.

Bei einem modifizierten Sachverhalt führt die geänderte Sachverhaltsdarstellung dazu, daß die vom Einschreiter getroffene rechtliche Würdigung nur zum Teil richtig ist. So wurde im Rechtsfall 6 das Tatbild der Berauschung verneint, nachdem ein Alkoholgehalt von weniger als 0,8 Promille festgestellt wurde.

Im Rechtsfall 5 hatte das Gericht einen neuen Tatbestand — die aufrechenbare Gegenforderung — festgestellt. So wurde der Herausgabeanspruch von der Leistung der Gegenforderung abhängig gemacht. Diese rechtliche Beurteilung hatte die Klägerin nicht vorausgesehen.

Eine volle Transparenz in der Normauffassung kann es nicht geben. Der Einschreiter kann sich in der Anwendung der Rechtsnorm irren. Es kann aber auch der Sachverhalt, aufgrund dessen die rechtliche Würdigung folgen soll, von den Gerichten verneint, modifiziert oder durch einen anderen Tatbestand ergänzt werden, was zu einer anderen als der begehrten Rechtsfolge führt.

c) Transparenz und Verhalten des Gegners

Dem Einschreiter ist nicht einmal der Tatbestand transparent und noch weniger die normative Beurteilung auf Grund des von ihm angenommenen Sachverhalts. Noch weniger muß ihm transparent sein, wie sich der Gegner verhalten wird.

Vor dem Rechtsstab gibt es in der Regel ein kontradiktorisches Verfahren. Das heißt, das Verfahren baut nicht nur auf das Vorbringen des Einschreiters, sondern auch auf das Vorbringen des Gegners auf. Das Verhalten des Gegners ist somit von immenser Bedeutung.

Der Sachverhaltsdarstellung des Einschreiters steht die Sachverhaltsdarstellung des Gegners gegenüber. Es gibt ein Beweisanbot des Einschreiters, aber auch ein Beweisanbot des Gegners. Der Rechtsauffassung des Einschreiters steht die Rechtsauffassung des Gegners gegenüber.

Wenn ich nun den Rechtsstab anrufe, weiß ich noch nicht, was dem Gegner am Verfahren liegt, er kann zu einer Regelung in Güte neigen. Er kann aber auch den Streit mit äußerster Härte führen.

Mir ist nicht transparent, wieviel Mittel er aufwendet, auch nicht, welche Aktivitäten er setzt und welche Fertigkeiten er anwendet.

Wie soll ich wissen, ob der Gegner zum nächstbesten Anwalt gehen und diesen mit der Vertretung beauftragen oder ob er vielleicht mehrere Anwälte nehmen wird? Wie kann ich ahnen, ob der Gegner das Verfahren mehr oder weniger passiv über sich ergehen läßt, sich kaum darüber kümmert und alles dem Anwalt überläßt oder aber mit größter Aufmerksamkeit am Prozeßgeschehen teilnimmt, dem Anwalt sofort zur Hand ist und ihm bei Entstehung einer neuen Prozeßsituation sogleich die notwendigen Informationen gibt? Ja, kann ich ahnen, daß er sich private Gutachten erstellen läßt, welche ihn befähigen, auch zu den Sachfragen entscheidend Stellung zu nehmen und somit auf die Sachverhaltsdarstellung einzuwirken? Das Verhalten des Gegners ist die große Unbekannte im Verfahren.

Das Verhalten des Gegners, das sehr mannigfaltig sein kann, entbehrt jeglicher Transparenz.

Es ist nicht nur die Sachverhaltsdarstellung, die der Gegner gibt, nicht nur seine Rechtsauffassung, die er zum Ausdruck bringt, nicht nur sein Beweisanbot, das genau so zu beachten ist wie das des Einschreiters, es sind überhaupt seine Einwirkungsmöglichkeiten in allen Phasen des Verfahrens.

Bringt der Leiter der Verhandlung nach Verlesung einer Urkunde eine Rechtsauffassung zum Ausdruck, so kann ihn der Gegner durch geschickte Argumentation von seiner Meinung abbringen.

Belastet ein Zeuge den Gegner schwer, so kann dieser durch geschickte Fragestellung die Aussagen des Zeugen abschwächen. In der entscheidenden Frage bei der Wahl des Sachverständigen kann der Gegner durch Routine die Bestellung eines Sachverständigen erreichen, die für seine Seite die günstigste ist.

Aber es sind noch viele Momente, die sich auch außerhalb der Verhandlung abspielen können, die aber für den Prozeß von Bedeutung sind. Ein Beispiel: Als sich kürzlich mein Mandant nach einer zivilen Verhandlung aus dem Gerichtssaal entfernte, um die Gerichtsmarken zu beschaffen, zog der Gegenanwalt einen Zeitungsartikel aus seiner Aktentasche, aus dem hervorgeht, daß mein Klient wegen des Verbrechens des Betruges längere Zeit in Untersuchungshaft war. Der Gegenvertreter legte den Artikel auf das Richterpult. Das war natürlich nicht bloßes Interessantmachen, sondern damit sollte die Glaubwürdigkeit meines Klienten erschüttert werden. (Übrigens war der Strafprozeß vor zehn Jahren, und es wurde mein Mandant freigesprochen; dies ging allerdings aus dem Artikel nicht hervor.) Als dann mein Mandant den Gerichtssaal wieder betrat, verschwand sofort der Zeitungsartikel. Es kommt auch vor, daß außerhalb der Verhandlung beim Richter bzw. beim Beamten interveniert wird. Diesen werden auch mitunter einschlägige Entscheidungen übergeben. So werden faire oder weniger faire Handlungen gesetzt, von denen der Gesetzgeber natürlich nicht spricht und von denen im Protokoll nichts zu lesen ist. Sie üben aber zweifellos einen Einfluß auf das Prozeßgeschehen aus. Viele dieser Verhaltensweisen sind dem Einschreiter nicht einmal während des Verfahrens transparent, geschweige denn vor Beginn des Verfahrens.

d) Transparenz und Beweisbeschluß

Es ist selbstverständlich nicht nur die Aktivität und die Routine der Beteiligten allein, sondern, wie man schon bei der Fassung des Beweisbeschlusses ersieht, vor allem auch das Verhalten des Rechtsstabes, das auf das Verfahrensgeschehen einwirkt.

Es werden nicht etwa alle von A und alle von B angebotenen Beweise vom Rechtsstab zugelassen. Bietet A zu einem Punkt 12 Zeugen an, so können dem Rechtsstab 4 Zeugen hinreichend erscheinen. Nun ist diese Auswahl keine qualitative, sondern eine quantitative. Diese „koupierte“ Beweiszulassung kann aber von großer Bedeutung für das Verfahrengeschehen sein.

Der Rechtsstab kann aber auch Beweise aufnehmen, die von keiner Partei angeboten wurden. Das Gericht will sich mit einer Urkunde nicht zufriedengeben. Das Gericht beschließt, die Vertragsteile selbst über das Zustandekommen der Urkunde zu vernehmen. Dadurch kann der Prozeß einen ganz anderen Verlauf nehmen. Der Einschreiter hat sich auf diese Urkunde in seiner Klage gestützt. Nun hegt das Gericht Zweifel an der Richtigkeit dieser Urkunde.

Die Behauptungen der Parteien sind oft sehr vage und entbehren jeglicher Sachkenntnis. Wie kann es auch ein Laie beurteilen, ob das Herunterfallen des Verputzes und das Entstehen von Sprüngen auf fehlerhafte statische Berechnungen oder auf mangelhafte Baumeisterarbeiten zurückzuführen sind? Zur Klarstellung zieht der Rechtsstab einen Bausachverständigen bei, obwohl ein solcher von keinem Streitteil beantragt wurde.

Der Einschreiter behauptet diesen Sachverhalt, der Gegner jenen.

Der Blick des Rechtsstabes ist nun nicht fest auf die eine oder die andere Darstellung gerichtet. Er will sich selbst ein objektives Bild machen, weshalb er in ganz anderer Sicht an den Rechtsfall herangeht. Dies führt zur eigenen Initiative des Rechtsstabes in der Beweisaufnahme, die den Parteien aus ihrer subjektiven Beurteilung nicht transparent ist. Hiezu kommt noch, daß das Vorgehen des Rechtsstabes, um den objektiven Sachverhalt zu ergründen, sehr unterschiedlich sein kann.

Diese Initiative des Rechtsstabes kann aber dem Verfahren eine ganz andere Richtung geben, von denen die Beteiligten keine Vorstellung haben konnten.

Im Verfahren vor dem Rechtsstabe prallen zunächst zwei Kräftegruppen aufeinander. Die eine ist auf die Verwirklichung der Rechtsnorm gerichtet, die andere auf die Vereitelung der Normdurchsetzung.

Nun wirkt aber auch eine weitere Kraft, die an der objektiven Darstellung des Sachverhaltes (und objektive rechtliche Würdigung desselben) orientiert ist. Diese Kraft verläuft somit in eine ganz andere Richtung als die von den Parteien eingesetzten Kräfte des Angriffes und der Abwehr. Aus der subjektiven Einstellung der Parteien ist es schwer, dieses anders orientierte Vorgehen des Rechtsstabes zu begreifen. Unmöglich ist es ihnen aber, dieses Verhalten im vorhinein zu erkennen.

e) Transparenz und Beweisaufnahme

Aufsehenerregend findet *Geiger* den von ihm geschilderten Fall der Änderungen in der Protokollierung: „Einem befreundeten Rechtsanwalt verdanke ich folgende lehrreiche Anekdote. Er praktizierte unter einem Amtsrichter, der alle peripheren Fälle haßte, d. h. alle die Fälle, deren Tatbestand nicht so klipp und klar dem Begriffschema des Normsatzes entsprachen, daß man sie als Schulbeispiel für die Rechtsregel hätte gebrauchen können. Er half sich auf die sinnvolle, wenn auch unorthodoxe Weise, daß er das Zeugenprotokoll im Sinne des begrifflichen Tatbestandschemas zurechtstutzte und so das Bild des Falles zu klassischer Reinheit der Linien läuterte[11]." Jeder Rechtsvertreter, der mit der Praxis vertraut ist, wird mir aber bestätigen, daß das „Zurechtstutzen" des Protokolls nicht etwa nur als Ausnahmefall, sondern beinahe als der Regelfall angesehen werden muß. Der Richter bildet sich schon zu Beginn des Prozesses oder doch von einem bestimmten Zeitpunkt an eine bestimmte Rechtsmeinung. Dieser Rechtsmeinung paßt der Richter bei der Protokollierung die Aussagen an, zumindest gibt er ihnen eine Färbung in dieser Richtung. Mit Absicht habe ich die Befragung der als Zeugin vernommenen Mutter durch den Richter im Rechtsfall 7 ausführlich behandelt, aus der man ähnliches ersehen kann. Hier hat das Gericht nicht etwa die Mutter den Sachverhalt einfach schildern lassen, sondern hat die Aussagen in eine bestimmte Richtung gelenkt. Hätte er die Mutter aussagen lassen, wie sie wollte, hätte er aller Wahrscheinlichkeit nach zur Feststellung kommen müssen, daß die Körperverletzung nur durch die Tochter erfolgt war. Dies eben widersprach der Vorstellung des Richters. Daher die vielen Fragestellungen und Vorhalte.

Wer denkt aber, wenn er den Rechtsstab anruft, daß sich bei diesem schon sehr bald eine Meinung einstellt? Jedenfalls ist es dem Rechtssuchenden nicht transparent, wem sich diese Gunst zuwendet. Hiebei muß diese Färbung in der Protokollierung nicht etwa bewußt erfolgen. In sehr vielen Fällen wird der Richter oder der Beamte der

[11] *Theodor Geiger*, (Anm. 4), S. 254.

Meinung sein, daß er objektiv und unparteiisch die Protokollierung vornimmt.

Sobald der Richter bei der Protokollierung die Aussage nach der Rechtsmeinung, die er bereits gewonnen hat, färbt, ist es oft sehr schwer, einen anderen Prozeßausgang zu erreichen.

Die Mittel dagegen sind gering. Greift der benachteiligte Anwalt zur Protokollrüge, müßte er fast um jeden Ausdruck mit dem Gericht streiten. Oft revanchiert sich das Gericht damit, daß es bei nochmaliger Befragung dann tatsächlich die gewünschte Formulierung aus dem Mund des Zeugen erreicht.

Entscheidend ist, daß die Erstbefragung immer durch den Rechtsstab erfolgt. Die Fragemöglichkeit der Parteien ist somit immer erst nachträglich. Hiebei ist es schwer, eine Änderung in der Aussage zu erreichen, da wiederholte Fragen, also Fragen, die bereits durch den Rechtsstab gestellt wurden, unzulässig sind.

Im großen und ganzen kann man sagen, daß die Einwirkungsmöglichkeiten der Parteien im Vergleich zu denen der Gerichte viel geringer sind[12].

Die Art der Durchführung der Beweise ist für den Prozeßausgang von entscheidender Bedeutung. Wie diese Durchführung im konkreten Fall erfolgt, kann dem Rechtssuchenden im Zeitpunkt der Anrufung des Rechtsstabes nicht transparent sein.

f) Transparenz und Beweisergebnis

Wenn der Einschreiter Beweise anbietet, ist er selbstverständlich fest überzeugt, daß diese den von ihm geschilderten Sachverhalt bestätigen werden. Aber wie oft müssen Anwälte erleben, daß selbst die von ihnen angebotenen Zeugen „umfallen" oder nichts wissen. Ihrer Partei hatten sie noch bestätigt, daß es so und so war.

Nun bleibt es aber nicht beim Beweisanbot des Einschreiters. Auch der Gegner bietet Beweise an. Und es kann sein, daß auch von Amts wegen Beweise aufgenommen werden.

Kann ich schon nicht mit Bestimmtheit wissen, was das Ergebnis der von mir angebotenen Beweise ist, wie kann ich erst wissen, was die anderen Beweise ergeben?

Die Behauptung allein genügt im Verfahren nicht. Sie muß auch bewiesen werden. Mit der Behauptung bin ich vertraut. Sie ist meine Vorstellung vom Sachverhalt. Nicht vertraut bin ich mit dem Beweis selbst.

[12] Anders verhält es sich im angelsächsischen Rechtsbereich. Siehe *Geoffrey Sawer*, Law in Society, 1965, S. 80 f.

Ein Blick auf den Zeugenbeweis: Ich weiß von dem Zeugen oft nur den Vor- und den Zunamen. Der Inhalt der Aussage ist aber davon abhängig, ob er überhaupt eine streitgegenständliche Wahrnehmung gemacht hat und wie er sich daran erinnern kann. Der Inhalt der Aussage ist aber auch abhängig vom Intelligenzgrad des Zeugen und von seiner Fähigkeit, einen Vorfall zu schildern. Schließlich ist der Inhalt der Aussage von der Objektivität des Zeugen abhängig. Ist er einer Partei besser gesinnt, ist es möglich, daß er, wenn auch unbewußt, eine für diese günstigere Darstellung gibt.

Wie soll da eine Transparenz möglich sein, selbst wenn ich es bin, der den Zeugen im Schriftsatz anführt?

Selbst die schönste Vertragsurkunde nützt mir nichts, wenn sich schließlich herausstellt, daß eine Zusatzvereinbarung abgeschlossen wurde, die eine Reihe von Punkten aufhob, auch den, auf den sich der Rechtsanspruch stützt.

Und wie soll von vornherein das Ergebnis eines Sachverständigenbeweises transparent sein? Hier ist es für den Juristen nicht mehr die Welt der Paragraphen, sondern Spezialgebiete der Technik und der Wissenschaft, mit denen er nicht so vertraut sein kann. Wie kann er wissen, ob der Gerichtspsychiater nur einen hochgradigen Schwachsinn oder ob er die mangelnde Zurechnungsfähigkeit überhaupt feststellt? Schon gar nicht kann er erkennen, wie im Vaterschaftsprozeß das Ergebnis der Blutuntersuchung sein wird.

Was der Einschreiter oft nur oberflächlich, zumindest in groben Umrissen sieht und auch meistens gar nicht anders sehen kann, wird nun vom Rechtsstab genau untersucht. War dem Einschreiter in der Regel nur ein kleines Blickfeld auf den Sachverhalt gegeben, so liegt nun dem Rechtsstab ein reiches Material vor, um zu einer — wenigstens annähernd — objektiven Tatsachenfeststellung kommen zu können.

g) Transparenz und Sachverhaltsdarstellung durch den Rechtsstab

Nun kann der Rechtsstab die Beweisergebnisse nicht einfach aneinanderreihen. Sie sind oft widersprechend. Häufig sind es zwei Gruppen von Zeugen: die einen unterstützen mit ihren Aussagen den Durchsetzungsanspruch, die anderen entkräftigen ihn. Es können Urkunden vorliegen, die die Ansicht des Einschreiters, aber auch Urkunden, die die Meinung des Gegners bekräftigen. Es können Gutachten vorliegen, die von Voraussetzungen ausgehen, die im übrigen Beweisverfahren keine Stütze finden. Der Rechtsstab muß in die oft verwirrende und widersprechende Fülle von Beweisergebnissen Ordnung bringen. Er muß sich nun zu der Entscheidung durchringen, welchen Zeugengruppen, welchen Urkundenbeweisen und welchen Ausführungen im Gutachten er folgt.

Der Rechtsstab schafft nun ein Bild des Sachverhaltes. Es ist in der Regel ausführlicher, detaillierter als das vom Einschreiter entworfene.

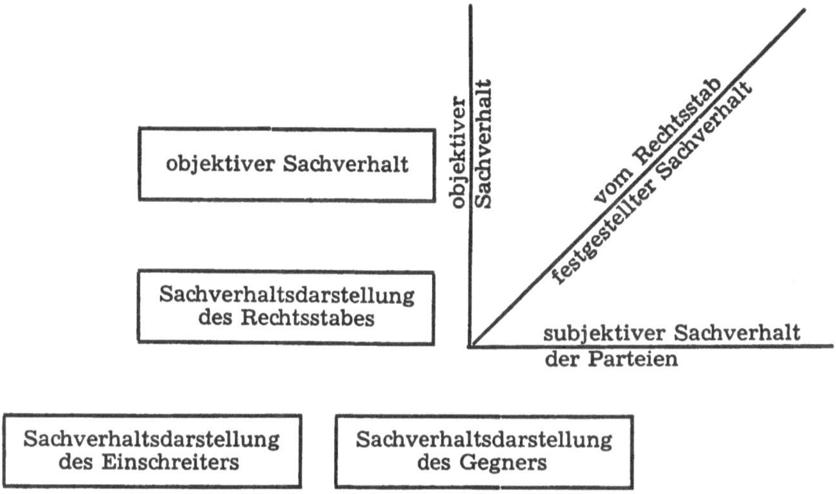

Abb. 2: Der objektive Sachverhalt und die verschiedenen Sachverhaltsdarstellungen

Ich habe bereits im Abschnitt „Transparenz und Sachverhaltserfassung" ausgeführt, daß es dem Einschreiter, von seinem beschränkten Gesichtswinkel aus, nicht möglich ist, den objektiven Sachverhalt zu erfassen. Aber auch der Rechtsstab ist nicht in der Lage, ein genaues Bild des objektiven Sachverhaltes einzufangen. Dies auch dann nicht, wenn er noch so viele Zeugen vernimmt. Eine große Anzahl von Urkunden darlegt und mehrere Sachverständigengutachten erstellen läßt. Auch hier sind im Durchsetzungsapparat Grenzen gesetzt. Aber seine Feststellungen sind umfassender und kommen einer objektiven Darstellung viel näher, als es aus der Einzelsicht der Parteien möglich ist.

Wenn ich sage, daß die Sachverhaltsdarstellung des Rechtsstabes nicht vollkommen objektiv sein kann, so liegt das nicht nur darin, daß die technischen Voraussetzungen nicht gegeben sind, das Tatgeschehen historisch getreu wie in einem Film ablaufen zu lassen. Auch das Organ des Rechtsstabes sieht die Tatsachen sehr oft subjektiv.

Unbewußt — mitunter auch bewußt — ordnet es die Beweisergebnisse nach einer bestimmten Rechtsmeinung. Aber auch bei der Erfassung des Tatsächlichen, spielen persönliche Momente herein. Die Tatsachenfeststellung wird auch vielfach von der besonderen Meinung und Auffassung des entscheidenden Organes geprägt. Ist es gewissenhaft und stellt sich ganz in den Dienst der Sache, wird es sich eingehend mit dem Sachverhalt beschäftigen. Ist es ehrgeizig, geht es ihm um eine möglichst große Erledigungszahl im Register, wird es auch diese Sache rasch beenden. Man wird bei ihm eine gründliche Sachverhaltsdarstellung vermissen.

Die Sachverhaltsdarstellung des Rechtsstabes ist nur eine menschliche Konstruktion. Sie ist genau so, wie der objektive Sachverhalt, niemals der einschreitenden Partei transparent.

h) Transparenz und rechtliche Beurteilung durch den Rechtsstab

Eine rechtstechnisch richtige Beurteilung würde voraussetzen, daß der Rechtsstab auch streng rational die Rechtsfrage löst. Der Rechtsstab müßte „an die bloße Interpretation von Paragraphen und Kontrakten gebunden" sein[13], er müßte „mehr oder minder ein Paragraphen-Automat (sein), in welchem man oben die Akten nebst den Kosten und Gebühren hineinwirft, auf daß er unten das Urteil nebst den mehr oder minder stichhaltigen Gründen ausspeie: — dessen Funktionieren also jedenfalls im großen und ganzen kalkulierbar ist"[14]. Es müßte jene Rationalität herrschen, die *Weber* für eine richtige Funktion des Rechts für unerläßlich hält[15].

Diese Rationalität gibt es nicht, und wird es auch nie geben können.

Somit besteht keine Gewähr, daß das Urteil auch das rechtstechnisch richtige im Sinne einer „objektiven Gesetzesauslegung"[16] sein muß.

Immer werden es irrationale Elemente sein, die das Gesetz bei seiner Anwendung verfälschen. So ist ein irrationales Element das Trägheitsmoment. Man schließt sich lieber der bisherigen Rechtsprechung an, um es sich leichter zu machen. Man kann sich so eine besondere Begründung ersparen. Weicht man aber ab und ringt sich zu einer neuen Rechtsauffassung durch, erfordert dies auch eine spezielle Darlegung. Ein anderes irrationales Element besteht darin, daß der Rechts-

---

[13] *Max Weber*, Rechtssoziologie, hrsg. von Johannes Winckelmann, 1967, S. 336.

[14] *Max Weber*, Beamtenherrschaft und politisches Führertum, in Max Weber, Gesammelte politische Schriften, hrsg. von Johannes Winckelmann, 1958, S. 311.

[15] *Max Weber*, (Anm. 13), S. 346 f.

[16] Siehe *Philipp Heck*, Das Problem der Rechtsgewinnung — Gesetzesauslegung und Interessenjurisprudenz — Begriffsbildung und Interessenjurisprudenz, 1968, S. 175.

stab in jedem Fall gar nicht in der Lage ist, den gesamten Gesetzesstand zu erfassen. Schließlich ist jedes Organ in der Rechtsprechung und Verwaltung je nach Herkunft[17] und Bildungsniveau verschiedener Auffassung und Meinung, was sich irrational auch auf die rechtliche Entscheidung auswirken kann.

Kurz: Es entscheiden keine Automaten, sondern Menschen mit Vorzügen, aber auch mit Schwächen und mit Unzulänglichkeiten, Menschen, die wohl die gleichen Titel und die gleichen Berufsbezeichnungen führen, aber niemals ein einheitliches Denken und eine einheitliche Verhaltensweise haben können[18].

Transparenz, Vorausberechenbarkeit, Voraussehbarkeit könnten immer nur im Hinblick auf ein objektiv Rationales möglich sein. Ich zeigte auf, daß der Rechtsstab der subjektiven Sachverhaltsdarstellung der Parteien nicht eine vollkommen objektive, sondern nur eine objektivere, aber immer noch stark subjektive Sachverhaltsdarstellung entgegenstellen kann. Aber auch in rechtlicher Hinsicht ist eine objektive rechtstechnisch richtige Beurteilung nur beschränkt möglich.

Die Gesetzesanwendung wird verfälscht durch irrationale Elemente. Wenn aber subjektive und irrationale Elemente an einem Erkenntnis mitwirken, ist eine Vorausbestimmbarkeit nicht möglich.

Somit wird der Versuch, die rechtliche Norm durchzusetzen, ein Tappen im dunkeln und ungewissen. Die vielen Phasen des Verfahrens — jede für den Ausgang bedeutsam — sind dem Einschreiter bei Anrufen des Rechtsstabes nicht einsichtig. Sie können so mannigfaltig und so unerwartet sein, daß selbst der größte Phantasiereichtum nicht ausreicht, alle Möglichkeiten auszumalen. Und am Ende steht als Ergebnis dieser Phasen das Erkenntnis. Dies muß nichts Endgültiges sein.

[17] Siehe *Walter Richter*, Die Richter der Oberlandesgerichte der Bundesrepublik — Eine Berufs- und sozialstatistische Analyse und *Ralf Dahrendorf*, Bemerkungen zur sozialen Herkunft und Stellung der Richter an Oberlandesgerichten — Ein Beitrag zur Soziologie der deutschen Oberschicht, beide Aufsätze in Heinz D. Ortlieb, Hamburger Jahrbuch für Wirtschafts- und Gesellschaftspolitik, 1960, S. 241—259, S. 260—275.

[18] „... es hängt die Endentscheidung in erheblichem Umfang von der Individualität des Richters ab. Dies gilt schon für die historische Aufgabe. Bei ihrer Lösung kommt es auf die Bewertung der bloßen Wahrscheinlichkeit, auf die Chancenwürdigung an. Es gibt keinen Maßstab für die Grade der Wahrscheinlichkeit. Sie lassen sich nicht exakt ausdrücken, und es ist deshalb nicht möglich, ihre richtige Einschätzung durch allgemeine Normen zu regeln. Sodann aber führt das Problem der Rechtsfortbildung zu ähnlichen, abstrakt nicht lehrbaren Aufgaben, zur Abgrenzung der Rechtssicherheit gegen die Angemessenheit und zur Eigenwertung. Deshalb kann man sagen, daß eine gleich richtige Entscheidung aller Fälle durch alle Richter niemals erreichbar ist, daß der richterliche Rechtsgewinn stets einen Unsicherheitskoeffizienten, ein *irrationales* Element in sich trägt (*Philipp Heck*, Anm. 16, S. 90, Hervorhebung im Originaltext.)

Unter Umständen ist es selbst nur eine Phase im gesamten Prozeßgeschehen, wenn es angefochten wird und in einem weiteren Verfahrenszug Sachverhalt und rechtliche Beurteilung geprüft werden sollen. Der ungewisse Kampf um die Durchsetzung der Rechtsnorm geht weiter.

i) Transparenz und das Wechselspiel der Rechtsmittel

Ich habe bereits eine Reihe von Unbekannten im Verfahrensgeschehen aufgezeigt. Der Einsicht der beteiligten Parteien ist es auch entzogen, ob und welches Rechtsmittel der Unterlegene gegen das Erkenntnis der ersten Instanz einbringt und ob das Rechtsmittel auch zu einem Erfolg führt.

Die Rechtsmittelinstanz kann die Sachverhaltsdarstellung, aber auch die rechtliche Beurteilung der Erstentscheidung ändern.

Geiger faßt zwei Möglichkeiten ins Auge. Es könnte ein Sachirrtum vorliegen, der von der Rechtsmittelinstanz korrigiert wird[19].

Von einem Sachirrtum könnte man sprechen, wenn die Unterinstanz einen Alkoholgehalt von 0,8 Promille im Blut des Beschuldigten annahm und sich auf ein Gutachten stützte, dem die Untersuchung des Blutes zugrunde liegt, das erst eine Stunde nach der Tat abgenommen worden war. Bedeutsam war aber der Alkoholgehalt im Tatzeitpunkt. Dieser war entschieden niedriger.

Geiger spricht auch von einem Normirrtum, den die höhere Instanz beheben kann[20].

Von einem Normirrtum könnte gesprochen werden, wenn die erste Instanz bei Vorliegen von einschlägigen Vorstrafen einen Gewohnheitsdiebstahl annimmt, ohne daß beim Täter ein eingewurzelter, mit Charakterlosigkeit und Haltlosigkeit einhergehender Hang zum Stehlen gegeben ist.

Im ersten Falle führte das neue Erkenntnis zu einer objektiven Sachverhaltsdarstellung. Im zweiten Fall wurde eine Änderung in Richtung Rechtsrichtigkeit vorgenommen. In beiden Fällen ist im Rechtsmittelurteil ein größerer Grad von Rationalität.

Nun ist aber die neue Entscheidung nicht immer die Berichtigung von offensichtlichen Fehlern, wie es *Geiger* annimmt. Das Rechtsmittelerkenntnis ist sehr oft eine neue Variation der Normauslegung.

Es würde auch ein nach dem Rechtszustand, wie es *Geiger* nennt[21], also nach der derzeitigen Spruchpraxis ausgerichtetes Vorgehen, keine

---

[19] *Theodor Geiger*, (Anm. 4), S. 230 f.

[20] Ebd., S. 231 f.

[21] Ebd., S. 188.

Gewähr für einen Erfolg sein. Die oberste Instanz kann ihre Rechtsmeinung ändern. Im Rechtsfall 5 war zu ersehen, daß sich die Zweitinstanz wohl an die Rechtsauffassung des Obersten Gerichtshofes anlehnte, dieser aber davon abwich.

Die Rechtsprechung würde zu einer Erstarrung führen, dürfte sie von einer bisher geübten Rechtsauffassung nicht abkommen.

Dazu kommt noch eines: die Verschiedenheit der Fälle. Richtig bemerkt *Geiger:* „Niemals sind zwei konkrete Tatbestände und daran sich knüpfende Geschehensabläufe vollständig identisch[22].“ Kurz formuliert es Heck: „Kein Fall ist mit einem anderen identisch[23].“ Das Leben ist so bunt und mannigfaltig, daß die Ereignisse sich nicht einfach in gleichen Formen wiederholen. Es sind andere Akteure, ein anderer Rahmen, in dem sich die Handlungen vollziehen, andere Zeitverhältnisse. Zu dieser Besonderheit des Ereignisses kommen noch die Besonderheiten des Verfahrensgeschehens. Ich habe viele der Momente aufgezeigt, die alle auf den Verfahrensgang einwirken. Alle diese Einzelheiten müssen vom erkennenden Organ beachtet und in seiner Entscheidung berücksichtigt werden. Nun ist es verschieden, wie diese Verfahrenselemente gewürdigt werden. Das eine Organ kann ein Moment vollständig ignorieren, das wiederum einem anderen Organ bedeutungsvoll erscheint.

Aber es ist ja nicht nur so, daß verschiedene Organe verschieden entscheiden. Auch das gleiche Organ kann seine Meinung und Auffassung ändern. Ich hatte dies versucht, in den Rechtsfällen 11—13 aufzuzeigen. Aber auch die oberste Instanz kann von ihrer bisherigen Meinung abweichen, wie aus dem Rechtsfall 5 zu ersehen ist.

Was bedeutet nun das Rechtsmittelverfahren? Es bedeutet, daß die Ungewißheit über den Durchsetzungsanspruch nicht mit dem Erkenntnis der ersten Instanz beendet wird.

Es sind eine Reihe von Faktoren, deren Einsicht den Beteiligten bei Beginn des Verfahrens nicht gegeben ist. Alle diese Faktoren wirken auf die Entscheidung ein. Insofern ist die letzte Tätigkeit des Gerichtes, in der Sache selbst zu erkennen, nicht ein so isolierter Faktor, wie man neigt anzunehmen. Auch dieser Faktor ist verknüpft und verwoben mit den vorausgehenden Faktoren, die als Elemente des Verfahrensgeschehens die Grundlage der Entscheidung bilden. Der Rechtsstab wird sich hüten, bewußt einen dieser Faktoren außer acht zu lassen. Man muß nämlich damit rechnen, daß dies im Rechtsmittelverfahren aufgezeigt und gerügt wird. Tatsächlich ist es Aufgabe des

[22] Ebd., S. 247 f.

[23] *Philipp Heck*, (Anm. 16), S. 90.

Rechtsmittelwerbers, die Vernachlässigung von Faktoren in der Entscheidung geltend zu machen. Mit der Ergreifung des Rechtsmittels treten zu den schon vorhandenen Faktoren weitere hinzu: die im Rechtsmittel geäußerte Rechtsmeinung, das Aufzeigen von Mängeln im bisherigen Verfahren, die Zusammensetzung des Rechtsmittelsenats, seine Einstellung, seine Auffassung und als letzter Faktor schließlich, wie es die neue Entscheidung trifft (auch dieser ist wiederum kein isolierter Faktor, sondern steht im innigen Zusammenhang mit den übrigen Faktoren). Und noch weitere Faktoren, wenn nun gar ein dritter Instanzenzug vorgesehen ist und hievon Gebrauch gemacht wird.

Somit ersieht man, daß mit der Ergreifung des Rechtsmittels noch weitere Faktoren hinzukommen, die der Partei nicht transparent sind. So wird das Verfahren vor dem Rechtsstab noch ungewisser und unbestimmter.

Ich hatte jetzt eine große Zahl von Phasen des Prozesses nach seiner Transparenz untersucht. Dies war notwendig, um aufzuzeigen, welcher Komplex von Momenten auf das Prozeßgeschehen einwirkt. Jeder dieser Momente ist so kompliziert, vielgestaltig und durch Mobilisierung von Kräften veränderbar, daß ihre jeweilige Formung im vorhinein niemals erkennbar ist. Dazu kommt noch, daß diese Elemente bzw. Phasen nicht isoliert bestehen, sondern in Wechselbeziehung und inniger Verflechtung stehen, was die Einsicht in das Prozeßgeschehen noch erschwert. Diese Fülle von Elementen und Faktoren, die nur zu einem kleinen Teil erkennbar sind, machen es unmöglich, die endgültige Entscheidung des Rechtsstabes vorauszusehen.

9. Ideologie und Wirklichkeit

Ich habe im Abschnitt „Rechtsnorm als Ideologie" die Frage aufgeworfen, ob die Voraussetzungen für eine Ideologie der Rechtsnorm gegeben sind. In den nachfolgenden Darlegungen mußten diese Voraussetzungen mit der Verneinung der Transparenz der für das Prozeßgeschehen bedeutenden Momente und der Voraussehbarkeit der Entscheidung des Rechtsstabes als nicht gegeben angesehen werden.

Es ist also mit dem Vorliegen des Sachverhaltes noch nicht die rechtliche Folge der Rechtsnorm verbunden. An einem Haus droht eine Mauer einzustürzen. Der Eigentümer A ist nicht erreichbar. B läßt die Mauer durch einen Baumeister stützen und zahlt diese Kosten. B will nun von A den Ersatz des Aufwandes. Die bezügliche Gesetzesbestimmung des § 1036 ABGB lautet: „Wer, obgleich unberufen, ein fremdes Geschäft zur Anwendung eines bevorstehenden Schadens besorgt, dem ist derjenige, dessen Geschäft er besorgt hat, den notwendigen und zweckmäßig gemachten Aufwand zu ersetzen schuldig."

Der Normideologie genügt dieser Wortlaut. Die Rechtswirklichkeit ergänzt den Wortlaut. „... sofern der Berechtigte weiß, daß es diese Bestimmung gibt, die nötigen Mittel für das Verfahren bereitstellt, der Rechtsstab auch den Tatbestand feststellt und die rechtliche Folge ausspricht." Hiebei weicht die Normwirklichkeit nochmals von der Normideologie ab, da es der Rechtswirklichkeit nicht um den objektiven Tatbestand, sondern um den vom Rechtsstab festgestellten und nicht um die objektive richtige Normfolge, sondern um die tatsächliche vom Rechtsstab geübte Normfolge geht.

Somit klaffen Normideologie und Normwirklichkeit auseinander. Die Normideologie fragt nicht, wer von den Millionen Mitgliedern der Rechtsgesellschaft[24] die Rechtsnorm kennt. Sie setzt vielmehr die Normkenntnis als gegeben voraus. Bei der Normwirklichkeit spielt die Normkenntnis eine große Rolle, weil sie die erste Voraussetzung der Rechtsdurchsetzung ist. Bei der Normkenntnis handelt es sich auch um eine Frage des Alters, der Erfahrung, des Geistes und der Bildung.

Die Normideologie fragt nicht, ob der Rechtsuchende finanzielle Mittel aufwendet und den Rechtsstab anruft. Sie nimmt vielmehr an, daß jedem Berechtigten auch sein Recht zuteil wird. — Die Normwirklichkeit sieht in der Bereitstellung von finanziellen Mitteln eine weitere Voraussetzung der Rechtsdurchsetzung. Nur durch sie können die notwendigen Aktivitäten gesetzt und die erforderlichen Fertigkeiten angewendet werden. Der Rechtssuchende muß sich den „Rechtsgang" etwas kosten lassen. Will er den Aufwand nicht erbringen, ist die Verwirklichung der Rechtsnorm nicht möglich. Aber es hängt nicht nur vom Wollen, sondern auch vom Können ab. Oft müssen diese Mittel mit großen Opfern aufgebracht werden. Ist dies auch mit Opfern nicht möglich, bleibt die Rechtsnorm vereitelt.

Die Normideologie nimmt an, daß der objektive Sachverhalt vom Rechtsstab feststellbar ist und von ihm auch die objektive Gesetzesrichtigkeit angewendet werde. Mehr noch: sie nimmt eine Transparenz an, die dem Rechtssuchenden schon diese Einsicht in die Objektivität ermöglicht, ihm somit eine Voraussicht und Berechenbarkeit im Rechtsgeschehen gibt. — Die Normwirklichkeit zerstört diese Trugvorstellung. Der Rechtsstab ist gar nicht in der Lage, eine vollkommen objektive Sachverhaltsdarstellung zu geben. Die Normwirklichkeit zeigt vielmehr auf, daß es eine Normrationalität im Sinne eines Rechts-

[24] Die Bezeichnung Rechtsgesellschaft und Mitglieder der Rechtsgesellschaft sind der Terminologie von *Theodor Geiger* (Anm. 4), S. 467, entnommen.

automaten nicht geben kann. Es greifen nämlich irrationelle Elemente ins Verfahrensgeschehen ein, die die Rechtsnorm bei ihrer Anwendung verfälschen. Der Rechtsstab kann kein getreues Spiegelbild der historischen Wirklichkeit seiner Tatsachenfeststellung geben. Der Rechtsstab ist aber auch nicht befähigt, glasklar die gesamte Normsituation zu erfassen und mit mathematischer Genauigkeit die gegenständliche Rechtsnorm zur Anwendung zu bringen. Ist dem Rechtsuchenden die Transparenz des objektiven Sachverhaltes und der objektiven Normanwendung nur beschränkt gegeben, so muß ihm noch mehr die Voraussehbarkeit in ein durch technische Unzulänglichkeiten und irrationale Elemente durchsetztes Verfahrensergebnis verwehrt sein.

10. Rechtssicherheit — eine neue Ideologie?

Wenn auch *Timasheff* in der Frage der Voraussehbarkeit der Entscheidungen des Rechtsstabes eine besondere Bedeutung für die Rechtssoziologie erblickt[25], will ich, nachdem ich mich sehr eingehend mit diesem Problem beschäftigt habe, trotzdem noch nicht diese Arbeit zum Abschluß bringen. Ich will vor allem mich noch mit dem Begriff der Rechtssicherheit auseinandersetzen, der insbesondere im Werk von *Geiger* eine wichtige Rolle spielt. Bei der Rechtssicherheit geht es um die Frage, wie stark die Norm ist. Es geht um die Höhe des Intensitätsgrades der Verbindlichkeit der Norm[26]. Diese Rechtssicherheit im Hinblick auf die Rechtsdurchsetzung würde heißen, daß der Rechtsuchende mit einer bestimmten Wahrscheinlichkeit damit rechnen kann, daß er mit seinem Rechtsanspruch durchdringt. Diese Rechtssicherheit impliziert aber die Voraussehbarkeit. *Geiger* hat sich aber mit der Voraussehbarkeit nicht auseinandergesetzt.

Geiger gibt allerdings folgendes zu: „Was bisher geltendes Recht gewesen ist, kann durch Analyse der sozialen Geschehensverläufe im Hinblick auf die rechtliche Komponente einwandfrei festgestellt werden. Was aber in Bezug auf einen gegenwärtigen, konkreten Fall rechtens sei, steht immer einigermaßen im Ungewissen. Es kann nicht anders sein, sofern man Recht als einen Tatsachenzusammenhang verstehen will, statt als ein normativ Gesolltes zu postulieren ... was für den konkreten Fall rechtens sei, das kann weder aus Normsätzen herausgelesen noch durch Analyse bisheriger Rechtshandhabung mit Sicherheit erschlossen werden. Nicht nur in Ansehung der jeglichen normbestimmten Geschehen innewohnende Quote *i* (Ineffektivitäts-

---

[25] *Nicholas S. Timasheff*, Wie steht es heute mit der Rechtssoziologie?, in Kölner Zeitschrift für Soziologie und Sozialpsychologie, 1956, S. 422.

[26] *Theodor Geiger*, (Anm. 4), S. 103.

quote), sondern auch deshalb, weil grundsätzlich ungewiß ist, welchen Normen einer wie determinierten Verbindlichkeitssubstanz der Fall zugeordnet werden wird. Wo bleibt da noch der Boden für jene Rechtssicherheit, die hier geradezu als der dem Rechtsleben eigene Sinn dargestellt wurde? Für das Rechtsleben ist es ohne direktes Interesse, was gestern rechtlich verbindlich war. Praktisch gesehen kommt es immer darauf an zu wissen, was jetzt, das heißt heute oder morgen, verbindlich ist[27]."

Geiger will diese Bedenken mit wenigen Sätzen zerstreuen: „In all ihrer Relativität ist diese Sicherheit nicht gering. Wo sind die Anhaltspunkte für ein solches Kalkül? Das Gesetz, die Gesamtheit der proklamierten Normsätze bietet zunächst ein System der begrifflichen Bezugspunkte für konkrete Tatbestände. Wie die Verbindlichkeitssubstanz der unter Berufung auf diese Normsätze gehandhabten subsistenten Normen determiniert ist, geht aus der Judikatur hervor. Damit wird aber die sogenannte ‚rechtshistorische' Geltungsfrage mittelbar auch pragmatisch bedeutsam. Die Mehrzahl der wichtigen Gesetzesvorschriften ist so eingearbeitet, daß sich im Anschluß an sie eine ziemlich konstante Rechtsprechung entwickelt hat. Die Mehrzahl der konkreten Lebensverhältnisse wiederum wird im Innenbezirk des Streufeldes der Tatbestände liegen, deren Essenz und Inbegriff die Geltungssubstanz der Norm ausmacht. Man weiß m. a. W. in welchem Sinne und welcher Ausdehnung die Gerichte durchschnittlich diesen Paragraphen anwenden. Das Kalkül ist daher praktisch genommen unbedingt sicher. Das theoretisch gegebene Unsicherheitsmoment ist infinitesimal gering. Wenn die Rechtsprechung zwanzig Jahre ziemlich festgelegen hat, besteht kein Anlaß, für heute oder morgen mit einer sensationellen Änderung zu rechnen[28]."

Es muß eingestanden werden, daß diese Formulierung *Geiger* glänzend gelungen ist. Doch ist sie m. E. nicht richtig. Der Absatz enthält unrichtige Annahmen. Mit keiner Silbe erwähnt *Geiger* die Problematik der Tatbestandserfassung. Im Rechtsstreit geht es ja nicht nur um eine Rechtsfrage, sondern auch um eine Tatsachenfrage. Somit ist ein doppelter Unsicherheitsfaktor gegeben.

Es kann der Tatbestand fehlen, modifiziert gegeben sein oder eine „Tatbestandserweiterung" vorliegen, wodurch es schon allein zu einer anderen rechtlichen Beurteilung kommt.

„Wie die Verbindlichkeitssubstanz der unter Berufung auf die Normsätze gehandhabten Normen determiniert ist, geht aus der Judikatur

---

[27] *Theodor Geiger*, (Anm. 4), S. 277 f.
[28] Ebd. S. 278 f.

hervor." Diese Annahme ist eine Simplifizierung. Die Fälle sind nicht identisch, sie weichen ab. Jede auch noch so geringe Abweichung kann aber zu einer anderen Entscheidung führen.

Eine „konstante Rechtsprechung" gibt es nicht. Jeden Monat werden dem Juristen neue Entscheidungen zur Kenntnis gebracht, so daß ihm die ständigen Änderungen in der Rechtsprechung sehr wohl bewußt sind. Sehr zutreffend bemerkt *Carbonnier* hierzu, daß es viel mehr Urteile gibt, die nicht wiederholt werden, als Urteile, die zur festen Rechtsprechung werden[29].

Der „Innenbezirk des Streufeldes der Tatbestände" ist wohl ein interessant klingender Terminus, mit dem aber in der Praxis nicht viel anzufangen ist. Die Ähnlichkeit der Rechtsfälle ist ein sehr vager Begriff. Gerade im Verfahren kommt es, wie bereits gesagt, auf Einzelheiten an, die aber nur den Eingeweihten bekannt sind. Die Einzelheiten sind aber für die Grenzziehung des Streufeldes von Bedeutung.

Jahrzehntelange gleiche Rechtsprechung gibt es nicht. Sie würde zu einer Erstarrung in der Rechtsprechung führen. Trifft sie wirklich zu, so sind die Fälle gering. *Heck* bemerkt, daß die richterliche Rechtsgewinnung stets einen „Unsicherheitskoeffizienten" in sich trägt[30].

Kantorowicz hat sich eingehend mit der Frage der Voraussehbarkeit beschäftigt. Von ihm ist der Satz: „Wenn das Urteil voraussehbar wäre, gäbe es keine Prozesse und also auch keine Urteile, denn wer würde einen Prozeß anstrengen, in dem er, wie sich voraussehen läßt, unterliegt[31]?"

Daran ändert sich auch nichts, wenn man den Begriff der Voraussehbarkeit mit dem der Rechtssicherheit umschreibt. Es kann keine Voraussehbarkeit und somit auch keine Rechtssicherheit geben. Immer werden mit Entscheidungen von Organen Unberechenheit und Unbestimmtheit verbunden sein, wozu noch als weiteres Unsicherheitsmoment die Ungewißheit über die Dauer des Verfahrens hinzukommt[32].

---

[29] *Carbonnier* fährt fort: „Unter den rund 300 000 Urteilen, die alljährlich in Frankreich gefällt werden, besteht die übergroße Mehrzahl aus individuellen Urteilen, sehr oft aus Billigkeitsentscheidungen, die keine Regel des bestehenden Rechts anwenden und die auch nicht selbst zur Rechtsregel werden; demnach Urteile, welche von der klassischen Gleichung außerhalb der formellen Rechtsquellen belassen werden und die trotzdem soziologisch einen Teil der rechtlichen Reglementierung ausmachen. Sie bilden einen Teil des Rechts, obwohl sie keine Rechtsregeln sind" (*Jean Carbonnier*, Die großen Hypothesen der theoretischen Rechtssoziologie, in Hirsch/Rehbinder, Studien und Materialien zur Rechtssoziologie, 1967, S. 147.

[30] *Philipp Heck*, (Anm. 16), S. 90.

[31] *Hermann Kantorowicz*, (Anm. 5), S. 35.

[32] Mit dieser Frage der weiteren Unsicherheit setzt sich *Geiger* überhaupt nicht auseinander.

Ich habe bereits im Abschnitt „Was ist Recht?“ aufgezeigt, daß in der Rechtssoziologie der Begriff der Gerechtigkeit zurückgedrängt wird, ja, eine Gerechtigkeit überhaupt verneint wird. *Geiger* spricht in den „Vorstudien“ nur einmal von Gerechtigkeit. Er sagt, das Wort habe sich durch Überanstrengung abgenützt[33]. Es wäre aber gefährlich, an die Stelle der Gerechtigkeit einen neuen Begriff zu setzen und mit diesem etwas zu verbinden, was nicht gegeben ist.

Carl August Emge bemerkt zu den beiden Begriffen Gerechtigkeit und Rechtssicherheit: „Man weiß, daß der Begriff der *Gerechtigkeit* ein Vakuum ausdrückt. Eine formale Konstellation von Maßstab und Meßbarem. Die also beliebige Ausfüllung durch jenen offensteht! Wie leicht das geschieht, hat der Wechsel oktroyierter Anschauungen gelehrt. Ebenso ist er angeblich zu dem Begriff der Gerechtigkeit antinome Begriff der *Rechtssicherheit* ein solches Vakuum. In Perfektion führt er zum Automatismus; auch findet man bei der unendlichen Möglichkeit von Erwartungen des Zukünftigen in der erstrebten höheren Sicherheit kein gewisses Kriterium. Wobei noch an das Gefühl erinnert werden muß, in seinem ‚liberium arbitrium‘ beeinträchtigt zu werden. Wenn sich also mit den angeblichen Werten von Gerechtigkeit und Sicherheit nichts anfangen läßt, so muß man nach anderen Begründungsmöglichkeiten suchen[34].“

11. Die Realität der Rechtsnorm und ihre Ordnungsfunktion

Wenn nun die Begriffe Gerechtigkeit und Rechtssicherheit[35] in dieser Hinsicht unbefriedigt sind, muß nach einem neuen Begriff gesucht werden.

Ich glaube, daß gerade im Hinblick auf die Realität der Rechtsnorm eine neue Begriffsbildung nötig wird, ja, sich geradezu aufdrängt.

Die Rechtsnorm bietet erst die Chance, daß bei Vorliegen des in der Norm umschriebenen Sachverhaltes die Rechtsfolge eintritt. Bei der Wirklichkeit des Rechts geht es nicht um die bloße Möglichkeit der Realisierung der Rechtsnorm, sondern darum, ob diese Realität auch hergestellt wird. Gerade das Heraustreten der Rechtsnorm aus der Buchstabennorm bedeutet, daß ein bloß möglicher und ungewisser Zustand ein bestimmter und sicherer wird.

---

[33] *Theodor Geiger*, (Anm. 4), S. 335.

[34] *Carl August Emge*, Die Bedeutung der rechtssoziologischen Sachverhalte für die Dogmatik, in Hirsch/Rehbinder, Studien und Materialien zur Rechtssoziologie, 1967, S. 193.

[35] Hier schon im vorhinein gegebene Rechtssicherheit gemeint.

Es wäre verfehlt, die Rechtssicherheit schon im vorhinein anzunehmen. Sie würde in ein Stadium gerückt, in dem sie noch gar nicht gegeben sein kann. Das Feld, das transparent sein müßte, ist sehr groß. Es kann aber, wie ich aufzuzeigen versucht habe, nur zu einem kleinen Teil eingesehen werden. Es ist mangelnde Voraussehbarkeit mit der Anwendung der Rechtsnorm notwendig verbunden. Erst wenn der Rechtsstab seine endgültige Entscheidung trifft, tritt eine wesentliche Änderung ein. Nach einer Vielheit von Eventualitäten kommt es schließlich zu einer klaren und bestimmten Aussage. *Erst jetzt ist die Rechtsgewißheit und Rechtssicherheit gegeben.*

Nun muß bei dem Ausspruch des Rechtsstabes ein positiver und ein negativer Aspekt unterschieden werden. Der Rechtsstab entscheidet, ob die geltend gemachte Rechtsnorm im konkreten Fall zur Anwendung kommt. Positive Entscheidung soll heißen, daß der Rechtsstab die Normadäquanz ausspricht. Die Entscheidung wäre negativ, wenn sie eine Norminadäquanz beinhaltet. Es wird bei einer positiven wie bei einer negativen Entscheidung ein Konflikt beendet. Die Wirkung ist insoweit gleich, als eine Regelung geschaffen, eine Ordnung hergestellt wird. Hiebei mag die Lösung des Konfliktes erwartet oder unerwartet, rechtlich richtig oder unrichtig sein.

Ich möchte den durch die Entscheidung des Rechtsstabes herbeigeführten Zustand als *Rechtsfrieden* bezeichnen. Die Frage des Rechtsfriedens wird in der Rechtssoziologie vernachlässigt. Als einer der wenigen befaßt sich *Fechner* damit; allerdings nur am Rande. Nach seiner Ansicht ist es die Aufgabe des Rechts, den Frieden innerhalb der Gemeinschaft zu sichern[36]. *Pound* sieht den einzigen Sinn des Rechts in der Erhaltung des Friedens[37]. „Der Zweck des Rechts ist die Friedensordnung[38].“ Diese Ausführungen über den Rechtsfrieden sind unzureichend. Sie sagen nichts darüber aus, wie dieser Rechtsfrieden hergestellt wird, ja, nicht einmal, worin er eigentlich bestehen soll. Man hat den Eindruck, daß nach der Auffassung dieser beiden Rechtssoziologen der Rechtsfrieden schon mit der Rechtsordnung gegeben ist. Dies ist unrichtig. Der Rechtsfrieden ist nicht schon etwas Gegebenes. Er ist vielmehr die Schlußphase des Rechtsdurchsetzungsverfahrens.

Unter Rechtsfrieden verstehe ich die Rechtsendgültigkeit, einen Zustand, in der der Rechtsstab letztlich eine Ordnung herstellt. Dieser Rechtsfrieden ist entweder die Verwirklichung der Rechtsnorm oder ihre Verneinung. Der Rechtsfrieden ist von Fall zu Fall verschieden. Er

---

[36] *Erich Fechner,* Rechtsphilosophie — Soziologie und Metaphysik des Rechts, 1962, S. 96, 280.

[37] *Roscoe Pound,* Vol. I Jurisprudence, 1959, S. 371.

[38] Ebd., S. 372.

wird geprägt von der Besonderheit des Rechtsfalles, dem jeweiligen Verlauf des Verfahrens, den aufgewendeten Mitteln und der Eigenheit der am Verfahren Beteiligten. Doch der ganze Rechtsdurchsetzungsgang ist ein ständiges Abtasten der Rechtsnorm. Diese steht am Beginn des Rechtsstreites und erhält durch den Ausgang des Streites ihre Bestätigung oder Ablehnung.

Das eigentliche Ordnungselement der Rechtsnorm tritt mit ihrer endgültigen Durchsetzung am wirkungsvollsten in Erscheinung. Der Rechtsstab sorgt, daß die Regelung im Sinne der Rechtsnorm nicht nur auszusprechen, sondern — womöglich mit Zwangsmaßnahmen — auch verwirklicht werde. Es tritt nun eine Ordnung ein. Dies muß besonders betont werden. Bis zur endgültigen Entscheidung des Rechtsstabes herrscht ein Zustand des Untergeordnetseins. Die Rechtsnorm liegt „in Schwebe“, weil sie weder in der einen, noch in der anderen Richtung wirksam werden kann.

Der Rechtsfrieden bedeutet mehr als Beendigung der Unsicherheit und Unbestimmtheit. Der Rechtsfrieden erst bedeutet die Rechtsgewißheit und Rechtssicherheit, die *Geiger* mit seiner kühnen Konstruktion schon vor die Entscheidung des Rechtsstabes projiziert. Mit der Anrufung des Rechtsstabes ist die Ordnung nicht sogleich hergestellt. Der Verfahrensgang kann unter Umständen sehr lange dauern, so daß sich der „Schwebezustand“ der Rechtsnorm sogar auf Jahre erstrecken kann[39]. Aber es besteht die Gewißheit, daß dieser Zustand mit dem letzten Erkenntnis des Rechtsstabes beendet wird. Würde die Konfliktsituation nicht beendet werden können, wäre eine Permanenz der Unsicherheit ein Chaos. Da aber eine endgültige Regelung ausgesprochen und mit Zwangsmitteln durchgesetzt werden kann, ist die Ordnungssicherheit gegeben, wenn sie auch aufgeschoben ist.

Da der Rechtsfrieden als tatsächliche rechtliche Ordnung nicht einfach der Rechtsordnung gleichzusetzen ist, kann er nicht durch die Rechtsnorm allein erfaßt werden. Gerade bei der durch den Rechtsstab geschaffenen Ordnung wird es klar, wie sehr die Realnorm von Faktoren abhängig ist, die auf die Rechtsnorm einwirken. Nicht die Rechtsnorm ist es, die hier *von sich aus* in die Wirklichkeit ordnend eingreift, sondern *von außen* wirken Kräfte auf die Rechtsnorm, die deren Verwirklichung erst ermöglichen.

Die bedeutsamste Kraft ist wirtschaftlicher Art. Sehr oft tritt sie gar nicht sichtbar in Erscheinung. Sie mobilisiert vor allem Aktivitäten

---

[39] *Maurice Rosenberg* und *Michael J. Sovern* haben in einer rechtsempirischen Arbeit interessante Lösungsvorschläge gemacht, wie das Gerichtsverfahren beschleunigt werden könnte (*Rosenberg/Sovern*, Verzögerung und Beschleunigung bei Personenschadensprozessen, in Hirsch/Rehbinder, Studien und Materialien zur Rechtssoziologie, 1967, S. 323—355).

und Fertigkeiten, deren Wirkungen auf das Durchsetzungsverfahren von entscheidender Bedeutung sind. So ist die Realordnung und der dadurch ermöglichte Rechtsfrieden die Rechtsnorm nur dann, wenn diese durch das Einwirken der ökonomischen, willensmäßigen und geistigen Kräfte zur Realität erhoben werden kann. Es muß sich also mit der Rechtsnorm eine Reihe *außerrechtlicher* Elemente verbinden, kann aus seinem bloßen Buchstaben Ordnungswirklichkeit werden und damit der Rechtsfrieden eintreten. Somit kann der Rechtsfrieden nur aus der Realität der Rechtsnorm verstanden werden.

§ 4 Die soziale Norm und normatives Ordnungssystem

Ich war in meiner Arbeit von der allgemeinen Soziologie ausgegangen und will nun wieder zu ihr zurückkehren.

Der sozialen Norm kommt im soziologischen Denken eine besondere Bedeutung zu.

Erblickt man in der Sozialnorm die Sanktionsmöglichkeit[1] als ein wesentliches Merkmal, muß man in der Sozialnorm eine *Soll*norm für soziales Verhalten sehen[2].

Bei der Rechtsnorm ist das Sollen mit Worten umschrieben. Dieses Sollen kann mit Hilfe des Rechtsstabes erzwungen werden.

Nun unterscheidet sich von der Rechtsnorm die Sitte. Sie ist, wie schon *William G. Sumner* betont, „nicht formuliert“ und „nicht definiert“[3]. Ihr Inhalt ist auf die tatsächliche Übung, die tatsächliche Verhaltensweise bezogen. Das Sollen der Sitte besteht in der Einhaltung dieser Übung. Es kann zwar nicht mit Hilfe des Rechtsstabes erzwungen werden, doch sind Sanktionen vorgesehen, die unter Umständen sehr schwerwiegend sein können. „Sie reichen von Arten der ausgesprochenen Mißbilligung und Erniedrigung bis zur Ächtung und Boykott[4].“

Versteht man unter Brauch eine Übung, die freiwillig[5] und nicht verpflichtend ist, eine Norm mit Kann-Charakter also[6], müßte man eigentlich das Soll- und das Sanktionselement verneinen[7]. *Robin M.*

---

[1] *Mira Komarovsky*, social norms, in Henry Pratt Fairchild, Dictionary of Sociology, 1944.

[2] Vgl. *Heinrich Popitz*, Soziale Normen, in Europäisches Archiv für Soziologie, 2. Band, 1961, S. 193.

[3] *William G. Sumner*, Folkways — A study of the sociological importance of usages, manners, customs, mores, and morals, 1959, S. 56. Siehe auch *Gerhard Heilfurth*, Sitte, in Wilhelm Bernsdorf, Wörterbuch der Soziologie, 1969, S. 931—933.

[4] *René König*, Recht, in René König, Soziologie, 1967, S. 259.

[5] Siehe z. B. *Bernhard Rehfeldt*, Einführung in die Rechtswissenschaft und Grundfragen, Grundgedanken und Zusammenhänge, 1962, S. 12 und *Emerich K. Francis*, Wissenschaftliche Grundlagen soziologischen Denkens, 1957, S. 259.

[6] Siehe *Ralf Dahrendorf*, Homo Sociologicus — ein Versuch zur Geschichte, Bedeutung und Kritik der Kategorie der sozialen Rolle, 1968, S. 49 ff.

[7] *Heinrich Popitz* (Anm. 2, ebd.) spricht einmal von einer „Grenze zwischen einem Brauch und einer *sozialen Norm* — einer (verbindlichen) Sitte

Williams anerkennt beim Brauch auch Fälle ohne Sanktionen, spricht dann aber nicht etwa nur von der Sanktion der Lächerlichkeit, sondern auch von schweren Strafen, ohne allerdings Beispiele hiefür zu nennen[8]. Gerade hier erkennt man die Problematik der soziologischen Normdefinition. Dies veranlaßte *Jack P. Gibbs* zu folgender Äußerung: „Kein Begriff wird von den Soziologen bei der Erklärung des menschlichen Verhaltens öfter verwendet als die Norm. Trotz der Überfülle von normativen Erklärungen bleibt die begriffliche Behandlung der Normen unbefriedigend. Keine allgemeine Definition ist in den Sozialwissenschaften anerkannt, und es fehlt eine Übereinstimmung über die verschiedenen Normarten. Darüber hinaus gibt es größtenteils nur ad hoc-Erklärungen, das heißt, sie gründen sich nicht auf systematisch vergleichende Untersuchungen. In der Tat sind im Hinblick auf den Normbegriff und den wenigen systematischen Studien der Normen im allgemeinen die normativen Erklärungen des Verhaltens oft sehr zweifelhaft. Die behaupteten Vorschriften oder Verbote werden oft bloß angenommen und über die begrifflichen sowie methodischen Streitfragen bei solchen Erklärungen wird selten diskutiert[9]."

Bei dieser Normproblematik scheint es mir zweckmäßig, eine Vereinfachung vorzunehmen. Hier soll nur die Sozialnorm mit Soll-Charakter und Sanktionsmöglichkeit behandelt werden[10]. Dies macht eine Unterteilung in Rechtsnorm und außerrechtliche Norm zweckmäßig. Es sind vor allem drei Charakteristika, die die außerrechtliche Norm von der Rechtsnorm unterscheiden:

Die Einhaltung der Norm kann nicht mit Hilfe des Rechtsstabes erzwungen werden.

Daraus folgt, daß die Einhaltung der Norm immer nur durch den einzelnen erfolgen kann. Dadurch ist seine Wirkung eine schwächere[11].

---

etwa" (Hervorhebung von mir). Diese Grenze sollte man meines Erachtens tatsächlich ziehen.

[8] *Robin M. Williams*, The Concept of Norms, in David L. Sills, International Encyclopedia of the Social Sciences, Vol. 11, 1968, S. 204.

[9] *Jack P. Gibbs*, The Study of Norms, in David L. Sills, International Encyclopedia of the Social Sciences, Vol. 11, 1968, S. 208.

[10] Auch *Heinrich Popitz* sieht das Wesentliche der sozialen Norm in dem Sollen und der Sanktion (Anm. 2, S. 193, 197).

[11] „Die Sitte (Anstandsregel, Umgangsform) regelt wie das Recht das äußere Verhalten; auch ihre Gebote beruhen auf dem Willen der Gemeinschaft, aber sie sind *von schwächerer Kraft* als die Rechtsgebote. Sie stellen *die letzte Entscheidung dem einzelnen anheim:* er soll wählen, ob er der Sitte folgen oder die Nachteile, die der Bruch der Sitte mit sich bringt (Aufsehen, Mißbilligung, Abbruch des Verkehrs, Mißachtung usw.), auf sich nehmen will. Das Recht dagegen befiehlt mit schlechthin bindender Kraft. Es will zwingen, zunächst durch die Wucht seines Gebotes, wenn nötig und möglich auch durch andere Machtmittel." (*Ludwig Enneccerus/Hans Carl Nip-*

Das Sollen der außerrechtlichen Norm ist verhaltensbezogen, das der Rechtsnorm buchstabenbezogen.

In *Parsons'* sozialem System nimmt die soziale Norm eine zentrale Stellung ein. *Parsons* hat in seinem Werk für das Normative bedeutende Denkergebnisse vereinigt: das normative Netzwerk von *Durkheim*, den Erwartungs-Orientierungs-Begriff von *Weber*, den Rollenbegriff von *Linton*.

Durkheim hatte in seinem Werk „De la Division du travail social" in einer großartigen Schau ein Normensystem entworfen. Es ist in erster Linie ein System von Gesetzen. Herrscht *solidarité organique*, so hat jeder einzelne eine bestimmte Funktion zu erfüllen. Dies macht umfassende gesetzliche Regelungen notwendig: „Die Verpflichtungen, die die Gesellschaft ihren Mitgliedern auferlegt, wenn sie auch nur geringe Bedeutung und Dauer haben, nehmen eine juristische Form an... Die Gesellschaft ist sorgfältig darauf bedacht, die besonderen Bedingungen zwischen den verschiedenen sozialen Funktionen zu fixieren und zu regeln[12]." Das Gesetz kommt auch dann zur Anwendung, wenn die Parteien Verträge abschließen, obwohl der Wille gar nicht darauf gerichtet ist. „Die Rechte und Pflichten eines jeden müssen festgesetzt werden, nicht nur im Hinblick auf die Situation im Zeitpunkt des Vertragsabschlusses, sondern auch in Voraussicht auf die Umstände, die auftreten und die Situation ändern können. Sonst gäbe es in jedem Augenblick *conflits* und fortwährende *tiraillements*[13]." Es ist notwendig, den Anteil eines jeden im voraus zu bestimmen. Das Ergebnis dieser Fixierung kann nun in einem Ausgleich zwischen den rivalisierenden Interessen und ihrer Solidarität liegen. Das ist ein Zustand des Gleichgewichts. Das von *Durkheim* entworfene Ordnungssystem erschöpft sich nicht im rein Rechtlichen. Es wird unterstützt und „begleitet" von Regeln der Sitte und der Moral[14]. Es werden aber diese außerrechtlichen Normen nur sehr flüchtig behandelt. *Durkheim* nennt sein System ein *„systéme solidaire"*[15]. Es ermöglicht eine gute „Harmonie der zusammenwirkenden Funktionen"[16].

---

perdey, Lehrbuch des bürgerlichen Rechts, Bd. 1, 1959, S. 202 f., Hervorhebungen von mir).

Wenn behauptet wird, daß die Wirkung der außerrechtlichen Norm eine schwächere ist, so soll nicht übersehen werden, daß die Sitte mitunter einen stärkeren sozialen Druck ausüben kann als das Recht. Man denke an Kindern begangene Sittlichkeitsdelikte. Doch es handelt sich bei den Fällen der stärkeren Sittennorm um Ausnahmen.

[12] *Emile Durkheim*, De la Division du travail social, 1967, S. 182.

[13] Ebd., S. 191.

[14] Ebd., S. 193, 203.

[15] Ebd., S. 207.

[16] Ebd., S. 205.

Mit erstaunlicher Gründlichkeit hat *Parsons* die Werke von *Durkheim* studiert. Es war nicht ein flüchtiges Exzerptenstudium, sondern ein genaues Quellenstudium aller bedeutenden Werke *Durkheims*. Besonders faszinierte *Parsons* das von *Durkheim* entworfene Normensystem, das weit in die gesellschaftlichen Bereiche hineinragt und ein harmonisches Zusammenwirken der verschiedenen Funktionen in der Gesellschaft garantiert. Im Werk *Durkheims*, sagt *Parsons* selbst, sind der Ursprung für den Zentralbegriff seines Sozialsystems und die Grundlagen seiner Integration zu erblicken[17]. Nun ist das Sozialsystem von *Parsons* nicht in erster Linie ein Rechtssystem, das von anderen sozialen Normen „begleitet" und unterstützt wird. Das von *Parsons* entworfene System kennt gar nicht diese scharfe Trennung von Recht und übrigen Normen. Die Sozialnormen wirken komplex. Dieses System geht über das von *Durkheim* hinaus; es ist geschlossener, gefestigter und umfassender.

Weber hat die Begriffe der *Orientierung* und *Erwartung* entwickelt. Sie spielen in der modernen Soziologie eine bedeutende Rolle. Eine kurze Auseinandersetzung mit diesen beiden Begriffen ist notwendig. Unter sozialem Handeln versteht *Weber* ein Handeln, das auf das Verhalten anderer bezogen wird und daran in seinem Ablauf orientiert ist[18]. Das soziale Handeln ist am erwarteten Verhalten des anderen orientiert[19]. Darunter versteht *Weber*, daß „der Handelnde vom Partner (vielleicht ganz oder teilweise irrigerweise) eine bestimmte Einstellung dieses letzteren ihm (dem Handelnden) gegenüber *voraussetzt* und an diesen Erwartungen sein eigenes Handeln orientiert, was für den Ablauf des Handelns und die Gestaltung der Beziehung Konsequenzen haben kann und meist haben wird"[20].

Neben *Durkheim* war es *Weber*, der einen großen Einfluß auf *Parsons* ausübte. *„Durkheim* und *Weber"*, sagte *Parsons*, „erscheinen mir die *Haupt*begründer der *modernen* soziologischen Theorie zu sein[21]." An den von *Parsons* in seiner Sozialtheorie eingebauten Begriffen *expectation* und *orientation* erkennt man den starken Einfluß von *Weber*. Wenn man einer anderen Person gegenüber handelt, muß man in Betracht ziehen, welche Alternativen (basic alternatives, pattern variables) der andere folgt[22] und bedenken, daß seine eigenen Entschei-

---

[17] *Talcott Parsons*, An Outline of the Social System, in Parsons/Shils/Naegele/Pitts, Theories of Society, 1965, S. 31.

[18] *Max Weber*, Wirtschaft und Gesellschaft — Grundriß der verstehenden Soziologie, hrsg. von Johannes Winckelmann, 1956, S. 1.

[19] Ebd., S. 11.

[20] Ebd., S. 14.

[21] *Talcott Parsons*, The Structure of Social Action, 1968, S. XIII.

[22] *Talcott Parsons*, The Social System, 1964, S. 55 ff.

dungen Einfluß auf die Entscheidungen dieser anderen Person nehmen. Das gleiche gilt auch in anderer Richtung. Daher orientiert sich bei dem aufeinander bezogenen Handeln mehrerer Personen jede Person an den Erwartungen des anderen[23]. Nun ist es aber so, daß „die Situationen von zwei Handelnden niemals identisch sind und daß ohne abstrakte Vorstellung von den einzelnen Situationen eine Kommunikation nicht möglich wäre“[24]. Es sollen ja stabile Formen des sozialen Handelns erreicht werden, und darüber hinaus geht es um die Wechselbeziehung einer Mehrheit von Handelnden. Daher ergibt sich die Notwendigkeit einer *normative order*, an der sich die Handelnden orientieren können. So weiß jeder einzelne, was er vom anderen in einer bestimmten Situation zu erwarten hat. Das Orientieren an einer solchen normativen Ordnung und das gegenseitige Ineinandergreifen der Erwartungen ist von fundamentaler Wichtigkeit für das Sozialsystem[25].

Ralph Linton hat den Rollenbegriff geschaffen. Eine Rolle stellt den dynamischen Aspekt von einem Status dar. Das Individuum wird sozial einem Status zugeschrieben und nimmt diesen in Beziehung zu anderen Statussen ein. Wenn es die Rechte und Pflichten wirksam werden läßt, spielt es die Rolle. Jedes Individuum hat eine Serie von Rollen, die von den verschiedenen Mustern, an denen es teilnimmt, abgeleitet werden. Gleichzeitig hat aber das Individuum allgemein eine Rolle, welche die Summe all dieser Rollen darstellt und festsetzt, was es für die Gesellschaft tut und was diese von ihm erwarten kann. „Es ist offensichtlich, daß, solange keine Störungen von außen auftreten, die Gesellschaft um so besser funktionieren wird, je vollkommener sich der einzelne nach dem Status und den Rollen verhält[26].“

Von *Linton* übernimmt *Parsons* den Rollenbegriff. Hat *Linton* auf Grund seiner Rollenkonstruktion ein System nur angedeutet, hat *Parsons* ein solches System ausgebaut. Sein Sozialsystem ist ein „system of roles“[27]. Durch die Aufnahme des Rollenbegriffes in Verbindung mit dem Gedanken der Erwartungs-Orientierung hat *Parsons* das Normensystem gefestigt.

Heute bildet das „network of interaction relationship“ in einem Rollensystem mit Erwartungs-Orientierungs-Charakter, also die Verbindung der drei gerade behandelnden Auffassungen zu einer Einheit, eine wesentliche Grundlage des soziologischen Denkens. Die Gesellschaft wird im wesentlichen als ein Verhalten nach Normen dargestellt.

---

[23] Ebd., S. 88.

[24] Ebd., S. 11.

[25] Ebd.

[26] *Ralph Linton*, Status and Role, in Parsons/Shils/Naegele/Pitts, Theories of Society, 1965, S. 202.

[27] *Talcott Parsons* (Anm. 22), S. 80.

Der andere erwartet, daß der Handelnde diese Normen einhält. Somit kann er sein Handeln danach auch orientieren. So kommt es zu einem ineinandergreifenden und geordneten Verhalten der einzelnen in der Gesellschaft. Die soziale Kontrolle verhindert ein normwidriges Verhalten bzw. stellt bei Auftreten eines solchen das Gleichgewicht wieder her. Es herrscht ein Zustand der Koordination, der Integration. So verbindet sich mit einem Normen- und einem Rollenglauben die Vorstellung einer harmonischen Kooperation.

So dürften meines Erachtens bei dieser wohl sehr mechanistischen Auffassung gewisse Momente nicht genügend Berücksichtigung finden. Ich möchte insbesondere die Vernachlässigung des Konfliktgedankens hervorheben. Es darf in einem sozialen System, soll es tatsächlich der sozialen Wirklichkeit gerecht werden, nicht allein der Harmoniegedanke im Vordergrund stehen. Es muß dem Konfliktbegriff ein breiter Raum gewidmet werden.

Ausdrücklich nennt *Weber* den Kampf eine soziale Beziehung[28]. Im Werk von *Simmel* nimmt der Konfliktgedanke einen großen Raum ein. „Eine Gruppe, die schlechthin zentripetal und bloß harmonisch, bloß ‚Vereinigung' wäre, ist nicht nur empirisch unwirklich, sondern sie würde auch keinen eigentlichen Lebensprozeß aufweisen[29]." *Simmel* fordert, daß sich die Soziologie gerade mit dem „dualistischen", also dem gegenständlichen Element in den sozialen Beziehungen befasse.

Wohl beschäftigt sich das network-rolesystem mit dem Konflikt und der Normverletzung. Aber nicht zentral, sondern nur am Rande. Denn der Konflikt und die Normverletzung sollen ja nur Ausnahmefälle und nicht Regelfälle sein. Die soziale Kontrolle sorgt dafür, daß keine Normverletzungen auftreten. Wird tatsächlich die Norm verletzt, stellt ebenfalls die soziale Kontrolle den Gleichgewichtszustand wieder her.

Nun habe ich aufgezeigt, daß in einem Rechtskonflikt bis zur Entscheidung durch den Rechtsstab die Ordnung „in Schwebe" ist. Ob die Ordnung im Sinne der Norm dann hergestellt wird, kann nicht vorhergesehen werden. Aber nicht nur *wie*, sondern auch *wann* die Ordnung wieder hergestellt wird, ist ungewiß.

Aber auch bei den außerrechtlichen Normen müssen bei Konflikten Restriktionen angenommen werden. Wohl gibt es mitunter sehr starke Sanktionen, doch in vielen Fällen sind sie schwächer und überhaupt nicht durchsetzbar. Hier kann eine Normwidrigkeit überhaupt nicht

---

[28] *Max Weber* (Anm. 18), S. 13, vgl. *Theodor Geiger*, Vorstudien zu einer Soziologie des Rechts, 1964, S. 47: „... auch Streit und Konflikt, Feindschaft und Krieg sind gesellschaftliche Verhältnisse."

[29] *Georg Simmel*, Soziologie — Untersuchungen über die Formen der Vergesellschaftung, 1968, S. 187.

korrigiert werden, so daß die Norm unter Umständen die Ordnungsfunktion noch unvollkommener als die Rechtsnorm erfüllen kann[30].

Als ein weiterer Mangel muß die Überbetonung des Erwartungs-Orientierungs-Effektes angenommen werden. Nach dem network-rolesystem verhält sich der einzelne den Rollenerwartungen gemäß, so daß der andere die Möglichkeit hat, sein Verhalten daran zu orientieren. Es ist ein geordnetes Zusammenwirken des Verhaltens, eine „Gebarungskoordination" möglich.

Nach dieser Auffassung wird die Norm der Erwartung gleichgesetzt. Diese Erwartungsnorm ist aber eine Ideologie. Es wird angenommen, daß mit der Sollnorm auch schon die Realnorm gegeben ist. Daß dies eine Reihe von Bedingungen voraussetzen würde, die in Wirklichkeit nicht gegeben sind, habe ich mich in dem Abschnitt „Rechtsideologie und Rechtswirklichkeit" im Hinblick auf die Rechtsnorm aufzuzeigen bemüht. Aber auch bei der außerrechtlichen Norm ist mit der Norm nicht schon ihre Verwirklichung gegeben. Schon die Kenntnis der Norm kann hier auf große Schwierigkeiten stoßen, da sie ja nicht einmal fixiert ist. *Gibbs* hat besonders hervorgehoben, daß die Meinung über die außerrechtliche Norm im konkreten Fall sehr verschiedentlich sein kann[31]. Das Verhalten des anderen kann niemals transparent sein. Es ist nicht einsichtig, ob Sanktionen geübt werden und welche Wirkungen sie haben. Gerade das Feld der außerrechtlichen Normen ist so weit und vielschichtig, ihr Inhalt ständig sich ändernd und im Fluß, daß auch hier das Moment der Unsicherheit und Unbestimmtheit sehr groß ist. Es ist daher begreiflich, daß sich Stimmen gegen die Erwartungsnorm erhoben haben. So kann nach *Sorokin* die Norm nicht durch das zu erwartende Verhalten erklärt werden[32]. Auch *Lautmann* meldet Bedenken an[33]. *Gibbs* sieht in der Erwartung nur einen möglichen von mehreren Erklärungswerten[34].

---

[30] Vgl. *Heinrich Popitz* (Anm. 2), S. 196: „*Der Sanktionen-Vollzug* zeigt nicht nur Veränderungen an, er ist *selbst der labilste, störungsempfindlichste Teil des normativen Handlungssystems.* Und zwar vor allem deshalb, weil er in der Regel zwar selbst eine normative Verpflichtung, aber eine normative Verpflichtung geringeren Grades ist. Der primäre Rechtsbruch wird im allgemeinen schärfer verurteilt als die Verletzung der entsprechenden Anzeigepflicht, das unmoralische Verhalten schärfer als der Mangel an Entrüstung. Auch dieses Nicht-Reagieren kann natürlich wieder Gegenstand von Sanktionen werden. Man wird aber — etwas schematsch vereinfachend — sagen können, daß *der Verbindlichkeitsgrad solcher sekundären oder tertiären Reaktionen sukzessive abnimmt.*" (Hervorhebungen von mir)

[31] *Jack P. Gibbs* (Anm. 11), S. 209.

[32] *Pitirim A. Sorokin,* Organisierte Gruppe (Institution) und Rechtsnormen, in Hirsch/Rehbinder, Studien und Materialien zur Rechtssoziologie, 1967, S. 112.

[33] *Rüdiger Lautmann,* Wert und Norm-Begriffsanalysen für die Soziologie, 1969, S. 60.

[34] *Jack P. Gibbs* (Anm. 11), S. 209.

Nun waren es gerade die Soziologen, die den Juristen ihren Glauben an ein umfassendes Rechtssystem, das klaglos funktioniert und die Ordnung garantiert, vorwarfen. Es wird von der Soziologie ein noch umfassenderes Ordnungsbild entworfen, das nicht nur die Rechtsnormen, sondern alle Sozialnormen einbezieht. Verfällt hier die Soziologie nicht selbst einem Fehler? Die Soziologie übersieht, daß ein großer Teil der sozialen Normen Rechtsnormen sind und diese nur beschränkt zur Anwendung kommen können. Auch die übrigen Normen, die weniger deutlich umschrieben und in der Regel mit schwächeren Sanktionen versehen sind, können niemals so genau und berechenbar wirken, wie es angenommen wird. Übersieht hier nicht die Soziologie, daß die in ihr System eingebaute Norm nicht schon die Normwirklichkeit ist[35]?

[35] Sicherlich handelt es sich bei dem Sozialsystem nur um ein Modell und um keine Bestandsaufnahme der Wirklichkeit. Doch das Sozialsystem muß der Tatsachenwelt Rechnung tragen, damit es auf sie bezogen werden kann und für diese Erklärung Wert hat. Gerade durch die Berücksichtigung der Normrealität könnte das System, das zweifellos ein wertvolles und bedeutsames Denkmodell darstellt, verbessert und ausgebaut werden.

Anhang

E BG Innsbruck vom 14. 11. 1969 — 12 C 78/69 —

Rechtsfall 1: Der Schadenersatzanspruch

Rechtsnorm: § 1295 ABGB: Jedermann ist berechtigt, von dem Beschädiger den Ersatz des Schadens, welcher dieser ihm aus Verschulden zugefügt hat, zu fordern.

Sachverhalt: Ein PKW-Fahrer nimmt einem anderen PKW-Fahrer rechtswidrig und schuldhaft den Vorrang. Um einen Zusammenstoß zu vermeiden, ist dieser Verkehrsteilnehmer zu einer Ausweichbewegung genötigt, in deren Folge er in einen abgestellten Personenkraftwagen hineinfährt. Es entsteht am Wagen des ausweichenden Verkehrsteilnehmers (außerdem am angefahrenen PKW und weiter an zwei ebenfalls abgestellten Kraftfahrzeugen) ein Sachschaden.

Vereitelung einer außergerichtlichen Gesetzesverwirklichung: Unmittelbar nach dem Unfall erklärt der andere Verkehrsteilnehmer dem Geschädigten, er lehne jede Haftung ab, da er am Unfall keine Schuld habe.

Es wird dann vom Sachverständigen seiner Versicherung der Schaden mit S 6500,— festgesetzt.

Die Versicherung lehnt aber mangels eines Verschuldens des Versicherungsnehmers eine Zahlung ab. Der Geschädigte ist daher genötigt, die Hilfe des Rechtsstabes in Anspruch zu nehmen, um die Durchsetzung seines Rechts zu erreichen. Mittels Klage ruft sein Anwalt das Gericht an.

Klage: Der Kläger fuhr am 11. 9. 1968 um 18.30 Uhr mit seinem PKW Marke Opel Record 1700, behördliches Kennzeichen T 106.172, durch die Prinz-Eugen-Straße in Innsbruck in nördlicher Richtung. Aus der *abgewerteten* Matthias-Schmid-Straße kam der Beklagte mit dem ihm gehörigen PKW T 104.628 in schneller Fahrt in die Prinz-Eugen-Straße eingefahren und sperrte dem Kläger die Fahrbahn ab. Um einen Zusammenstoß zu vermeiden, verriß der Kläger seinen PKW und bremste gleichzeitig stark ab. Dadurch kam er auf der regennassen Fahrbahn ins Schleudern. Mit größter Mühe gelang es ihm, noch an einem Alleebaum vorbeizukommen. In weiterer Folge schleuderte der Wagen gegen das nördliche Eck des Hauses Prinz-Eugen-Straße, doch der Kläger konnte noch knapp vorbeilenken. Er fuhr aber dann auf den abgestellten PKW T 121.575 auf; dieser wurde zurückgeworfen, wodurch das Motorrad T 7.347 und der PKW T 101.780 (auch diese beiden Fahrzeuge waren am nördlichen Straßenrand der Sebastian-Scheel-Straße abgestellt) beschädigt wurden.

Durch den Unfall wurde insbesondere die gesamte Vorderseite des PKWs des Klägers schwer beschädigt, und zwar vor allem die Stoßstange, Kühlerhaube und beide vorderen Kotflügel. Der Sachverständige der gegnerischen Versicherungsanstalt stellte im Einvernehmen mit dem Kläger die Höhe des Schadens mit S 6500,— fest. Da der Unfall durch das vorschriftswidrige und schuldhafte Verhalten des Beklagten herbeigeführt wurde, ist dieser zum Ersatz des Schadens dem Kläger gegenüber verpflichtet. Der Schadenersatzanspruch wird in der Höhe von S 6500,— geltend gemacht, wobei sich aber der Kläger die Geltendmachung höherer Ansprüche ausdrücklich vorbehält. Der Vertreter des Klägers hatte sich bereits mit Schreiben vom 18. 9. 1968 an die Versicherungsanstalt des Beklagten gewandt und am 9. 12. 1968 den geltend gemachten Schadenersatzanspruch gefordert. Daher begehrt der Kläger von diesem Zeitpunkt die gesetzlichen Zinsen. Die Versicherungsanstalt des Beklagten hat jedoch eine Regelung in Güte abgelehnt.

Beweis: Vermerk im Tagebuch des Verkehrsunfallkommandos der Bundespolizei Innsbruck. — Schreiben des Klagevertreters an gegnerische Versicherung. — PV. (= Parteienvernehmung.)

Der Kläger beantragt, zu fällen das

Urteil:

Die beklagte Partei ist schuldig, der klagenden Partei den Betrag von S 6500,— samt 4 % Zinsen seit 10. 12. 1968 und die Prozeßkosten zu bezahlen; dies alles binnen 14 Tagen bei sonstigem Zwang.

Prozeßverlauf: Bestreitung durch den Beklagten:

Der Beklagtenvertreter bestreitet, beantragt kostenpflichtige Klageabweisung und wendet ein:

A. Das Alleinverschulden am gegenständlichen Unfall trifft die klagende Partei. Die beklagte Partei hat von der Matthias-Schmid-Straße kommend, an der Kreuzung der Erzherzog-Eugen-Straße vorschriftsmäßig angehalten und hat ihr Fahrzeug zum Stillstand gebracht. Es besteht daher keinerlei Zusammenhang zwischen den

Beschädigungen am klägerischen Fahrzeug und dem Fahrverhalten der beklagten Partei. Die klagende Partei hat unmittelbar nach dem Unfall gegenüber der beklagten Partei erklärt, sie sei beim Anblick des heranfahrenden Fahrzeuges erschrocken, versuchte zu bremsen und sei jedoch vom Bremspedal abgerutscht.

Beweis: Einsicht in die Protokollaufnahme der Bundespolizeidirektion AZ 1918/68. — PV.

B. Das Klagebegehren wird bestritten. Bestritten wird vor allem, daß der Sachverständige der Haftpflichtversicherung der beklagten Partei den Schaden mit S 6500,— festgesetzt hat.

Beweis: PV.

Beweisbeschluß:

Das Gericht läßt folgende Beweise zu: Einsicht in den Akt AZ. 1918/68 der Bundespolizeidirektion Innsbruck und PV. Einsicht in allfällige Rechnungen oder dem Schadensfeststellungsbereich und Sachbefund zur Feststellung der Richtigkeit und Angemessenheit des begehrten Schadenbetrages. Das Gericht trägt der klagenden Partei auf, die Aufschlüsselung der Schadensbeträge mit den entsprechenden Unterlagen binnen 14 Tagen dem Gericht vorzulegen. (Die Vorlage dieser Unterlagen ist erst nach dreiviertel Jahren möglich). Ein Mechaniker, der Reparaturen „unter der Hand" am klägerischen PKW verrichtet hatte, kann erst später ausfindig gemacht werden. Es stellte sich später heraus, daß er in Haft war. Der Kläger hatte Fristerstrekkung beantragt. So kommt es, daß zwischen der ersten und zweiten Verhandlung fast ein Jahr liegt.

Das Beweisverfahren:

Der Kläger, als Partei vernommen, gibt an:

Ich fuhr am Unfalltag vom Caféhaus in der Kärntner-Straße mit meinem Opel-Record, Baujahr 1960 über die Brücke von der Erzherzog-Eugen-Straße in nördlicher Richtung. Ich hatte vor der Unfallskreuzung eine Geschwindigkeit von 40 km/h. Ich fuhr im zweiten Gang. Mein Wagen hat ein Dreigang-Getriebe. Ich sah dann das Fahrzeug des Beklagten aus der Matthias-Schmid-Straße herauskommen, und er war mindestens eine halbe Wagenlänge in der Erzherzog-Eugen-Straße. Ich war zu diesem Zeitpunkt in unmittelbarer Nähe des Fahrzeuges des Beklagten. Ich habe eine Schnellbremsung vorgenommen und den Wagen nach links verrissen, um nicht gegen einen Alleebaum zu fahren. Ich habe dann mein Fahrzeug in die Sebastian-Scheel-Straße gelenkt und bin dann dort auf einen parkenden PKW aufgefahren. Mit dem Fahrzeug des Beklagten bin ich überhaupt nicht in Berührung gekommen.

Die Sicht nach rechts in die Matthias-Schmid-Straße ist durch ein dort befindliches Haus vermindert. Außerdem ist der Beklagte mit seinem PKW, Marke DKW, auch geradezu aus der Matthias-Schmid-Straße herausgeschossen und führte offenbar auch eine Schnellbremsung durch. Als ich zum Fahrzeug des Beklagten zurückging, hatte dieser sein Fahrzeug bereits zur Fluchtlinie der Matthias-Schmid-Straße zurückgefahren. Ich habe ihn sofort zur Rede gestellt und ihn aufgefordert, dorthin wieder zurückzufahren, wo er in seiner Endstellung zum Zeitpunkt meiner Schnellbremsung stand. Spuren waren weder vom PKW des Beklagten noch von der Linksausweichung und Schleuderung meines Wagens vorhanden, weil es zur Unfallzeit regnete. Als der vernehmende Beamte an Ort und Stelle kam, konnte er auch wegen der Straßennässe keine Spuren feststellen.

Durch meinen Aufprall auf den parkenden PKW in der Sebastian-Scheel-Straße gab es eine Kettenkarambolage. Der Wagen, auf den ich auffuhr, hatte weder den Gang eingelegt, noch die Handbremse gezogen. So fuhr er auf ein danachstehendes Moped auf, das wiederum gegen einen weiteren parkenden PKW geschleudert wurde. An meinem Wagen war praktisch die ganze Vorderseite und der linke Seitenteil beschädigt, insbesondere die Kühlermaske und auch die Motorhaube sowie alle Teile beim vorderen Kotflügel.

Über meine Anregung hat der Sachverständige der Haftpflichtversicherung des Beklagten mein Fahrzeug ca. 8 Tage nach dem Unfall besichtigt und Fotos von meinem Wagen gemacht. Der Sachverständige bezifferte nach der Besichtigung meines Wagens meinen Schaden mit ca. S 9000,—. Er sagte mir auch dazu, daß damit ein Totalschaden eingetreten wäre, der eine Reparatur des Fahrzeuges nicht mehr rechtfertigen würde. Er schlug mir dann vor, daß ich mich mit einem Betrag von S 6500,— zufriedengeben solle und ließ sich eine Abfindungserklärung unterschreiben. Ich war mit dieser Lösung deshalb einverstanden, weil ich mir allenfalls die Reparatur unter der Hand durchführen hätte lassen können. Dies ist dann auch tatsächlich geschehen.

Auf Frage des Beklagtenvertreters: Gesehen habe ich natürlich nicht, daß der Beklagte mit seinem Fahrzeug nach dem Unfall wieder zur Fluchtlinie zurückfuhr. Ich konnte aber mit Bestimmtheit annehmen, daß er sein Fahrzeug, während ich in der Sebastian-Scheel-Straße karambolierte, zurückgefahren haben muß.

Dargetan wird der *Bericht des Verkehrsunfallkommandos.*

In diesem sind Angaben darüber enthalten, wann und wo sich der Unfall ereignete, in welcher Richtung die beteiligten Fahrzeuge fuhren, welcher Schaden entstanden war und außerdem eine zusammenfassende — nicht wörtliche — Stellungnahme der beiden Verkehrsteilnehmer zum Unfall, der im wesentlichen mit dem Klage- bzw. Beklagtenvorbringen übereinstimmt. Dargetan wird auch das *Schreiben des Klagevertreters an die Versicherungsanstalt* (in diesem war die Versicherung aufgefordert worden, innerhalb einer bestimmten Frist zu zahlen). Schließlich legt der Beklagtenvertreter *die vom Kläger der Versicherung gegenüber abgegebene Erklärung. Sie* hat folgenden Wortlaut: „Ich beziffere meinen Schadenersatzanspruch aus dem Schadensereignis verbindlich mit S 6500,—. Es wird zur Kenntnis genommen, daß eine Entschädigungsleistung durch Sie erfolgt, sobald und insoweit die Haftung Ihres Versicherten grundsätzlich feststeht und geprüft ist, ob und inwieweit die Leistung in den Rahmen einer bestehenden Haftpflichtversicherung fällt."

Über Anleitung gibt der Beklagtenvertreter bekannt, daß er das Unfallfoto des Wagens des Klägers und den Schadenbericht der Haftpflichtversicherung des Beklagten nicht vorlegen könne.

Der Sachverständige aus dem Verkehrswesen gibt an:

Die vom Kläger angegebene Geschwindigkeit seines Fahrzeuges von ca. 40 km/h liegt im Bereich der Möglichkeit, selbst wenn man bedenkt, daß der Wagen durch die Schnellbremsung auf der ganzen Fahrbahnbreite der Erzherzog-Eugen-Straße nach links schleuderte. Diese Straße hat eine Breite von ca. 12 m. Die Frage, ob der Beklagte in die bevorrangte Straße eingefahren ist, ist eine reine Beweisfrage.

Die Schadenshöhe beziffert der Sachverständige auf Grund der vom Kläger gelegten Belege, mit S 6880,40. Sie übersteigt somit den Klagebetrag.

Das Gericht stellt fest, daß der Beklagte trotz ausgewiesener Ladung nicht erschienen ist. Es weist alle weiteren Beweisanträge ab und schließt die Verhandlung.

Urteilsspruch: Die beklagte Partei ist schuldig, der klagenden Partei den Betrag von S 6500,— samt 4 % Zinsen seit 10. 12. 1968 und die Prozeßkosten zu bezahlen. Dies alles binnen 14 Tagen bei sonstigem Zwang.

Sachverhaltsfeststellung: Am 11. 9. 1968 um 18.25 Uhr ereignete sich in Innsbruck an der Kreuzung Erzherzog-Eugen-Straße - Matthias-Schmid-Straße ein Verkehrsunfall. Der Kläger wurde durch die Einfahrt des Beklagten in die bevorrangte Straße Erzherzog-Eugen-Straße in seiner Durchfahrt behindert und mußte sein Fahrzeug rasch abbremsen und nach links lenken. Diese Reaktion des Klägers ist verständlich, wenn man bedenkt, daß im nördlichen Verlauf der Erzherzog-Eugen-Straße in Fahrbahnmitte eine Allee mit Bäumen ist. Es ist klar, daß der Kläger beim Aufkommen der Gefahr nicht nur eine leichte Linksabbiegebewegung machen konnte, denn er mußte befürchten, mit einem Alleebaum zusammenzustoßen.

Diese Aussage des Klägers ist durch die Unfallanzeige nicht widerlegt, da dort vermerkt ist, daß der Beklagte *nach seinen eigenen Angaben* 50 cm vor der Flucht der nördlichen Fahrbahnkante der Erzherzog-Eugen-Straße gestanden sein will. Der Kläger hat aber in seiner Parteienvernehmung richtig dargestellt, daß der Beklagte bereits eine halbe Wagenlänge in die bevorrangte stand und erst dann sein Fahrzeug wieder zurückzog. Diese Aussage ist unwiderlegt, weil der Beklagte trotz Ladung und Angabe des Beweisthemas zur Parteienvernehmung nicht erschienen ist. Das Gericht würdigt daher sein unentschuldigtes Ausbleiben von der Parteienvernehmung im Sinne des § 381 ZPO dahingehend, daß dem Kläger voll und ganz Glaube geschenkt wird. Es bestünde auch kein vernünftiger Grund, warum der Kläger auf der geraden und übersichtlichen Fahrbahn eine Schnellbremsung vorgenommen hätte, wenn nicht der PKW des Beklagten in der Erzherzog-Eugen-Straße als Hindernis aufgetaucht wäre.

In dieser Überzeugung wird das Gericht durch das Vergleichsangebot der Haftpflichtversicherung des Beklagten bestärkt. Mit der Abfindungserklärung des Klägers allein ist zwar noch kein außergerichtlicher Vergleich zustande gekommen, jedoch gilt dieser als Beweismittel für die Tatsache, daß die Versicherung vorerst gewillt war, den Schaden des Klägers zu ersetzen.

Rechtliche Beurteilung: Der Beklagte hat gegen § 19 Abs. 4 StVO verstoßen, weil er an der abgewerteten Matthias-Schmid-Straße den Vorrang des Durchzugverkehrs auf der Erzherzog-Eugen-Straße nicht beachtete. Dadurch hat er primär die Schnellbremsung des Klägers verursacht und verschuldet, wodurch dieser gegen die in der Sebastian-Scheel-Straße abgestellten Fahrzeuge stieß. Mitverschulden gemäß § 1304 ABGB des Geschädigten hat der Beklagte nicht erwiesen. Da der Beklagte auch als Halter seines Fahrzeuges gemäß § 5 AEKHG in Anspruch genommen wurde, trifft ihn die Beweislast hinsichtlich des Mitverschuldens des Klägers. Diesen Beweis hat er nicht erbracht, so daß der Klage mit Recht im vollen Umfange stattgegeben wurde.

E BG Innsbruck, 23. 3. 1960 — 5 C 44/60 —
E LG Innsbruck, 12. 7. 1960 — 2 R 286/60 —
E OGH 29. 9. 1960 — 1 Ob 314/60 —

Rechtsfall 3: Die Räumungsklage

Rechtsnorm: Wer ohne Rechtstitel eine Wohnung benützt, kann vom Eigentümer zur Räumung verhalten werden (direkte Ableitung aus § 354 2. Fall ABGB).

Sachverhalt: Der Hauptmieter hatte seine Wohnung verlassen. Sein Sohn und dessen Familie waren in der Wohnung zurückgeblieben.

Vereitelung einer außergerichtlichen Normverwirklichung: Der schriftlichen Aufforderung des Hauseigentümers, die Wohnung zu verlassen, war der Sohn mit seiner Familie nicht nachgekommen.

Die Klage: 1. Die klagenden Parteien sind grundbücherliche Eigentümer des Hauses Innsbruck, I. Straße 13. In der Wohnung in diesem Haus im dritten Stock rechts wohnte bis Anfang des Jahres 1960 der Hauptmieter O. H. mit seiner Familie. Dieser hat jedoch das Mietobjekt aufgegeben und ist in die Reichenau verzogen.

In der Wohnung ist der Sohn des Hauptmieters, der Beklagte mit seiner Familie verblieben und hat mit Schreiben vom 25. 1. 1960 an den Hausverwalter die Mietrechte für sich beansprucht. Der Beklagte ist mit seiner Familie jedoch erst am 20. 12. 1958 in die streitgegenständliche Wohnung eingezogen. Das Zusammenleben zwischen den Eltern des Beklagten, die Hauptmieter waren und dem Beklagten hat also nur ungefähr ein Jahr gedauert und ist daher das von ihm beanspruchte Eintrittsrecht im Sinne des § 19 (2) Z 10 MietG nicht gegeben. Der Beklagte befindet sich sohin ohne Rechtstitel in der streitgegenständlichen Wohnung.

Beweis: Meldezettel vom 25. 1. 1960. — Zeuge 1 (Hausverwalter). — PV.

Da der Beklagte der Aufforderung, die streitgegenständliche Wohnung zu räumen, nicht nachgekommen ist und seine Eintrittsrechte behauptet, sehen sich die Klägerinnen zur Klage gezwungen und beantragen das

Urteil:

Der Beklagte ist schuldig, die Wohnung im Hause Innsbruck, I. Straße 13 im dritten Stock rechts samt allem Zubehör zu räumen und den Klägerinnen geräumt zu übergeben, soweit die Streitkosten zu ersetzen, dies alles binnen 14 Tagen bei sonstigem Zwang.

Prozeßverlauf: Der Beklagtenvertreter wendet ein:

A. Der Beklagte ist bereits im Jahre 1946 gemeinsam mit dem damaligen Hauptmieter der Wohnung, seinem Vater, in diese Wohnung eingezogen. Während des Jahres 1958 war der Beklagte einige Monate aus zwingenden beruflichen Gründen abwesend. Die übrige Zeit lebte er stets im gemeinsamen Haushalt mit seinem Vater. Dieser hat im Dezember 1959 seine Mietrechte an der Wohnung an den Beklagten übertragen und hat die Wohnung anfangs Jänner 1960 verlassen. Diese Tatsache wurde dem Kläger mit Schreiben vom 25. 1. 1960 bekanntgegeben.

Beweis: Zeuge A (Vater des Beklagten, früherer Hauptmieter). — Zeuge B (Ehegattin des Beklagten). — Zeuge C (Lohnbuchhalter der Firma, bei der Beklagter beschäftigt). — PV.

Hierauf erwidert der Klagevertreter:

2. Der Beklagte ist am 1. 3. 1958 aus der streitgegenständlichen Wohnung ausgezogen und nach Thaur 60 übersiedelt und hat dort gemeinsam mit seiner Ehegattin bis zum 20. 12. 1958 gewohnt. Erst zu diesem Zeitpunkt ist er wiederum in die streitgegenständliche Wohnung zurückgekehrt, wobei für die Übersiedlung nach Thaur kein zwingender beruflicher Anlaß bestand.

Beweis: Meldezettel. — Zeugin 2 (Besitzerin des Hauses Thaur 60)

Der Richter faßt folgenden *Beweisbeschluß:*

Es wird Beweis zugelassen zur Frage, ob und seit wann der Beklagte im gemeinsamen Haushalt mit dem bisherigen Hauptmieter der streitgegenständlichen Wohnung lebte und ob und wann er gemeinsam mit diesem in die Wohnung einzog und innerhalb welcher Zeit und aus welchen Gründen der Beklagte von der Wohnung abwesend war, durch Vernehmung der Zeugen 1, 2, A, B und C, Einsichtnahme in das Schreiben vom 25. 1. 1960 und die Meldezettel.

Dargetan wird das *Schreiben vom 25. 1. 1960.* In diesem hatte sich der Beklagte an den Verwalter gewandt und diesem mitgeteilt, daß er nach dem Auszug seines Vaters in die Mietrechte eintrete. Aus dem ebenfalls dargetanen Meldebescheinigungen geht hervor, daß der Beklagte in der Zeit vom 1. 3. 1958 bis 20. 12. 1958 abgemeldet war.

Der *Zeuge 1* kann nur folgendes angeben: Ob der Beklagte gemeinsam mit seinem Vater in die gegenständliche Wohnung eingezogen ist und wann dies war, weiß ich nicht. Ob und wie lange der Beklagte nicht in der streitgegenständlichen Wohnung gewohnt hat, weiß ich nicht.

Der *Zeuge A* sagt aus: Im Feber 1946 bin ich gemeinsam mit meinem Sohn, dem Beklagten, in die gegenständliche Wohnung eingezogen.

Der Beklagte lebte seither im gemeinsamen Haushalt mit mir. Im Jahre 1958 war der Beklagte ca. 5 bis 6 Monate von zuhause abwesend, und zwar aus zwingenden beruflichen Gründen, weil er von seiner Firma an auswärtigen Baustellen, unter anderem auch bei der Zollfreizone in Hall, eingesetzt war. Im Spätherbst 1958 ist der Beklagte nunmehr gemeinsam mit seiner Gattin wiederum nach Hause zurückgekehrt und wohnte seither in der streitgegenständlichen Wohnung. Wir führten einen gemeinsamen Haushalt bis Ende 1959. Am 31. 12. 1959 habe ich dem Beklagten meine bisherige Wohnung überlassen und bin ausgezogen. Während der 5 bis 6 Monate dauernden Abwesenheit des Beklagten im Jahre 1958 befand sich ein Großteil seiner Kleider nach wie vor in der gegenständlichen Wohnung, weil er sonst keinen Platz hatte.

Die *Zeugin B* führt aus: Im März 1958 bin ich mit dem Beklagten vorübergehend nach Thaur gezogen, da ich damals schwanger war. Dieser Aufenthalt war von vornherein nur vorübergehend für die Dauer meiner Schwangerschaft gedacht. Der Beklagte war von etwa Anfang März bis ca. Juli 1958 von seiner Firma aus, auf einer Baustelle in St. Pölten und von Juli bis Anfang Dezember 1958 an Baustellen in Kärnten eingesetzt. Die Abwesenheit des Beklagten während dieser 8 bis 9 Monate erfolgte aus zwingenden beruflichen Gründen, da die Firma ihn auswärts benötigte. Sobald der Beklagte im Dezember 1958 wiederum nach Innsbruck zurückkehrte und von seiner Firma hier verwendet wurde, zogen wir gemeinsam in die I. Straße zum Vater des Beklagten.

Die *Zeugin 2* sagt aus: Im März 1958 hat der Beklagte von meiner Wohnung in Thaur Nr. 60 für seine Gattin und für sich ein Zimmer mit Kochnische um den monatlichen Mietzins von S 350,— möbiliert gemietet. Die Gattin des Beklagten war damals schwanger. Wir haben von vornherein nur eine begrenzte Mietdauer von einem halben Jahr, höchstenfalls ein bis zwei Monate mehr als ein halbes Jahr, also höchstens 8 Monate vereinbart, da die von mir vermieteten Räume Bestandteil meiner Wohnung waren, und ich dem Beklagten von vornherein erklärte, daß er wieder gehen müsse, wenn ich meine Kinder wiederum zu mir nehme, was spätestens in sechs bis acht Monaten der Fall sein werde. Der Beklagte ist größtenteils in Ober- und Niederösterreich beschäftigt gewesen und ist während der Mietdauer manchmal alle drei Wochen, manchmal auch nach längerer Zeit, zum Besuch seiner Gattin nach Thaur gekommen. Er war einmal 8 bis 14 Tage in der Zollfreizone bei Hall beschäftigt und während dieser Zeit hat er auch ständig in Thaur bei seiner Gattin gewohnt.

Der *Zeuge C* erklärt: Der Beklagte ist LKW-Fahrer bei unserer Firma und wird je nach Bedarf auf verschiedenen Baustellen eingesetzt. Von

Frühjahr bis Juli 1958 war der Beklagte beim Autobahnbau bei St. Pölten ständig beschäftigt, von dort wurde er dann im Juli zu einer Baustelle nach Kärnten überstellt, wo er bis November 1958 tätig war und gegen Jahresende 1958 war er noch einige Zeit bei einer Baustelle in der Nähe vom Paß Strub eingesetzt. Zwischendurch im Laufe des Jahres 1958 war er einmal einige Tage auch bei der Zollfreizone in Hall bei unserem Bauhof beschäftigt.

Es werden keine weiteren Beweise mehr aufgenommen und der Richter schließt die Verhandlung.

Urteilsspruch: Das Klagebegehren, der Beklagte ist schuldig, die Wohnung im Hause Innsbruck, I. Straße 13 im 3. Stock rechts samt allem Zubehör zu räumen und den Klägerinnen geräumt zu übergeben, wird abgewiesen. Die klagenden Parteien sind zur ungeteilten Hand schuldig, dem Beklagten die Kosten dieses Rechtsstreites zu ersetzen.

Sachverhaltsdarstellung: Der Beklagte zog im Feber 1946 gemeinsam mit seinem Vater, der damals Hauptmieter der gegenständlichen Wohnung war, in diese Wohnung ein und lebte seither mit seinen Eltern im gemeinsamen Haushalt, der bis zum Jahresende 1959 andauerte, als der Vater des Beklagten mit den übrigen Familienmitgliedern die Wohnung verließ und sie dem Beklagten überließ. Daran vermag der Umstand, daß der Beklagte vom März bis Dezember 1958 von seinem Dienstgeber auf weit entfernten Baustellen in anderen Bundesländern eingesetzt wurde, nichts zu ändern. Diese unfreiwillige und vorübergehende Unterbrechung, deren Ursache in zwingenden beruflichen Gründen lag, kann mit der freiwilligen Aufgabe des gemeinsamen Haushaltes keineswegs gleichgesetzt werden. Aus dem Beweisverfahren ergab sich klar, daß der Aufenthalt der Gattin des Beklagten in Thaur von Anfang an nur vorübergehend für die Dauer ihrer Schwangerschaft gedacht war, zumal die Untermieterin ebenfalls erklärte, das Zimmer nur für einen beschränkten Zeitraum bis zur Rückkehr ihrer Kinder zur Verfügung stellen zu können, daß der Beklagte aber keineswegs an eine Aufgabe des gemeinsamen Haushaltes mit den Eltern dachte, geht am deutlichsten wohl daraus hervor, daß er während seiner berufsbedingten Abwesenheit von Innsbruck den Großteil seiner Kleider und Wäsche im elterlichen Haushalt in der Wohnung im Hause I. Straße 13 beließ, und daß er unmittelbar nach Rückversetzung im Dezember 1959 den gemeinsamen Haushalt mit seinen Eltern sofort wieder aufnahm, der von dort bis zur Übergabe der Wohnung ohne Unterbrechung fortgesetzt wurde.

Die rechtliche Beurteilung: Die nach § 19 (2) Z 10 MietG erforderliche Voraussetzung für die Überlassung der Wohnung an den Beklagten war gegeben, da bis zu diesem Zeitpunkt der *gemeinsame Haushalt* mit dem bisherigen Mieter bestand und die unfreiwillige, aus *beruflichen Gründen* erzwungene Abwesenheit nicht zum Nachteil des Beklagten als Unterbrechung der im Gesetz vorgeschriebenen Dauer geltend gemacht werden kann.

Es liegt kein titelloser Gebrauch der gegenständlichen Wohnung vor. Ein Verzicht des Überlassenden auf seine Mietrechte ist aus der Tatsache, daß er Hauptmieter einer anderen Wohnung wurde, nicht abzuleiten. Sollte der Kläger jedoch trotz allem die Meinung vertreten, daß beim Beklagten die Voraussetzungen für eine Überlassung der Wohnung nicht vorliegen, so bleibt ihm nur der Weg einer Kündigung offen.

Der Klagevertreter erhebt das Rechtsmittel der Berufung.

Berufung: Er macht folgende Berufungsgründe geltend:

Unrichtige Beweiswürdigung und unrichtige Tatsachenfeststellung:

Bei richtiger Würdigung aller aufgenommenen Beweise, insbesondere aufgrund der amtlichen Meldebestätigungen, hätte das Erstgericht zu dem Schluß kommen müssen, daß durch das Verziehen des Beklagten nach Thaur der Beklagte den gemeinsamen Haushalt mit seinen Eltern aufgegeben hat. Erst im Dezember 1959 ist der Beklagte, weil er die Wohnung in Thaur nicht länger halten konnte, von dort ausgezogen und in die gegenständliche Wohnung zurückgekehrt. Der Beklagte hat nur in der Zeit vom 20. 12. 1959 bis Jänner 1960 mit dem früheren Hauptmieter im gemeinsamen Haushalt gelebt.

Unrichtige rechtliche Beurteilung: Da der Beklagte weniger als zwei Jahre unmittelbar vor dem Auszug des früheren Hauptmieters mit diesem im gemeinsamen Haushalt lebte, ist ein Eintrittsrecht des Beklagten gemäß § 19 (2) Z 10 MietG nicht gegeben. Da der Beklagte trotzdem in der streitgegenständlichen Wohnung verblieb, liegt ein titelloser Gebrauch vor. Es war daher mit Räumungsklage vorzugehen, welcher bei richtiger rechtlicher Beurteilung stattgegeben hätte werden müssen.

Der Klagevertreter beantragt, das angefochtene Urteil dahingehend abzuändern, daß dem Klagebegehren erforderlichenfalls nach Ergänzung des Verfahrens stattgegeben wird, allenfalls das angefochtene Urteil aufzuheben und die Rechtssache zur Ergänzung des Verfahrens und neuerlichen Entscheidung an die erste Instanz zurückzuweisen.

Berufungsverhandlung: Die Parteienvertreter halten ihre Plädoyers. Hierauf beschließt der Berufungssenat des Landesgerichtes die ergänzende Vernehmung der Zeugen A und B.

Der *Zeuge A* gibt an: Da der Beklagte bei seiner Firma in Loretto arbeitete und kein Fahrrad besaß, suchte er für sich und die Frau eine möbilierte Wohnung. Seine Kleider, seine Gitarre und das Küchengeschirr der Frau blieb bei uns. Der Beklagte kam dann nach St. Pölten und hierauf nach Kärnten. Wenn er von dort auf Urlaub kam, was etwa einmal im Monat für zwei bis drei Tage geschah, so schlief er meistens, wenn er spät abends ankam oder in der Früh abfahren mußte, bei uns. Meine Frau reinigte ihm auch die Arbeitskleidung und machte für ihn alle Flickarbeiten. Die *Zeugin B* führte noch aus: Als wir im Feber 1959 heirateten, wohnte ich bei meinen Eltern und blieb auch zunächst dort, weil ich schwanger war und bei den Eltern des Beklagten so viele Leute in der Wohnung waren. Anfang März bekamen wir eine Wohnung in Thaur. Wenn wir in Innsbruck eine bekommen hätten, hätten wir sie hier genommen.

Der Beklagte wußte damals schon, daß er nach St. Pölten komme. Während seiner auswärtigen Dienstleistungen kam er, wenn er frei hatte, etwa alle Monate oder in etwas längeren Zwischenräumen heim und da kam er immer erst spät abends. Er kam immer erst am nächsten Tag zu mir, weil er spät abends ankam und bei seinen Eltern übernachtete.

Berufungsurteil: Das Berufungsurteil gab der Berufung Folge und änderte es im Sinne des Klagebegehrens ab. Das Berufungsgericht traf nun selbst eine *Sachverhaltsdarstellung:* Zunächst ist zu sagen, daß die zweite Instanz den Teil der Aussage des Zeugen, der Beklagte habe die Wohnung in Thaur nur gemietet, weil er in der Nähe von Thaur von seiner Firma aus zu arbeiten gehabt habe und kein Fahrzeug besessen habe, für unglaubwürdig hielt, weil der Ankauf eines Fahrrades viel billiger gewesen wäre als der Mietzins für fast 10 Monate. Das Berufungsgericht hält an der Sachverhaltsdarstellung fest, trifft aber zwei Ergänzungen:

Als der Beklagte die Wohnung in Thaur mietete, wußte er bereits, daß er in Zukunft bei St. Pölten und nicht bei Thaur zu arbeiten habe. Von März 1958 bis Dezember 1958 kam der Beklagte alle Monate oder in größeren Zeitabständen auf Besuch zu seiner Frau und zu seinen Eltern nach Innsbruck.

Die rechtliche Beurteilung: Der Beklagte hat in den letzten zwei Jahren vor dem Auszuge seines Vaters nur vom 1. 1. 1958 bis zum 28. 2. 1958 und vom 20. 12. 1958 bis zum 31. 12. 1959 im gemeinsamen Haushalte gewohnt.

Daß der Beklagte aus beruflichen Gründen den gemeinsamen Haushalt aufgegeben hätte, sei ohne Bedeutung, weil § 19 (2) Z 10 MietG dem Sohn des Mieters nicht die gleichen Begünstigungen einräume, wie § 19 (2) Z 13 MietG dem Mieter. Da die für das Eintrittsrecht nach § 19 (2) Z 10 MietG vorausgesetzten zwei Jahre gemeinsamen Haushaltes nicht gegeben sind, ist das Mietrecht auf den Beklagten nicht übergegangen. In der Erklärung seines Vaters, er überlasse die Wohnung seinem Sohn, könne nichts anderes als die Aufgabe seines Mietrechtes erblickt werden, welche die Klägerinnen angenommen haben. Der Vater des Beklagten ist daher nicht mehr Mieter, der Beklagte selbst ist nicht Mieter geworden.

Gegen das Urteil des Berufungsgerichtes erhob der Beklagte das Rechtsmittel der Revision an den Obersten Gerichtshof.

Revision: Der Beklagte machte als Revisionsgrund vor allem *unrichtige rechtliche Beurteilung* geltend: Es ist nicht einzusehen, warum der Mieter bei einer Kündigung nach § 19 (2) Z 13 MietG günstiger gestellt sein soll als der nach § 19 (2) Z 10 MietG in seinem Mietrecht nahe Verwandte des Mieters. Im übrigen besteht zwischen Z 10 und Z 13 des § 19 (2) MietG ein inniger Zusammenhang, was schon daraus hervorgeht, daß in der Rechtsprechung der Gesetzesteil „in naher Zeit" (Z 10, 1. Satz) auch immer für die Z 13 in Anwendung gebracht wird. Überdies wird auch auf § 19 (3) MietG letzten Satz hingewiesen. Es würde schon im Sinne dieser Gesetzesstelle die berufsbedingte Abwesenheit dem Beklagten nicht den Schutz des § 19 (2) Z 10 MietG nehmen, da er ja mit dem Vormieter gemeinsam eingezogen war, und er überdies bis zu dessen Auszug mit ihm in der gegenständlichen Wohnung im gemeinsamen Haushalte lebte. Für die gesamte Dauer von 14 Jahren des gemeinsamen Haushaltes kann eine Unterbrechung von weniger als 10 Monaten nicht so schwerwiegend gewürdigt werden, wie es das Zweitgericht tut. Im übrigen liegt richtigerweise überhaupt keine Unterbrechung des gemeinsamen Haushaltes vor, wenn man berücksichtigt, daß der Beklagte seine Kleidung und Wäsche in der elterlichen Wohnung zurückließ, er sich dort regelmäßig allmonatlich aufhielt und von vornherein die Absicht hatte, wieder zurückzukehren und das vorübergehende Ausweichen nach Thaur doch nur wegen der Entbindung seiner Ehefrau notwendig war. Der Beklagte war somit gemäß § 19 (2) Z 10 MietG in die Mietrechte seines Vaters eingetreten. Da der Vater des Beklagten auf die Wohnung nie ausdrücklich verzichtete, ist er nach wie vor Hauptmieter und als solcher auch mit ihm zur ungeteilten Hand zahlungspflichtig. Eine Räumungsklage gegen den Beklagten, der im guten Glauben in den Besitz der Wohnung gelangt, wäre — selbst angenommen, aber nicht zugegeben, daß er nicht Hauptmieter nach § 19 (2) Z 10 MietG wurde — nicht möglich, da der Vater des Beklagten immer noch Hauptmieter ist.

Die Entscheidung des Obersten Gerichtshofes: Der OGH gab der Revision Folge und stellte das erstrichterliche Urteil wieder her.

Begründung: Der Oberste Gerichtshof billigt die Rechtsansicht des Berufungsrichters, daß unter Berücksichtigung der Feststellungen der zweiten Instanz zwischen O. H. und dem Beklagten in der Zeit vom März bis 20. Dezember 1959 nicht gesprochen werden kann, weil eine gemeinsame Wirtschaftsführung in dieser Zeit nicht vorlag. Dennoch ergibt sich aber aus dem festgestellten Sachverhalt nicht, daß der Beklagte ohne Rechtstitel die Wohnung benützt. Die Äußerung des Vaters des Beklagten kann nicht als unbedingter Verzicht auf seine Mietrechte gewertet werden. Diese Äußerung kann unter den gegebenen Umständen nach Treu und Glauben im Verkehr nur dahin verstanden werden, daß O. H. die Übertragung des Mietrechtes an den Beklagten herbeiführen, nicht aber, daß er diesen obdachlos machen wollte. Zum Begriff des Überlassens einer Wohnung gehört, daß der andere, dem sie überlassen werden soll, die Wohnung auch behält. Wenn die Klägerinnen mit dem Übergang der Mietrechte an den Beklagten nicht einverstanden sind, oder wenn sie bestreiten, daß die gesetzlichen Voraussetzungen nach § 19 (2) Z 10 MietG vorliegen, so haben sie sich an ihren Vertragspartner O. H. zu halten. Daß sie diesem die Wohnung rechtswirksam aufgekündigt hätten, haben die Streitteile nicht behauptet. O. H. ist daher trotz des Verlassens der Wohnung weiterhin Mieter dieser Wohnung geblieben, weil ihm sein Mietverhältnis nicht aufgekündigt wurde, und weil dieses auch nicht auf den Beklagten übergegangen ist. Damit verfügt aber der Beklagte als Sohn des Mieters O. H. weiterhin über einen Benützungstitel, der dem Räumungsbegehren der Klägerinnen entgegensteht (so auch Entscheidung vom 11. 6. 1958, 2 Ob 219/58). In Stattgebung der Revision war daher, das Ersturteil wieder herzustellen.

Literaturverzeichnis

Aubert, Vilhelm: Einige soziale Funktionen der Gesetzgebung, in Hirsch/Rehbinder, Studien und Materialien zur Rechtssoziologie, Westdeutscher Verlag, Köln-Opladen, 1967, S. 284—309

Carbonnier, Jean: Die großen Hypothesen der theoretischen Rechtssoziologie, in Hirsch/Rehbinder, Studien und Materialien zur Rechtssoziologie, Westdeutscher Verlag, Köln-Opladen, 1967, S. 135—150

Dahrendorf, Ralf: Homo Sociologicus — Ein Versuch zur Geschichte, Bedeutung und Kritik der Kategorie der sozialen Rolle, Westdeutscher Verlag, Köln-Opladen, 1968

— Bemerkungen zur sozialen Herkunft und Stellung der Richter an Oberlandesgerichten — Ein Beitrag zur Soziologie der deutschen Oberschicht, in Heinz D. Ortlieb, Hamburger Jahrbuch für Wirtschafts- und Gesellschaftspolitik, J. C. B. Mohr (Paul Siebeck), Tübingen, 1960, S. 260—275

Durkheim, Emile: De la Division du travail social, Presses Universitaires de France, Paris, 1967

Ehrlich, Eugen: Grundlegung der Soziologie des Rechts, Duncker & Humblot, Berlin, 1967[3]

— Entgegnung, Archiv für Sozialwissenschaft und Sozialpolitik, J. C. B. Mohr (Paul Siebeck), Tübingen, Bd. 41, 1916, S. 844—849

— Replik, Archiv für Sozialwissenschaft und Sozialpolitik, Bd. 42, 1916/17, S. 609—610

— Die Erforschung des lebenden Rechtes, in Eugen Ehrlich, Recht und Leben — Gesammelte Schriften zur Rechtstatsachenforschung und zur Freirechtslehre, ausgewählt und eingeleitet von Manfred Rehbinder, Duncker & Humblot, Berlin, 1967, S. 11—27

— Ein Institut für lebendes Recht, in Eugen Ehrlich, Recht und Leben, 1967, S. 28—42

— Das lebende Recht der Völker der Bukowina, in Eugen Ehrlich, Recht und Leben, 1967, S. 43—60

Eichler, Hermann: Recht, in Werner Ziegenfuß, Handbuch der Soziologie, Ferdinand Enke, Stuttgart, 1956, S. 913—937

Eisermann, Gottfried: Vilfredo Paretos System der allgemeinen Soziologie, Ferdinand Enke, Stuttgart, 1962

Emge, Carl August: Die Bedeutung des rechtssoziologischen Sachverhaltes für die Dogmatik, in Hirsch/Rehbinder, Studien und Materialien zur Rechtssoziologie, Westdeutscher Verlag, Köln-Opladen, 1967, S. 182—197

Engels, Friedrich: Ludwig Feuerbach und der Ausgang der klassischen deutschen Philosophie, Marx/Engels Werke, Bd. 21, Dietz, Berlin, 1962, S. 259—307

Engels, Friedrich: Herrn Eugen Dürings Umwälzungen der Wissenschaft, Marx/Engels Werke, Bd. 20, S. 5—306

— Die Lage der arbeitenden Klassen in England, Marx/Engels Werke, Bd. 2, 1962, S. 225—506

Enneccerus, Ludwig und Hans Carl *Nipperdey:* Lehrbuch des bürgerlichen Rechts, Bd. 1, J. C. B. Mohr (Paul Siebeck), Tübingen, 1959[15]

Fechner, Ernst: Rechtsphilosophie — Soziologie und Metaphysik des Rechts, J. C. B. Mohr (Paul Siebeck), Tübingen, 1962[2]

Francis, Emerich K.: Wissenschaftliche Grundlagen soziologischen Denkens, Francke, Bern/München, 1957

— Soziologie, in Staatslexikon, Recht—Wirtschaft—Gesellschaft, Herder, Freiburg, 1962

Frey, Peter: Der Rechtsbegriff in der neueren Soziologie, an Universitätsbibliotheken übersandte hektographierte Dissertationsschrift, Saarbrükken 1962

Freyer, Hans: Soziologie als Wirklichkeitswissenschaft, B. G. Teubner, Stuttgart, 1964[3]

Geiger, Theodor: Arbeiten zur Soziologie, Methode — Moderne Großgesellschaft — Rechtssoziologie — Ideologiekritik, Luchterhand, Neuwied-Berlin, 1962

— Vorstudien zu einer Soziologie des Rechts, Luchterhand, Neuwied-Berlin, 1964

Gibbs, Jack P.: The Study of Norms, in David L. Sills, International Encyclopedia of the Social Sciences, Vol. 11, Macmillan Company & Free Press, New York, 1968, p. 208—213

Grandke, Anita, Herta *Kuhrig* und Wolfgang *Weise:* Die öffentliche Meinung in der Deutschen Demokratischen Republik zur Entwicklung der Familie und ihr Einfluß auf den Inhalt des neuen Familiengesetzbuches, in Hirsch/Rehbinder, Studien und Materialien zur Rechtssoziologie, Westdeutscher Verlag, Köln-Opladen, 1967, S. 310—322

Gurvitch, Georges: Rechtssoziologie, in Gottfried Eisermann, Die Lehre von der Gesellschaft — Ein Lehrbuch der Soziologie, Enke, Stuttgart, 1958

— Grundzüge der Soziologie des Rechts, Luchterhand, Neuwied-Berlin, 1960

Heck, Philipp: Das Problem der Rechtsgewinnung — Gesetzesauslegung und Interessenjurisprudenz — Begriffsbildung und Interessenjurisprudenz, Gehlen, Bad Homburg-Berlin-Zürich, 1968

Heilfurth, Gerhard: Sitte, in Wilhelm Bernsdorf, Wörterbuch der Soziologie, Ferdinand Enke, Stuttgart, 1969, S. 931—933

Hirsch, Ernst E.: Das Recht im sozialen Ordnungsgefüge — Beiträge zur Rechtssoziologie, Duncker & Humblot, Berlin, 1966

— Rechtssoziologie heute, in Hirsch/Rehbinder, Studien und Materialien zur Rechtssoziologie, Westdeutscher Verlag, Köln-Opladen, 1963

— Rechtssoziologie, in Gottfried Eisermann, Die Lehre von der Gesellschaft — Ein Lehrbuch der Soziologie, Enke, Stuttgart, 1969[2]

— Recht, in Wilhelm Bernsdorf, Wörterbuch der Soziologie, Enke, Stuttgart, 1969[2]

— Rechtssoziologie, in Bernsdorf, Wörterbuch der Soziologie, Enke, Stuttgart, 1969[2]

Homans, Georges Caspar: The Human Group, Hartcourt, Brace & World, New York, 1950, deutsch: Theorie der sozialen Gruppe, Westdeutscher Verlag, Köln-Opladen, 1968[3]

— Social Behavior — Its Elementary Forms, Hartcourt, Brace & World, New York, 1961, deutsch: Elementarformen sozialen Verhaltens, Westdeutscher Verlag, Köln-Opladen, 1968

— Social Behavior as Exchange, American Journal of Sociology, LXIII, 1958, S. 575—586, deutsch: Soziales Verhalten im Austausche, in Heinz Hartmann, Moderne amerikanische Soziologie, Ferdinand Enke, Stuttgart, 1967, S. 173—185

Jahoda, Ernst: Die dreifache Freiheit der Advokatur, Manz, Wien, 1968, S. 645—652

Jellinek, Georg: Allgemeine Staatslehre, O. Häring, Berlin, 1905

Kant, Immanuel: Kritik der reinen Vernunft, Alfred Kröner, Leipzig, 1908

Kantorowicz, Hermann: Rechtswissenschaft und Soziologie — Ausgewählte Schriften zur Wissenschaftslehre, hrsg. von Thomas Würtenberger, C. F. Müller, Karlsruhe, 1962

Kelsen, Hans: Der soziologische und der juristische Staatsbegriff — Kritische Untersuchung des Verhältnisses Staat und Recht, Scientia, Aalen, 1962[2]

— Zur Soziologie des Rechts, Archiv für Sozialwissenschaft und Sozialpolitik, J. C. B. Mohr (Paul Siebeck), Bd. 34, 1912, S. 601—614

— Eine Grundlegung der Rechtssoziologie, Archiv für Sozialwissenschaft und Sozialpolitik, Bd. 39, 1915, S. 839—876

— Replik, Archiv für Sozialwissenschaft und Sozialpolitik, Bd. 41, 1916, S. 850—853

— Schlußwort, Archiv für Sozialwissenschaft und Sozialpolitik, Bd. 42, 1916/17, S. 611

— Über Grenzen zwischen juristischer und soziologischer Methode, J. C. B. Mohr (Paul Siebeck), Tübingen, 1911

— L'Ame et le Droit, Annuaire de L'Institut International de Philosophie du Droit et de Sociologie Juridique, Librairie du Recueil Sirey, Paris, 1936, S. 60—82

König, René: Recht, in René König, Soziologie, Fischer, Frankfurt/M., 1967, S. 253—261

Komarovsky, Mira: Social norms, in Henry Pratt Fairchild, Dictionary of Sociology, Philosophical Library, New York, 1944, p. 286

Lassalle, Ferdinand: Über Verfassungswesen — Ein Vortrag gehalten in einem Berliner Bürger-Bezirks-Verein, in Eduard Bernstein, Ferdinand Lassalle, Gesammelte Reden und Schriften, Bd. 2, Paul Cassirer, Berlin, 1919, S. 25—61

— Was nun? — Zweiter Vortrag über Verfassungswesen, ebd., S. 75—115

— Macht und Recht — Offenes Sendschreiben. ebd., S. 131—138

Lautmann, Rüdiger: Wert und Norm — Begriffsanalysen für die Soziologie, Westdeutscher Verlag, Köln-Opladen, 1969.

Levy-Bruhl, Henri: Sociologie du Droit, Presses Universitaires de France, Paris, 1967

Limbach, Jutta: Theorie und Wirklichkeit der GmbH — Die empirischen Normaltypen der GmbH und ihr Verhältnis zum Postulat von Herrschaft und Haftung, Duncker & Humblot, 1966

Linton, Ralph: Status and Role, in Parsons/Shils/Naegele/Pitts, Theories of Society, Free Press, New York, 1965, p. 202—208

Llewllyn, Karl N.: A Realistic Jurisprudence — The Next Step, in Columbia Law Review 30, 1930, deutsch: Eine realistische Rechtswissenschaft — Der nächste Schritt, in Hirsch/Rehbinder, Studien und Materialien zur Rechtssoziologie, Westdeutscher Verlag, Köln-Opladen, 1967, S. 54—86

Loomis, Charles P.: Social Systems — Essays on their Persistence and Change, Nostrand, Toronto-London, 1960

Maintz, Renate: Soziales System, in Wilhelm Bernsdorf, Wörterbuch der Soziologie, Enke, Stuttgart, 1969

Marx, Karl: Zur Kritik der Politischen Ökonomie, in Marx/Engels Werke, Bd. 13, Dietz, Berlin, 1964, S. 3—160

Marx, Karl und Friedrich *Engels:* Die heilige Familie, Marx/Engels Werke, Bd. 2, S. 3—225

Maus, Heinz: Geschichte der Soziologie, in Werner Ziegenfuß, Handbuch der Soziologie, Ferdinand Enke, Stuttgart, 1956

Nowakowski, Friedrich: Das österreichische Strafrecht in seinen Grundzügen, Styria, Graz-Wien-Köln, 1955

Nußbaum, Arthur: Die Rechtstatsachenforschung — Ihre Bedeutung für Wissenschaft und Unterricht, J. C. B. Mohr (Paul Siebeck), Tübingen, 1914

Olivecrona, Karl Hans Knut: Gesetz und Staat, Munksgaard-Meiner, Kopenhagen-Leipzig, 1940

Pareto, Vilfredo: Trattato di Sociologia generale, Communitá, Milano, 1964

Parsons, Talcott: The Structure of Social Action, Free Press, New York, 1968[3]

— The Social System, Free Press of Glencoe, Ill., 1964[5]

— Essays in Sociological Theory, Free Press of Glencoe, Ill., 1954, deutsch: Beiträge zur soziologischen Theorie, Luchterhand, Neuwied-Berlin, 1968[2]

— An Outline of the Social System, in Parsons/Shils/Naegele/Pitts, Theories of Society, Free Press, New York, 1965, p. 30—79

— The Law and Social Control, in William M. Evan, Law and Sociology, Free Press, Glencoe, Ill., 1962, S. 56—72, deutsch: Recht und soziale Kontrolle, in Hirsch/Rehbinder, Studien und Materialien zur Rechtssoziologie, Westdeutscher Verlag, Köln-Opladen, 1967, S. 121—134

— Social Structure and Personality, Free Press of Glencoe, New York, 1964, deutsch: Sozialstruktur und Persönlichkeit, Europäische Verlagsanstalt, Frankfurt, 1968

Parsons, Talcott und Edward A. *Shils*: Values, Motives, and Systems of Action, in Parsons/Shils, Toward a General Theory of Action, Harvard University Press, Cambridge/Massachusetts, 1967

Podgórecki, Adam: Dreistufen-Hypothese über die Wirksamkeit des Rechts, in Hirsch/Rehbinder, Studien und Materialien zur Rechtssoziologie, Westdeutscher Verlag, Köln-Opladen, 1967, S. 271—283

Popitz, Heinrich: Soziale Normen, in Europäisches Archiv für Soziologie, 2. Band, Diederichs, Paris-Düsseldorf-Chikago, S. 185—198

Pound, Roscoe: Jurisprudence, West publishing Co., St. Paul/Minn., 1959

— Social Control through Law, Archon Books, Hamden, 1968

— Sociologie du Droit, in Gurvitch/Moore, La Sociologie au XXe Siècle, Presses Universitaires de France, Paris, 1947

Rehbinder, Manfred: Max Webers Rechtssoziologie; eine Bestandsaufnahme, in R. König/Winckelmann, Max Weber zum Gedächtnis, Westdeutscher Verlag, Köln-Opladen, 1963, S. 470—488

— Wandlungen der Rechtsstruktur im Sozialstaat, in Hirsch/Rehbinder, Studien und Materialien zur Rechtssoziologie, Westdeutscher Verlag, Köln-Opladen, 1967

— Die Begründung der Rechtssoziologie durch Eugen Ehrlich, Duncker & Humblot, Berlin, 1967

— Die Rechtstatsachenforschung im Schnittpunkt von Rechtssoziologie und soziologischer Jurisprudenz, in Jahrbuch der Rechtssoziologie und Rechtstheorie, Bertelsmann, Gütersloh, Bd. 1, 1970

Rehfeldt, Bernhard: Einführung in die Rechtswissenschaft — Grundfragen, Grundgedanken und Zusammenhänge, Walter de Gruyter & Co., Berlin, 1962

Renner, Karl: Die Rechtsinstitute des Privatrechts und ihre soziale Funktion, Gustav Fischer, Stuttgart, 1965

Richter, Walter: Die Richter der Oberlandesgerichte der Bundesrepublik — Eine Berufs- und sozialstatistische Analyse, in Heinz D. Ortlieb, Hamburger Jahrbuch für Wirtschafts- und Gesellschaftspolitik, J. C. B. Mohr (Paul Siebeck), Tübingen, 1960, S. 241—259

Rittler, Theodor: Lehrbuch des österreichischen Strafrechts, Bd. 1, Österreichische Staatsdruckerei, Wien, 1933

Rosenberg, Maurice und Michael J. *Sovern*: Delay and the Dynamics of Personal Injury Litigation, in Columbia Law Review 59, 1959, deutsch: Verzögerung und Beschleunigung bei Personenschadensprozessen, in Hirsch/Rehbinder, Studien und Materialien zur Rechtssoziologie, Westdeutscher Verlag, Köln-Opladen, 1967, S. 323—355

Schelsky, Helmut: Ortsbestimmung der deutschen Soziologie, Eugen Diederichs, Düsseldorf/Köln, 1967[3]

Sawer, Geoffrey: Law in Society, Oxford University Press, London, 1965

Simmel, Georg: Soziologie — Untersuchungen über die Formen der Vergesellschaftung, Duncker & Humblot, Berlin, 1968[5]

Sorokin, Pitirim A.: Organisierte Gruppe (Institution) und Rechtsnormen, in Hirsch/Rehbinder, Studien und Materialien zur Rechtssoziologie, Westdeutscher Verlag, Köln-Opladen, 1967, S. 87—121

Sumner, William Graham: Folkways — A study of the sociological importance of usages, manners, customs, mores, and morals, Dover Publications, Inc., New York, 1959

Timasheff, Nicholas S.: An Introduction to the Sociology of Law, Harvard University Commite on Research in the Social Sciences, Cambridge/Mass., 1939

— Wie steht es heute mit der Rechtssoziologie?, Kölner Zeitschrift für Soziologie und Sozialpsychologie, 1956, S. 415—424

Trappe, Paul: Die legitimen Forschungsbereiche der Rechtssoziologie, Einleitung zu Theodor Geiger, Vorstudien zu einer Soziologie des Rechts, Luchterhand, 1964, S. 13—36

— Zur Situation der Rechtssoziologie, J. C. B. Mohr (Paul Siebeck), Tübingen, 1968

Valkhoff, Johan: Mensch und Gesellschaft im Vermögensrecht, in Hirsch/Rehbinder, Studien und Materialien zur Rechtssoziologie, Westdeutscher Verlag, 1967, S. 223—235

Weber, Max: Wirtschaft und Gesellschaft — Grundriß der verstehenden Soziologie, hrsg. von Johannes Winckelmann, J. C. B. Mohr (Paul Siebeck), Tübingen, 1956[4]

— Rechtssoziologie, hrsg. von Johannes Winckelmann, Luchterhand, Neuwied-Berlin, 1967

— Über einige Kategorien der verstehenden Soziologie, in Johannes Winckelmann, Hrsg., Max Weber, Gesammelte Aufsätze zur Wissenschaftslehre, J. C. B. Mohr (Paul Siebeck), Tübingen, 1968, S. 427—474

— Die Objektivität sozialwissenschaftlicher und sozialpolitischer Erkenntnis, ebd., S. 146—214

— Beamtenherrschaft und politisches Führertum, in Max Weber, Gesammelte politische Schriften. hrsg. von Johannes Winckelmann, J. C. B. Mohr (Paul Siebeck), Tübingen, 1958[2], S. 308—338

Wengler, Wilhelm: Über die Unbeliebtheit der Juristen, in Hirsch/Rehbinder, Studien und Materialien zur Rechtssoziologie, Westdeutscher Verlag, Köln-Opladen, 1967, S. 236—242

Williams, Robin M.: The Concept of Norms, in David L. Sills, International Encyclopedia of the Social Sciences, Vol. 11, Macmillan Company & Free Press, 1968, New York, p. 204—208

FSC
www.fsc.org
MIX
Papier | Fördert
gute Waldnutzung
FSC® C083411

Kolibri 360 GmbH
Ferdinand-Jühlke-Straße 7
99095 Erfurt, Deutschland
produktsicherheit@kolibri360.de

Druck:
CPI Druckdienstleistungen GmbH
im Auftrag der
Kolibri 360 GmbH
Ferdinand-Jühlke-Str. 7
99095 Erfurt